Informatik-Fachberichte 165

Herausgegeben von W. Brauer
im Auftrag der Gesellschaft für Informatik (GI)

Hans-Ulrich Heiß

Überlast
in Rechensystemen

Modellierung und Verhinderung

Springer-Verlag
Berlin Heidelberg New York
London Paris Tokyo

Autor

Hans-Ulrich Heiß
Institut für Betriebs- und Dialogsysteme, Universität Karlsruhe
Kaiserstraße 12, 7500 Karlsruhe 1

CR Subject Classifications (1987): C.4, I.6

ISBN-13: 978-3-540-18944-2   e-ISBN-13: 978-3-642-73439-7
DOI: 10.1007/ 978-3-642-73439-7

CIP-Titelaufnahme der Deutschen Bibliothek
Heiß, Hans-Ulrich:
Überlast in Rechensystemen: Modellierung u. Verhinderung / Hans-Ulrich Heiß. –
Berlin ; Heidelberg ; NewYork ; London ; Paris ; Tokyo : Springer, 1988
(Informatik-Fachberichte; 165)
Zugl.: Karlsruhe, Univ., Diss., 1987 u. d. T.: Heiß, Hans-Ulrich: Verhinderung von
Überlast in Rechensystemen
NE: GT

Dieses Werk ist urheberrechtlich geschützt. Die dadurch begrundeten Rechte, insbesondere
die der Übersetzung, des Nachdrucks, des Vortrags, der Entnahme von Abbildungen und Tabel-
len, der Funksendung, der Mikroverfilmung oder der Vervielfältigung auf anderen Wegen und der
Speicherung in Datenverarbeitungsanlagen, bleiben, auch bei nur auszugsweiser Verwertung,
vorbehalten. Eine Vervielfältigung dieses Werkes oder von Teilen dieses Werkes ist auch im
Einzelfall nur in den Grenzen der gesetzlichen Bestimmungen des Urheberrechtsgesetzes der
Bundesrepublik Deutschland vom 9. September 1965 in der Fassung vom 24. Juni 1985 zulässig.
Sie ist grundsätzlich vergütungspflichtig. Zuwiderhandlungen unterliegen den Strafbestim-
mungen des Urheberrechtsgesetzes.

© by Springer-Verlag Berlin Heidelberg 1988

2145/3140 – 543210

Vorwort

Das vorliegende Buch ist eine geringfügig gekürzte und überarbeitete Fassung meiner Dissertation, die unter dem Titel *'Verhinderung von Überlast in Rechensystemen'* von der Fakultät für Informatik der Universität Karlsruhe angenommen wurde.

Es befaßt sich mit einem Phänomen, das jedem Leser aus dem Straßenverkehr vertraut sein wird: daß ein technisches System *(Straßennetz)* einen Leistungskollaps erleiden kann, wenn es zu sehr belastet wird *(zu viele Fahrzeuge)*. Während zunächst ein *Mehr* an Fahrzeugen auch zu einem *Mehr* an Durchsatz führt, wird irgendwann ein kritischer Punkt erreicht, an dem das Verhalten umkippt, der Durchsatz absinkt und in der Folge eventuell vollständig zum Erliegen kommt.

Vergleichbare Stau- oder Überlasteffekte finden sich auch in Rechensystemen, so etwa im virtuellen Speicher, in Datennetzen oder in Datenbanksystemen. Die vorliegende Arbeit widmet sich diesen Effekten in zweierlei Weise: in einem mehr analytischen Teil, in dem derartiges Verhalten mit den Mitteln der Warteschlangentheorie beschrieben wird, und in einem mehr konstruktiven Teil, in dem Mechanismen zur Verhinderung solcher Leistungseinbrüche entwickelt werden.

In einem einleitenden Kapitel wird das Phänomen anhand einiger Beispiele näher beschrieben, bevor im zweiten Kapitel die Einzelstation mit Überlastverhalten im Hinblick auf Stabilität und elementare Mechanismen zur Lastkontrolle untersucht wird. Dieser Ansatz wird dann im dritten Kapitel auf Warteschlangennetze übertragen, wobei mehrere Freiheitsgrade zu berücksichtigen sind. Mit dem vierten Kapitel beginnt der Teil, der dem *'online'*-Einsatz von Regelungsmechanismen zur Lastkontrolle gewidmet ist. Dabei werden zunächst die Probleme bei der Beherrschung dynamischen Verhaltens aufgezeigt, um darauf aufbauend im fünften Kapitel konkrete Verfahren vorzuschlagen, die im Kapitel 6 durch Simulation vergleichend untersucht und bewertet werden. Das siebte und letzte Kapitel zeigt dann, wie die erforderlichen Meß- und Stellglieder in die betroffenen Programmstücke einer Betriebsmittelverwaltung einzubauen sind.

Damit wird versucht, nicht nur den Theoretiker anzusprechen, sondern auch dem Praktiker einerseits zu einem verbesserten grundsätzlichen Verständnis des so häufig vorzufindenden Überlastphänomens zu verhelfen, andererseits ihm Anregungen dafür zu geben, wie er Meß- und Regelverfahren in modularer und effizienter Weise realisieren kann, zumal derartige Mechanismen im Zuge der Verbreitung verteilter Systeme immer größere Bedeutung gewinnen.

Ich möchte nicht versäumen, an dieser Stelle einigen Personen für ihre Mithilfe und Unterstützung zu danken:

Mein besonderer Dank gilt meinem Betreuer, Herrn Professor Dr.-Ing. Horst Wettstein, der mir die Anfertigung dieser Arbeit ermöglichte und dessen Anregungen zu ihrer Abrundung beigetragen haben. Ebenso danke ich Herrn Professor Dr. Adolf Schreiner für die Übernahme des Korreferats und seine nützlichen Hinweise zur schriftlichen Ausgestaltung. Auch dem mir unbekannten Gutachter, der die Arbeit im Hinblick auf die Veröffentlichung in den Informatik-Fachberichten des Springer-Verlags geprüft hat, verdanke ich hilfreiche Anmerkungen.

Unter den Kollegen fand ich im Frühstadium der Arbeit in Dr. Günter Totzauer einen kompetenten Gesprächspartner auf dem Felde der Warteschlangentheorie, in Alfred Schätter einen kritischen Prüfer des Beweises des Optimalitätstheorems. Hilfreiche Unterstützung leistete auch Herr cand.inform. Wolfgang Gertcis bei der Implementierung des Simulationsmodells. Ihnen sei an dieser Stelle herzlich gedankt.

Mein Dank gilt auch der IBM Deutschland GmbH, die im Rahmen eines Kooperationsprojektes Hard- und Software zur Verfügung stellte, ohne die manches in dieser Arbeit mühsamer hätte ablaufen müssen.

Karlsruhe, im Januar 1988 Hans-Ulrich Heiß

Inhalt

1 Überlast in Rechensystemen

1.1 Das Überlastphänomen

Die vorliegende Arbeit beschäftigt sich mit einem speziellen Phänomen des Leistungsverhaltens von Rechensystemen: dem *Überlastphänomen*. Wir betrachten dabei Systeme, die durch mindestens zwei Größen gekennzeichnet sind: Die erste Größe, die wir als *Last* bezeichnen wollen, beschreibt den Zustand des Systems. Die zweite Größe, die wir als *Leistung* bezeichnen wollen, ist ein Maß für die gewünschte Funktion des Systems. Zwischen beiden bestehe ein funktionaler Zusammenhang derart, daß bei zunehmender Last die Leistung zunächst monoton ansteigt, ein Maximum erreicht, um dann monoton wieder abzusinken. Diese Form des Kurvenverlaufs wird auch als *unimodal* bezeichnet. Typische Fälle von Überlastverhalten sind in Abbildung 1.1-1 dargestellt.

Wir wollen das Überlastverhalten an einigen Beispielen illustrieren.

- Virtueller Speicher

  Im Jahre 1968 wurde von Denning das sogenannte *Thrashing-Phänomen* [*Den68a*] beschrieben: In virtuellen Speichersystemen kommt es durch einen zu hohen Multiprogramminggrad zu exzessivem Seitentausch. Dadurch entsteht ein Stau am Seitentauschgerät, was wiederum zu größeren Prozessorleerzeiten führt. Wählt man als Last den Multiprogramminggrad, also die Zahl der Prozesse, deren Programme sich gerade im Hauptspeicher befinden, und als Leistung die Auslastung der CPU oder den dazu proportionalen Durchsatz, so erhält man Kurven wie in Abbildung 1.1-1.

- Rechnernetze

  In paketvermittelten Datennetzen kann es vorkommen, daß wegen Pufferüberlaufs an irgendwelchen Zwischenknoten Datenpakete verlorengehen oder sich Rückstaus bilden. Durch die bei Verlust notwendige erneute Übertragung entsteht zusätzlicher lastbedingter Aufwand. Außerdem kann es durch lokale Staus zu ungenutzten Freikapazitäten in anderen Teilen des Netzes kommen. Dadurch sinkt der Gesamtdurchsatz des Netzes. Mit der Zahl der Pakete im Netz als Last und dem Paketdurchsatz als Leistung erhalten wir ebenfalls einen qualitativen Zusammenhang wie in Abbildung 1.1-1. Überlasteffekte sind auch bei Netzen mit einem einzigen gemeinsamen Übertragungskanal (ALOHA, CSMA) als Folge von Kollisionen zu beobachten.

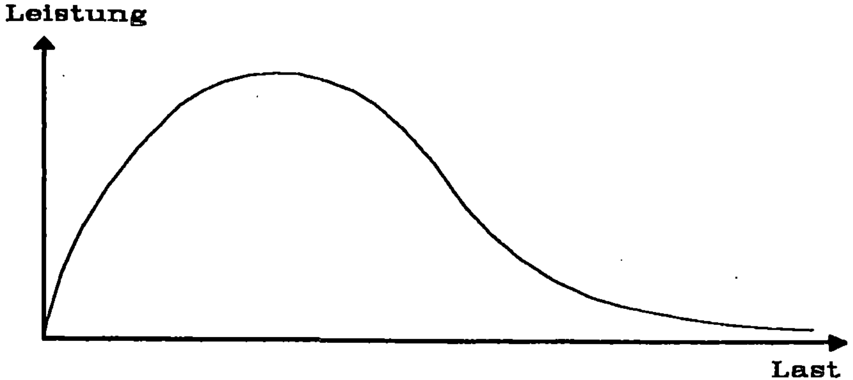

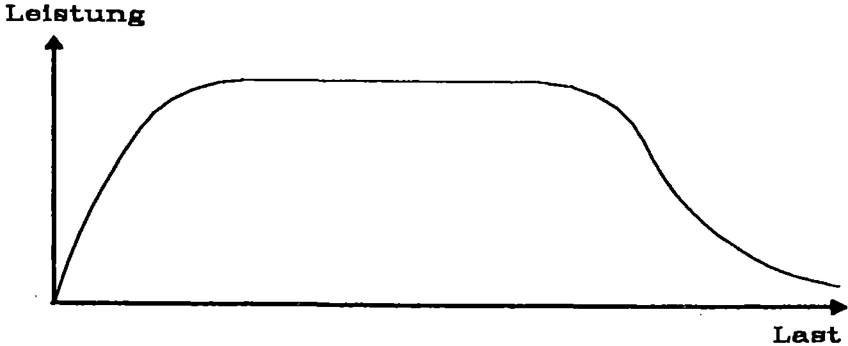

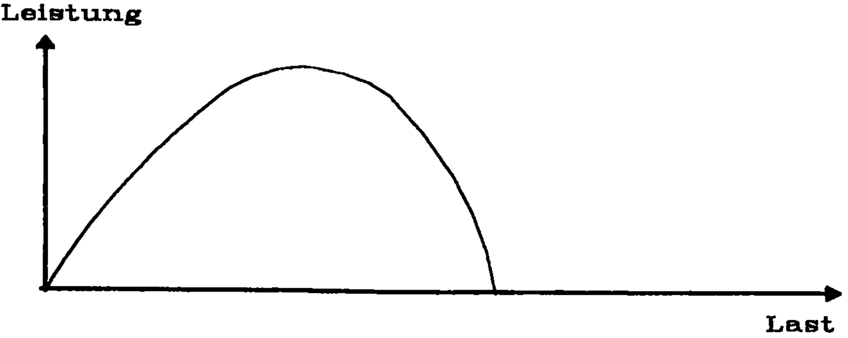

Abbildung 1.1-1: Typische Fälle von Überlastverhalten

- Datenbanksysteme

  Transaktionen in Datenbanken sind relativ komplexe Operationen, die u.U. auf eine
  große Menge von Datenobjekten zugreifen. Bei steigender Zahl nebenläufiger
  Transaktionen wächst die Wahrscheinlichkeit von Sperrkonflikten und damit auch
  von Verklemmungen mit den erforderlichen Rücksetz- und Wiederstartvorgängen.
  Der Durchsatz als Funktion der Anzahl nebenläufiger Transaktionen zeigt wiederum ein Verhalten wie Abbildung 1.1-1.

Wegen der Gleichheit der Phänomene wird sowohl im Bereich der Datennetze als auch
der Datenbanken von einem *Thrashing-Phänomen* gesprochen, wenn auch der Begriff im
engeren Sinn fest mit dem virtuellen Speicher verbunden ist. In allen betrachteten Fällen
kommt zu den spezifischen Effekten ein allgemeiner Verwaltungsaufwand hinzu, der
monoton mit der Last wächst und die Nutzleistung weiter reduziert.

Auch außerhalb der Informatik finden sich Systeme mit Überlasteffekten. Besonders
erwähnenswert, weil täglich erfahrbar, ist der *rush-hour-Effekt* im Straßenverkehr: Eine
zu große Zahl von Fahrzeugen pro Straßenabschnitt führt zu gegenseitigen Behinderungen, zu erhöhter Unfallgefahr und damit insgesamt zu einem Absinken des Durchsatzes.

Ein für den Rahmen dieser Arbeit etwas exotisches Beispiel von Überlast - hier nur
erwähnt, um die Bandbreite von Überlastsystemen zu dokumentieren - ist das Ein-
kommensteuersystem eines Staates. So gibt es eine Theorie, die besagt, daß eine Anhe-
bung des Einkommensteuersatzes nur bis zu einem gewissen Punkt eine Erhöhung der
Steuereinnahmen bewirkt. Ist der kritische Punkt erreicht, so ergreifen die Bürger
Maßnahmen, um sich der Steuerlast zumindest partiell zu entziehen (z.B. Schwarzar-
beit).

1.2 Ursachen der Überlast

Das aufgezeigte Phänomen in den drei Beispielen aus dem Bereich der Rechensysteme -
und nur auf sie wollen wir uns hier beziehen - führt uns zu der Frage, inwieweit
Strukturähnlichkeit der Systeme vorliegt, oder ob das Überlastverhalten auf je verschiedene Ursachen zurückzuführen ist. Wenden wir uns zunächst den Gemeinsamkeiten zu.

Alle betrachteten Systeme bestehen aus einer Menge von Betriebsmitteln. Die Lasteinheiten, die als Aktivitätsträger angesehen werden können, brauchen zum erfolgreichen
Durchlauf durch das System gewisse Teilmengen zu ihrer Verfügung, die sie dynamisch
belegen und freigeben. Diese Vorgänge können als stochastische Prozesse beschrieben
werden. Die Last als Größe besteht also in der Anzahl der gemeinsamen Nutzer des je-

weiligen Systems.[1] Die spezielle Gestalt der Überlastkurve in Abbildung 1.1-1 ist nun zu erklären als die Überlagerung zweier gegensätzlicher Effekte, eines leistungssteigernden und eines leistungsmindernden.

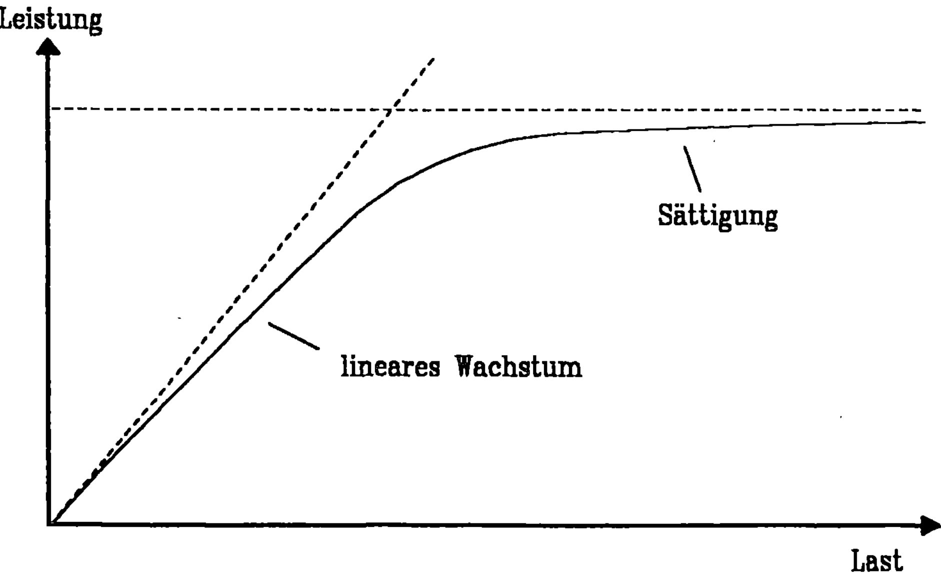

Abbildung 1.2-1: Leistungssteigerung durch Nebenläufigkeit

Der leistungssteigernde Effekt besteht im wesentlichen im Ausnutzen von systeminhärenter Parallelität, also der Fähigkeit der Systeme, mehrere Aktivitäten nebenläufig auszuführen. Der Grad der Nebenläufigkeit ist naturgemäß nach oben begrenzt durch die Zahl parallel und autonom arbeitender Einheiten der Systeme bzw. durch die Zahl exklusiv benutzbarer Betriebsmittel. Im Idealfall ist also eine Leistungssteigerung gemäß der gestrichelten Linie in Abbildung 1.2-1 zu erreichen. In realen Systemen ist jedoch aufgrund der in der Regel stochastischen Struktur der Vorgänge bestenfalls ein Verhalten zu erzielen, wie es die durchgezogene Linie in Abbildung 1.2-1 ausdrückt. Jedenfalls hat der leistungssteigernde Effekt eine klare Sättigungseigenschaft, die aus der Endlichkeit der Systeme resultiert.

Der leistungsmindernde Effekt auf der anderen Seite kann nun aus mehreren Teileffekten zusammengesetzt sein. Zum einen müssen die die Last bildenden Einheiten, seien es Prozesse, Programme, Datenpakete oder Transaktionen, verwaltet werden. D.h. sie werden in Listen geführt, eingekettet, ausgefügt, gesucht, sortiert und ähnliches. Die meisten dieser Vorgänge führen zu einem monoton mit der Zahl der Einheiten, also der

---

[1] Abweichend von dieser Definition findet man in der Literatur dafür auch den Begriff *Füllung*, z.B. in [Kow82, JV87].

4

Last, steigenden Aufwand, der logarithmisch, linear oder noch höher sein kann. Dieser Aufwand reduziert also die verfügbare Nutzleistung.

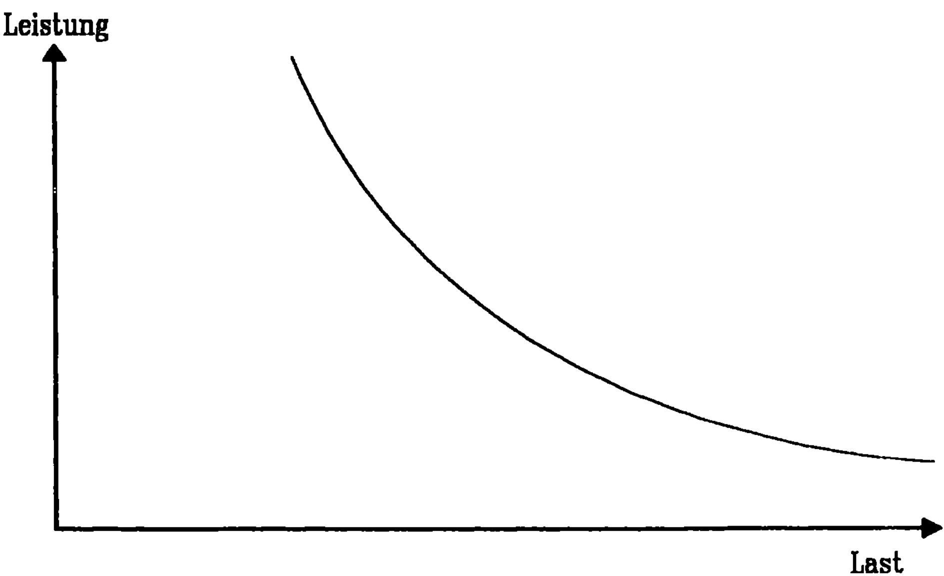

Abbildung 1.2-2: Leistungsminderung durch 'Reibungseffekte'

Zum anderen führt die Erhöhung der Last zu einer erhöhten Wahrscheinlichkeit von wechselseitigen Beeinträchtigungen oder Behinderungen, deren Behebung zusätzliche Verwaltungsvorgänge zur Folge hat. Außerdem werden Staueffekte induziert, die bewirken, daß andere Teile des Systems nicht genutzt werden und so der erreichbare Grad der Nebenläufigkeit absinkt. Abbildung 1.2-2 zeigt die Wirkung des leistungsmindernden Effektes in qualitativer Weise.

Die Kombination beider antagonistischen Effekte zwingt nun die Überlastkurve in ihre charakteristische Form (Abbildung 1.2-3). Während leistungsmindernde Effekte in gewissem Umfang fast immer aufzuspüren sind, fehlt der leistungssteigernde Effekt, wenn das betrachtete System nicht über interne Parallelität verfügt. Bei diesem Spezialfall lastabhängigen Verhaltens besitzt die Leistungskurve keinen aufsteigenden Ast und ist streng monoton fallend.

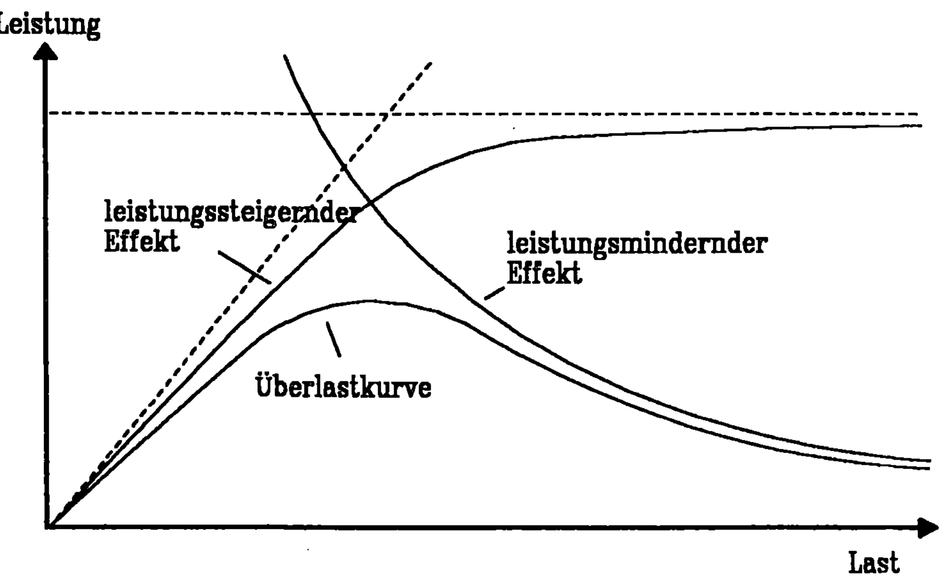

Abbildung 1.2-3: Zusammenwirken von leistungssteigernden und leistungsmindernden Effekten

Die Art und Weise, wie sich die Einheiten behindern können, ist nun bei den betrachteten Beispielen unterschiedlich:

- Virtueller Speicher

  Der virtuelle Speicher lebt von der *Lokalität* der Programme. Damit wird die Eigenschaft bezeichnet, ihre Speicherzugriffe zu jeder Zeit nur auf wenige Seiten ihres Adreßraumes zu beschränken. Die Menge dieser Seiten wird *Arbeitsmenge (working set)* genannt. Ihre Anwesenheit im Hauptspeicher ist für den effizienten Ablauf der Programme ausreichend. Der jeweils nicht benötigte Rest kann im Hintergrundspeicher abgelegt sein. Werden nun zu viele Programme geladen, so passen nicht mehr alle Arbeitsmengen in den Hauptspeicher. Die Programme können nicht mehr effizient arbeiten, laufend müssen fehlende Seiten auf Kosten anderer, die ebenfalls gebraucht werden, eingelagert werden. Diese zunehmende Seitentauschaktivität führt in der Folge zu einem Stau am dafür zuständigen Gerät und die Häufigkeit von Situationen steigt, in denen der Zentralprozessor leer steht, weil alle Prozesse auf Seitentausch warten. Dadurch sinkt natürlich der Durchsatz, der proportional ist zur Prozessorauslastung. Die wechselseitige Behinderung im Falle des virtuellen Speichers besteht also darin, daß die Prozesse sich gegenseitig oder selbst dringend benötigte Speicherkacheln wegnehmen. Der Verwaltungsaufwand besteht im Seitentausch und der damit verbundenen Prozeßumschaltung, die bei großen Betriebssystemen einige tausend Instruktionen umfassen kann. Dominierend ist jedoch der Staueffekt, der die Nebenläufigkeit stark reduziert.

- Rechnernetze

  Der Vorzug paketvermittelter Netze gegenüber verbindungsorientierter liegt in ihrer
  Flexibilität und Effizienz. Während in verbindungsorientierten Netzen durch die
  feste Zuordnung häufig die Betriebsmittel zwar belegt, aber nicht benutzt werden,
  werden in paketvermittelten Netzen Leitungen und Puffer nur für die Dauer der
  tatsächlichen Benutzung in Anspruch genommen. Diese Überlegenheit der dynamischen Betriebsmittelbelegung gegenüber der statischen muß jedoch mit
  zusätzlichen Risiken erkauft werden, denn ohne ausreichende Kontrolle drohen
  Stauungen und Verklemmungen. So kann es bei hoher Last passieren, daß an Zwischenknoten ein Pufferüberlauf stattfindet. Dadurch werden Pakete blockiert oder
  gehen verloren, was eine erneute Übertragung der Pakete und damit zusätzlichen
  Aufwand erfordert. Außerdem bergen diese sogenannten *store-and-forward*-Netze
  grundsätzlich Verklemmungsgefahr. Im Gegensatz dazu sind Netze, die den Verlust
  von Paketen tolerieren, zwar verklemmungsfrei, jedoch muß die Neuübertragung
  dann zwischen den beiden Endknoten stattfinden, was einen noch größeren Aufwand erfordert als die Neuübertragung auf kurzen Teilwegen. Die zusätzlich auftretenden Staueffekte können, wenn sie an topologisch zentralen Knoten auftreten
  und durch adaptives Routing nicht umgangen werden, den Durchsatz weiter reduzieren. Zuletzt erfordern alle diese Mechanismen nicht nur Leitungs- und
  Pufferkapazität, sondern auch Rechenzeit, die ebenfalls von der Zahl der Pakete
  abhängt und die Effektivleistung des Netzes reduziert.

  Im Unterschied zu den sogenannten Punkt-zu-Punkt-Netzen, deren Topologie
  tatsächlich der eines vermaschten Netzes entspricht, gibt es andere Netze, deren
  Stationen über einen einzigen Übertragungskanal verbunden sind. Weil es den Stationen erlaubt wird, Datenpakete zu senden, wann immer sie wollen, treten Kollisionen auf, die eine erneute Übertragung nach einer gewissen Wartezeit erforderlich
  machen. Bei Netzen vom ALOHA-Typ gibt es diese Kollisionen häufig, da erst ge-
  sendet und dann geprüft wird, ob der Kanal vielleicht schon belegt war. Bei
  CSMA-Netzen *(carrier sense multiple access)* ist das Verhalten etwas günstiger, da
  bereits vor dem Senden der Kanal abgehört wird, um keine laufende Übertragung
  zu stören. Trotzdem kommt es wegen der Zeitspanne zwischen Abhören und Beginn
  der Übertragung zu Kollisionen und dadurch zu Leistungseinbußen.

- Datenbanksysteme

  Eine Transaktion in einem Datenbanksystem ist eine Folge von Operationen auf
  der Datenbasis, die ausgehend von einem konsistenten Zustand wieder einen
  solchen hinterläßt. Eine Transaktion muß daher vollständig abgeschlossen werden
  oder, wenn das nicht mehr möglich ist, in ihrer Wirkung zurückgesetzt werden. Da
  während ihres Ablaufs inkonsistente Zustände der Datenbank entstehen können,
  müssen die Daten, auf die sie schreibend zugreift, gesperrt werden. Andere Transaktionen, die ebenfalls auf diese Daten zugreifen wollen, werden blockiert, bis die
  Sperre aufgehoben ist.

Durch dieses Blockieren wird die Nebenläufigkeit in der Datenbank reduziert, zumal die blockierten Transaktionen bereits an anderen Datenelementen Sperren gesetzt haben, die sie während der Blockade nicht nutzen können. Um dieses 'Brachliegen' von Daten zu vermeiden, kann man Transaktionen, statt sie zu blockieren auch neu starten. Das aber bedeutet, daß nicht nur die bisher getane Arbeit der Transaktionen wiederholt werden muß, sondern auch ein Rücksetzen erforderlich wird, daß also vor dem Wiederstart der ursprüngliche Zustand wiederhergestellt werden muß. Dadurch entsteht erheblicher Aufwand, der sich negativ auf den Durchsatz niederschlägt.

Es herrscht also ein Wettbewerb um die Dateneinheiten *('data contention')*, der zu einer Reduktion des Durchsatzes führt *('DC-Thrashing')*. Auf der anderen Seite sind Transaktionen durch Prozesse im Sinne der Betriebssysteme repräsentiert, wodurch sie einem weiteren Wettbewerb um physikalische Betriebsmittel wie Speicher, Prozessoren, Kanäle, usw. unterliegen *('resource contention')*. Dies schließt beispielsweise den Thrashing-Effekt des virtuellen Speichers ein *('RC-Thrashing')*. Faßt man die Datenelemente der Datenbasis als logische Betriebsmittel auf, so kann man sagen, daß der Überlasteffekt in Datenbanken im wesentlichen entweder auf einen Engpaß bei logischen oder bei physikalischen Betriebsmitteln zurückzuführen ist.

Je nach der Beschaffenheit der Systemparameter - insbesondere der Sperrgranularität - tritt entweder zuerst der eine oder der andere Effekt auf. Dies hat eine gegenseitige Beeinflussung zur Folge. Liegt beispielsweise ein *DC-Thrashing* vor, so ist ein Großteil der Transaktionen blockiert und ein Engpaß bei den physikalischen Betriebsmitteln kann nicht eintreten. Betrachtet man das Datenbanksystem als 'black box' mit der Zahl der Transaktionen als Eingang und dem Durchsatz als Ausgang, so kann man ohnehin nicht feststellen, was die Ursache für das Überlastverhalten ist.

1.3 Das Überlastproblem in der Literatur

Historisch gesehen fand das Überlastproblem in Rechensystemen seine erste Erwähnung mit der Darstellung des *Thrashing-Effektes* durch Denning im Jahre 1968 [*Den68a*]. Mit der Formulierung des *Working-Set-Algorithmus* wurde außerdem zum ersten Mal ein Regelmechanismus zur Überlastverhinderung in Rechensystemen angegeben [*Den68b*]. Die beiden Artikel von Denning führten daraufhin zu einer fast boomartigen Forschungstätigkeit auf dem Gebiet des virtuellen Speichers und des Seitentauschs, sodaß bald detailliertere Untersuchungen des Lokalitätsverhaltens von Programmen vorlagen [*MB76a*]. Aufbauend auf diesen Ergebnissen konnten dann weitere Verfahren zur Steuerung der Programmlast vorgeschlagen werden, die jedoch nur zum Teil Eingang in kommerzielle Betriebssysteme fanden. Die größte Verbreitung erreichte der *Working-Set-Algorithmus*, hatten doch einige der heute vorherrschenden Großbetriebssysteme wie MVS, BS2000, VMOS oder VM ihren Ursprung Ende der sechziger Jahre.

Der *Working-Set-Algorithmus* regelt dabei die Programmlast in indirekter Weise, indem er für jeden Prozeß die Größe des Working-Sets schätzt und die Summe dieser Working-Set-Größen mit dem tatsächlich verfügbaren Hauptspeicher vergleicht. Dadurch kann festgestellt werden, ob weitere Programme geladen werden können oder aktive Programme ausgelagert werden müssen. In ähnlicher Weise nähert sich auch der sogenannte *Page-Fault-Frequency-Algorithmus (PFF)* [CO72] dem Überlastproblem. Beim PFF-Modell wird durch Messung der Seitenfehlerhäufigkeit geprüft, ob alle aktiven Prozesse über genügend Speicher verfügen und daraufhin entschieden, ob weitere Prozesse geladen werden können.

Der hohe Aufwand einerseits, und die mangelnde Zuverlässigkeit der Working-Set-Implementierungen, Überlast in allen Situationen zu verhindern, führten zu weiteren Ansätzen, die sich speziell dem Thrashing-Phänomen widmeten und zum Teil als Ergänzung des Working-Set-Verfahrens vorgeschlagen wurden. Zu nennen wäre zunächst die *50%-Regel*, die besagt, daß die Auslastung des Seitentauschgeräts 50% nicht überschreiten sollte: Man geht davon aus, daß Thrashing gekennzeichnet ist durch einen Stau am Seitentauschgerät. Von einem Stau kann jedoch erst gesprochen werden, wenn sich im Mittel mehr als ein Prozeß in der Warteschlange befindet. Eine mittlere Warteschlangenlänge von 1 entspricht im $M|M|1$-Modell jedoch genau einer Auslastung von 50% [DKLPS76].

Ein neuerer Ansatz [Bla82] greift diese Idee wieder auf, sieht jedoch die Thrashing-Situation erst dann vorliegen, wenn im Mittel mindestens die Hälfte aller aktiven Prozesse sich vor dem Seitentauschgerät staut, was in der Regel einer Auslastung von erheblich mehr als 50% entspricht. Das Verfahren arbeitet tabellengesteuert, wobei die Tabellen zur Änderung des Multiprogramminggrades vorher mittels dynamischer Programmierung erstellt wurden. Beide Verfahren bestechen durch ihre Einfachheit, zeigen jedoch in der Wahl des definierten Sättigungspunktes eine gewisse Beliebigkeit, für die zwar jeweils plausible Gründe existieren, die jedoch theoretisch nicht befriedigend ist und praktisch auch nicht, solange nicht der Nachweis des zuverlässigen Arbeitens in einem größeren Anwendungsbereich unterschiedlicher Lastprofile erbracht ist.

Neben diesen Verfahren wurden noch das *Knie-Kriterium* und das $L = S$-*Kriterium* vorgeschlagen [DKLPS76]. Das erstere besagt, daß jedem Prozeß soviel Speicher bereitgestellt werden soll, daß sich seine *lifetime-function* (das ist die virtuelle Zeit zwischen zwei Seitenfehlern in Abhängigkeit vom verfügbaren Speicher) im Bereich ihres charakteristischen Knies befindet (Abb.1.3-1).
Durch die Anwendung dieser Regel wird der durch Seitentausch bedingte Anteil am Speicher-Zeit-Produkt minimiert. Nach der $L = S$-*Regel* soll die mittlere Zeit zwischen zwei Seitenfehlern ungefähr so lang sein wie die Zeit, die für einen Seitentausch benötigt wird [DKLPS76].

Ebenfalls für das Thrashing im virtuellen Speicher vorgeschlagen, jedoch auf allgemeinere Überlastprobleme anwendbar, sind die Beiträge von Badel und Leroudier [BGLP75,BL78a,BL78b] und von Gelenbe und Kurinckx [GK76]. Auf sie soll daher etwas näher eingegangen werden.

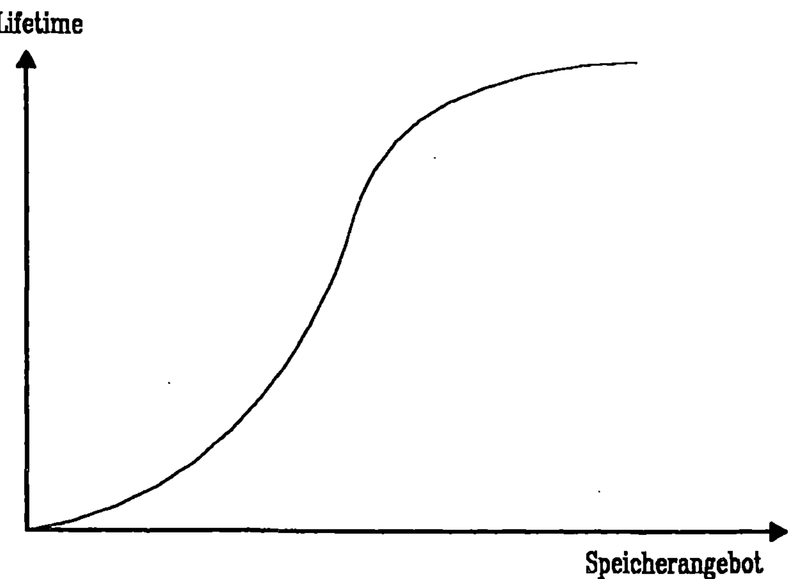

Abbildung 1.3-1: Lifetime-Function

Die *Random-Injection-Control* [*GK*76] sorgt für einen wohldosierten Ankunftsstrom am virtuellen Speicher. Prozesse, die sich um den Prozessor wiederbewerben, werden künstlich verzögert, um eine Ankunftsrate zu erhalten, die proportional ist zum Durchsatz. Man geht also davon aus, daß ein Rückgang der Prozessorauslastung aus einem zu hohen Eingangsstrom resultiert und drosselt ihn entsprechend.

Das von Badel und Leroudier vorgeschlagene Verfahren ist dasjenige, das am meisten von den Detailzusammenhängen des virtuellen Speichers abstrahiert und sich lediglich dem funktionalen Zusammenhang zwischen Multiprogramminggrad (= Last) und Rechenleistung widmet. Die Rechenleistung ist dabei definiert als die Summe der Auslastungen der Zentral- und E/A-Prozessoren mit Ausnahme der durch Seitentausch entstehenden E/A-Auslastung, denn diese kann nicht als *Nutzleistung* verstanden werden. Es wird versucht, die entstehende Kurve, die eine Form hat wie in Abb.1.1-1, direkt zu optimieren. Wir werden im Kapitel 5 noch einmal darauf zurückkommen.

Als Denning im Jahr 1968 den Thrashing-Effekt analysierte, steckte die Modellierung von Rechensystemen mit Hilfe der Warteschlangentheorie noch in den Kinderschuhen. Zwar lagen mit [*Jac*63] und [*GN*67] die grundlegenden Arbeiten auf dem Gebiet der stochastischen Warteschlangennetze bereits vor, doch die Anwendung in der Rechnermodellierung hatte erst in den siebziger Jahren ihren Durchbruch, vor allem als beginnend mit [*Buz*73] leistungsfähige Algorithmen zur Berechnung interessanter Größen vorgestellt wurden. Überlastverhalten von Rechensystemen war dabei von vornherein modellierbar, da schon bei Jackson [*Jac*63] lastabhängige Bedienraten prinzipiell vorgesehen waren. Auf die Möglichkeit ihrer Verwendung zur Modellierung von Überlasteffekten wie Thrashing hat jedoch erst Courtois [*Cou*75] aufmerksam gemacht.

Er wies auch auf die Wirkung einer Zugangskontrolle auf die Bedienrate der dadurch entstandenen modifizierten Station hin (vgl. Kapitel 2.3).

Im Bereich der Rechnernetze schlug sich die Überlastproblematik in dem Maße in der Literatur nieder, wie Rechnernetze an Verbreitung zunahmen. Einer der ersten Beiträge zur *congestion control* kam von Davies im Jahre 1971 [*Dav71*,*Dav72*]. Da Überlast auftritt, wenn sich in einem Teilnetz zuviele Pakete aufhalten, wird dort vorgeschlagen, die Zahl der Pakete nach oben fest zu begrenzen. Es gibt also eine feste Zahl von Senderechten *('permits')*, die im Netz zirkulieren. Dabei entstehen jedoch einige nicht zu vernachlässigende Probleme, wenn etwa eine gleichmäßige Verteilung der *permits* über das Teilnetz nicht gewährleistet ist oder wenn *permits* verloren gehen. Andere Vorschläge laufen daraus hinaus, bei drohendem Pufferüberlauf ankommende Pakete wegzuwerfen. Nachteilig daran ist natürlich die Notwendigkeit der erneuten Übertragung und der damit verbundene zusätzliche Aufwand. Ihn kann man mildern, indem man *Transit-Pakete* solchen, die neu ins Netz gegeben werden, bevorzugt [*Tan81*, *Kam81*]. Einen Überblick für Punkt-zu-Punkt-Netze findet man in [*GK82*]. Für lokale Netze gibt es ebenfalls für die verschiedenen Typen ausführliche Analysen [*HO86*]. Dort wird eine Lastkontrolle bereits konzeptuell erreicht (z.B. *Token-Ring*) oder durch geeignete Zugangsprotokolle die Zahl gleichzeitiger Übertragungswünsche lastabhängig gedrosselt (z.B. *Ethernet*). Alle diese Untersuchungen betreffen lediglich die unteren Schichten des ISO-Referenzmodells. Mit dem *Client-Server-Konzept* kommen jedoch in Schicht ISO-7 Lastprobleme hinzu, die nicht mehr die Übertragung von Datenpaketen betreffen, sondern den Fluß vollständiger Aufträge im Netz. Überlastprobleme auf dieser Ebene betreffen also nicht die Leitungs- oder Pufferkapazitäten im Netz, sondern die allgemeine Leistungskapazität der Server. Leistungsmodellierung auf dieser Ebene des ISO-Modells wurden bisher kaum vorgenommen [*Rei85*]. Hier können bereits Interferenzen verschiedener Überlastprobleme auftreten.

Im Vergleich zum Bereich des virtuellen Speichers oder der Rechnernetze sind Untersuchungen von Überlasteffekten in Datenbanksystemen neueren Datums. In den siebziger Jahren wurden Sperrprotokolle eher auf qualitative Aspekte wie Konsistenz oder Verklemmungsfreiheit abgeklopft. Erst zu Beginn der achtziger Jahre stehen quantitative Aspekte wie Durchsatz u.ä. vermehrt im Vordergrund. Für einen Überblick im Falle zentraler Datenbanken eignet sich [*TGS85*]. Im Falle verteilter Datenbanksysteme komplizieren sich die Sachverhalte naturgemäß, da nun zusätzlich noch Aspekte verteilter Systeme und Rechnernetze (s.o.) berücksichtigt werden müssen.

Während die bisher erwähnten Arbeiten im wesentlichen *ad-hoc*-Analysen und -Lösungen spezieller Überlastprobleme darstellen, nehmen allgemeinere Betrachtungen des Überlasteffektes in Rechensystemen in der Literatur nur wenig Raum ein. Neben der oben bereits erwähnten Arbeit von Courtois [*Cou75*] ist ein Beitrag von Shore [*Sho80*] zu nennen, in dem die Auswirkungen eines linearen Verwaltungsaufwands, der additiv zur Bedienzeit hinzukommt, auf das Verhalten einer $M|M|1|k$-Station beschrieben wird.

1.4 Motivation, Zielsetzung und Vorgehensweise

Betrachtet man die derzeitige Entwicklung auf dem Gebiet der Informationsverarbeitung, so kann man einen klaren Trend zur Dezentralisierung feststellen. Das Informationsverarbeitungssystem der Zukunft größerer Institutionen wird sich wohl auf eine Menge vernetzter Arbeitsplatz- oder Abteilungsrechner abstützen, die lediglich für spezielle Aufgaben auf die Dienste von Großrechnern zurückgreifen müssen. Darüber hinaus sind die Institutionen über öffentliche oder private Netze verbunden, sodaß mit einer Steigerung des Datenverkehrs durch elektronische Post zu rechnen ist. Diese schon vielfach vorzufindende Architektur führt aber dazu, daß die oben beschriebenen Überlasteffekte nicht mehr einzeln, sondern alle auf einmal auftreten können. Man denke an Arbeitsplatzrechner ohne lokale Plattenspeicher, die Dateizugriffe oder Seitentausch über das lokale Netz abwickeln. Stellt man sich zusätzlich vor, daß es sich bei dem Anwendungsprogramm auf dem Arbeitsplatzrechner um ein Datenbanksystem mit über das Netz verteilter Datenbasis handelt, so können alle oben beschriebenen Effekte gleichzeitig auftreten. Die Komplexität der dabei auftretenden Leistungsprobleme, besonders im Hinblick auf die Interferenz entstehender Überlasteffekte, kann kaum unterschätzt werden. Es dürfte schwierig, wenn nicht unmöglich sein, den Gesamtüberlasteffekt in seine konstituierenden Teileffekte zu zerlegen. Hinzu kommt, daß zur Verhinderung der jeweiligen lokalen Überlastsituationen - wobei lokal sowohl horizontal bezüglich der Netze, als auch vertikal bezüglich der Software-Schichtung zu verstehen ist - Kontrollmechanismen vorgesehen werden, die kontraproduktiv sein können, wenn sie isoliert agieren. Beispiele von Strategiekonflikten kennt man ja aus dem Bereich des Zusammenwirkens von Betriebssystemen und Datenbanken [*Här*79, *Sto*81] .

Dies alles deutet darauf hin, daß es gerade wegen der Komplexität der Systeme und der verschiedenen wechselseitig sich beeinflussenden oder überlagernden Effekte dringend erforderlich ist, Überlastsysteme in ihren grundsätzlichen Eigenschaften zu untersuchen. Hat man das Verhalten des einfachen Systems verstanden, so kann man durch Vernetzung von Einzelstationen oder durch Bildung von Modellhierarchien und Aggregierungen zu komplexeren Systemen fortschreiten. Um zu einem solchen Verständnis zu gelangen, ist es zunächst ratsam, von jeweils speziellen Ursachen der Überlast zu abstrahieren, um so ein weitgehend allgemeingültiges Modell zu erhalten, wodurch sich gleichartige Phänomene unterschiedlicher Herkunft unter einem gemeinsamen Dach vereinen lassen.

Da die Ursachen des Überlastverhaltens meist nicht zu beseitigen sind, muß die Lösung des resultierenden Leistungsproblems darin bestehen, die Last durch Zugangskontrolle am überlasteten Netz oder Teilnetz zu begrenzen. Diese Zugangskontrolle ist zu vergleichen mit einem Ventil, das den Ankunftsstrom steuert. Dabei können zwei Betriebsarten unterschieden werden: eine diskrete, die häufig nur die Zustände *offen* und *geschlossen* kennt und - weniger häufig - eine kontinuierliche, die ein stetiges Drosseln des Ankunftstroms erlaubt. Da jedoch der Ankunftstrom letztlich aus diskreten Einheiten besteht, bei deren Ankunft jeweils entschieden wird, ob sie aufgehalten, abgewiesen oder durchgelassen werden, ist es lediglich eine Frage der Beobachtungsdauer oder des mathematischen Modells, ob man eine konkrete Zugangskontrolle als diskret oder kontinuierlich einordnet. Wegen des in der Regel vorhandenen dynamischen Verhaltens ist eine starre Lastbegrenzung häufig unzureichend. Deswegen muß das Einsetzen der Zugangsbegrenzung von Meßgrößen abhängig gemacht werden, die das momentane Leistungsverhalten angemessen widerspiegeln. Hier verfolgen die bisher vorgeschlagenen Verfahren meist einen *indirekten* Ansatz, d.h. sie arbeiten mit abgeleiteten Größen wie z.B. Working-Set-Größe oder Seitenfehlerrate, sind daher von internen Details abhängig und nicht auf andere Fälle übertragbar. Außerdem kann durch diese Mittelbarkeit die Vermeidung von Überlast oft nicht garantiert werden, weswegen zusätzliche Mechanismen erforderlich werden. Eine allgemeine Lösung kann jedoch auf derartige interne, spezifische Zusammenhänge nicht zurückgreifen und muß durch *direkte* Beobachtung der allen Systemen gemeinsamen Größen *Last* und *Leistung* den optimalen Betriebspunkt finden. Dadurch umgeht sie die Unzulänglichkeiten, die mit einem mittelbaren Ansatz verbunden sind.

Mit der vorliegenden Arbeit soll ein Beitrag zu einer solchen allgemeineren Behandlung von Überlasteffekten und ihrer Vermeidung geleistet werden. Als Modellierungswerkzeug wird dabei vor allem die Theorie der Warteschlangen gewählt, da sie einerseits hinreichend detailliert ist, um die Phänomene korrekt und angemessen zu beschreiben, andererseits - etwa im Gegensatz zur Simulation - allgemein genug, um zu grundsätzlichen und damit breit anwendbaren Aussagen zu gelangen. Wir werden die Untersuchung beginnen mit der klassischen M|M|1-Station mit Überlastverhalten, um an ihrem Beispiel zu zeigen, wie Überlastverhalten mit Hilfe lastabhängiger Bedienraten modelliert werden kann und wie es mit der Stationaritätseigenschaft zusammenhängt. Darüber hinaus verwenden wir diese noch einfache Station, um die beiden elementaren Mechanismen zur Überlastkontrolle, nämlich *Abweisen* und *Aufstauen*, einzuführen und ihre Behandlung im Rahmen der Warteschlangentheorie darzulegen. Für die Variante der Abweisung können in diesem Rahmen dann sogar neuartige und robuste Regelmechanismen entwickelt werden, die sich an charakteristischen Betriebspunkten orientieren und ohne aufwendige Messungen auskommen.

Nun sind Überlastsysteme selten autonome, isolierte Einheiten, sondern arbeiten im Verbund mit anderen Systemen. Nachdem im zweiten Kapitel durch die Betrachtung der Einzelstation die Grundlagen erarbeitet wurden, kann dann im dritten Kapitel die Auswirkung des Überlastverhaltens eines Einzelsystems auf das Gesamtverhalten des umfassenden Wirkungsverbundes untersucht werden, wobei wir uns wie im Kapitel 2 im wesentlichen auf den Durchsatz als Leistungsmaß beschränken. Wir betrachten die Zusammenfügung von Einzelstationen zu Netzen, wobei neben den Netztypen nun verschiedene Arten der Lastabhängigkeit und der Lastkontrolle unterschieden werden müssen. Als besonders hilfreich in diesem Zusammenhang erweist sich das sogenannte *Norton'sche Theorem*, das die Zusammenfassung von Teilnetzen zu einzelnen Ersatzstationen erlaubt, ohne daß die hier relevanten Überlasteigenschften verloren gehen, und damit in vielen Fällen die Problematik im Netz auf die Problematik der Einzelstation zurückführt. Mit seiner Hilfe gelingt auch der Beweis eines Optimalitätstheorems, das hinreichende Bedingungen für die Optimalität des globalen Durchsatzes bei Einsatz lokaler Lastkontrollen angibt und den Abschluß des dritten Kapitels bildet. Diese Betrachtung im Rahmen der Warteschlangentheorie zeigt, daß und wie Systeme mit

Überlastverhalten im stationären Fall analysiert und berechnet werden können und führt so zu einem besseren grundsätzlichen Verständnis der Überlastproblematik.

Die Analyse von Systemen ist jedoch nicht Selbstzweck, sondern die daraus gewonnenen Erkenntnisse sollen in Neuentwicklungen oder Modifikationen bestehender Systeme einfließen. Das bedeutet in diesem Fall den Einbau von Mechanismen zur Verhinderung von Überlast. Ist das in der Analyse verwendete Modell mächtig genug gewesen, kann eine direkte Umsetzung der Ergebnisse erfolgen. Häufig jedoch gehen durch den Abstraktionsvorgang der Modellbildung Eigenschaften des modellierten Weltausschnitts verloren, die bei einer Umsetzung nicht ignoriert werden dürfen. Während das losgelöste analytische Modell seine beschreibenden Parameter als gegeben annimmt, muß ein Kontrollmechanismus, der in das reale System eingebaut ist, sich diese Daten häufig erst durch Messung beschaffen. Schlimmer noch: er ist oft mit der Tatsache konfrontiert, daß diese Daten, auf denen seine Entscheidungen beruhen, unvollständig sind und starken zeitlichen Änderungen unterliegen, die a priori unbekannt sind. Während die Warteschlangenmodelle eine explizite Berechnung des jeweils optimalen Betriebspunktes erlauben, muß der 'on-line' - Regelmechanismus einen solchen Betriebspunkt *dynamisch suchen*. Der Diskussion dieser Probleme widmet sich das vierte Kapitel.

Als Lösungen dieser Probleme werden dann im fünften Kapitel neuartige Algorithmen entwickelt, die durch selbstadaptives Verhalten in der Lage sind, im dynamischen Betrieb einen optimalen Lastzustand weitgehend einzuhalten. Wir sind bei dieser Betrachtung dann nicht mehr auf durchsatzorientierte Leistungsmaße beschränkt, wenn sie auch in dieser Arbeit die zentrale Rolle einnehmen.

Um nun wiederum die Güte dieser Algorithmen im Hinblick auf ihr Optimierungsziel untersuchen zu können, muß ihr Verhalten modelliert werden. Damit überschreiten wir jedoch die derzeitigen Grenzen mathematischer Modelle und müssen daher auf Simulationen ausweichen, die wir jedoch so wählen, daß das charakteristische Verhalten der einzelnen Verfahren erkannt werden kann (Kapitel 6).

Mit der Entwicklung von Algorithmen zur Überlastkontrolle ist jedoch nur der erste Schritt auf dem Weg zum praktischen Einsatz im realen System getan. Ihre programmiertechnische Umsetzung, d.h. die Einbettung von Meß- und Regelkomponenten in die evtl. bereits bestehenden Verwaltungsoperationen, ist in einer dynamischen und u.U. verteilten Umgebung ebenfalls eine genauere Betrachtung wert. Ziel einer solchen Untersuchung ist das Erkennen spezifischer Problemstrukturen und das Entwickeln dafür besonders geeigneter Programmelemente, die zu effizienten und wohlstrukturierten Lösungen führen. Derartige Lösungen können dann - geeignet parametrisiert - als elementare Bausteine für beliebige Überlast-Regelprobleme verwendet werden.

Mit der Untersuchung derartiger Realisierungsaspekte im Kapitel 7 endet dann der Weg, der mit der informalen Beschreibung des Überlastphänomens begann, über die Möglichkeiten seiner Analyse im Formelwerk der stationären Warteschlangennetze führte, um sich dann den rauhen Überlastproblemen in realen Systemen zuzuwenden und letztlich konkrete Programmstrukturen aufzuzeigen, die zu ihrer Überwindung eingesetzt werden können.

2 Die Einzelstation mit Überlast

2.1 Das unbegrenzte System

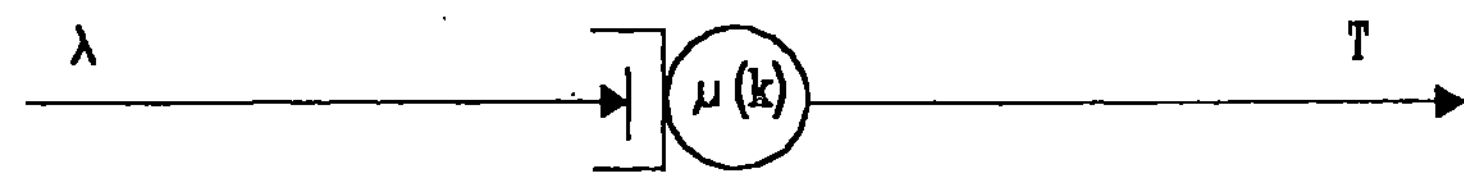

Abbildung 2.1-1 : Die Einzelstation

Wir betrachten zunächst die Einfachstation (Abb.2.1-1), für die wir folgende Größen einführen:

λ **Ankunftsrate.** Der Ankunftsstrom der Aufträge bildet einen Poisson-Prozeß mit Parameter λ.

μ **Grundbedienrate.** Die Bedienzeit $\tilde{S}$ an der Station ist exponentialverteilt mit Parameter μ.

S **Mittlere Bedienzeit.** $S = E(\tilde{S}) = 1/\mu$

ρ **Verkehrsintensität.** $\rho = \lambda/\mu$

$p(k)$ **Zustandswahrscheinlichkeit.** Wahrscheinlichkeit, daß sich genau k Aufträge an der Station befinden.

T   **Durchsatz.** Anzahl der abgearbeiteten Aufträge pro Zeiteinheit. Im Gleich-gewichtszustand gilt $T = \lambda$.

Das lastabhängige Verhalten der Station wird dadurch ausgedrückt, daß die Bedienrate sich abhängig von der Anzahl der Prozesse, die sich an der Station befinden, verändern kann. Wir führen dazu einen *Beschleunigungsfaktor b(k)* ein, der multiplikativ mit der Grundbedienrate verknüpft wird, um die tatsächliche Bedienrate zu bilden:

b(k)   **Beschleunigungsfaktor**

μ (k)   **Lastabängige Bedienrate.** $\mu(k) = \mu \times b(k)$

Ein Beschleunigungsfaktor $b(k) > 1$ drückt ein schnelleres Abarbeiten der Aufträge aus, ein $b(k) < 1$ ein verlangsamtes Abarbeiten. Wir setzen $b(0) = b(1) = 1$.

Beispiel 2.1-1:

Die mittlere Bedienzeit an einer Station sei S. Ein Verwaltungsaufwand $Ovh(k)$, der bei der Bearbeitung der Aufträge anfällt, sei abhängig von der Zahl der Aufträge k und erhöhe die Bedienzeit additiv, so daß sich eine tatsächliche, lastabhängige Bedienzeit von $S(k) = S + Ovh(k)$ ergibt. Wir erhalten damit einen Beschleunigungsfaktor

$$b(k) = \frac{\mu(k)}{\mu}$$

$$= \frac{S}{S(k)}$$

$$= \frac{S}{S + Ovh(k)}$$

$$= \frac{1}{1 + \dfrac{Ovh(k)}{S}}$$

bzw. eine lastabhängige Bedienrate

$$\mu(k) = \frac{b(k)}{S} = \frac{1}{S + Ovh(k)}$$

Das System wird beschrieben durch einen allgemeinen Geburts- und Sterbeprozeß, wo-durch sich folgende Zustandswahrscheinlichkeiten ergeben:

$$p(k) = \rho^k \left(\prod_{i=0}^{k} \frac{1}{b(i)} \right) p(0) \qquad\qquad [2.1 - 1]$$

Mit Hilfe der Normierungsbedingung

$$\sum_{k=0}^{\infty} p(k) \;=\; 1 \qquad\qquad [2.1 - 2]$$

erhalten wir für $p(0)$:

$$p(0) = \left(\sum_{k=0}^{\infty} \rho^k \prod_{i=0}^{k} \frac{1}{b(i)} \right)^{-1} \qquad\qquad [2.1 - 3]$$

Ein stationäres Verhalten stellt sich genau dann ein, wenn die unendliche Summe in [2.1 − 3] konvergiert. Für den Durchsatz T als Leistungsmaß für die Station ergibt sich im Fall der Konvergenz mit

$$T = \sum_{k=0}^{\infty} \mu(k)\, p(k) \qquad\qquad [2.1 - 4]$$

unter Verwendung von [2.1 − 1] und [2.1 − 3] und nach einigen Umformungen:

$$T \;=\; \lambda \qquad\qquad [2.1 - 5]$$

Zur Untersuchung der Konvergenzbedingung setzen wir

$$a_k \;:=\; \rho^k \prod_{i=0}^{k} \frac{1}{b(i)} \qquad\qquad [2.1 - 6]$$

Nach dem Quotientenkriterium ist $\displaystyle\sum_{k=0}^{\infty} a_k$ konvergent, wenn

$$\exists\; q < 1 : \; \left| \frac{a_{k+1}}{a_k} \right| < q \quad \forall\; k \ge k_0 \qquad\qquad [2.1 - 7]$$

Das bedeutet in unserem Fall mit

$$\left| \frac{a_{k+1}}{a_k} \right| \;=\; \frac{\rho}{b(k + 1)} \;,$$

daß die Summe

$$\sum_{k=0}^{\infty} \rho^k \prod_{i=0}^{k} \frac{1}{b(i)}$$

konvergent ist, wenn

$$\exists\; q > \rho : \; b(k) > q \;\; \forall\; k \ge k_0 \qquad\qquad [2.1 - 8]$$

Umgekehrt ist die Summe divergent, wenn

$$b(k) < \rho \qquad \forall \; k \geq k_0 \tag{2.1 - 9}$$

Für alle anderen Fälle, z.B. für $\lim_{k \to \infty} b(k) = \rho$ ist eine spezielle Untersuchung der $b(k)$ erforderlich.

Bei Divergenz ist ein stationäres Verhalten nicht mehr vorhanden, d.h. die Zahl der Aufträge in der Station wird unendlich. Trotzdem kann die Station noch 'arbeiten', solange die Bedienrate μ nicht zu 0 wird. Da das System nicht wieder leer werden kann, ist der Durchsatz bzw. die Abgangsrate des Systems gleich der Bedienrate. Wir erhalten also für den Fall der Divergenz der Summe in [2.1 − 3] :

$$T = \lim_{k \to \infty} \mu(k) \tag{2.1 - 10}$$

Die Abbildungen 2.1-2a und 2.1-2b zeigen beispielhaft Fälle von Konvergenz und Divergenz.

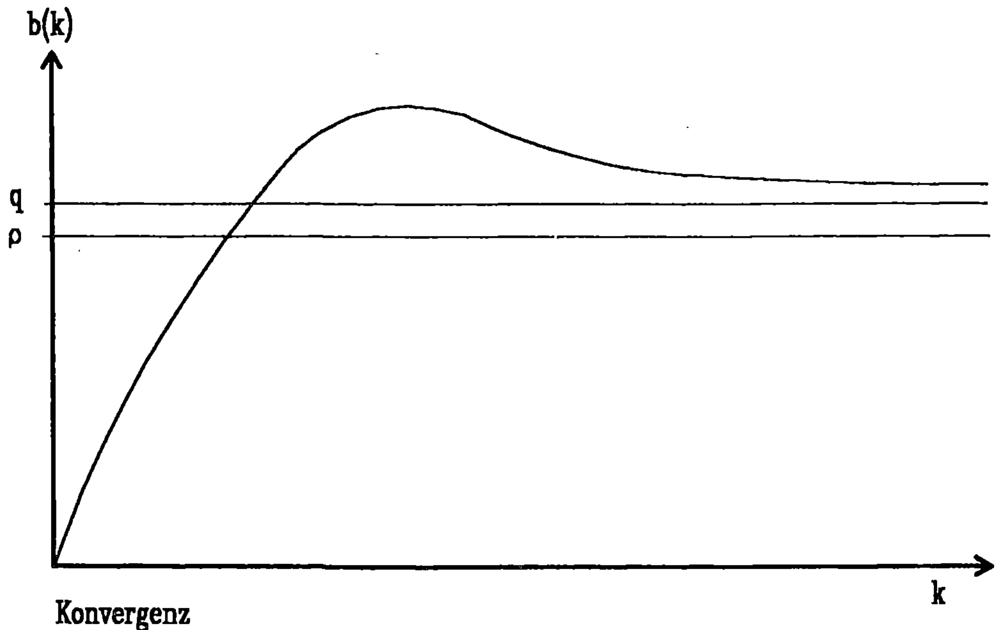

Abbildung 2.1-2a : Beispiel für Konvergenz

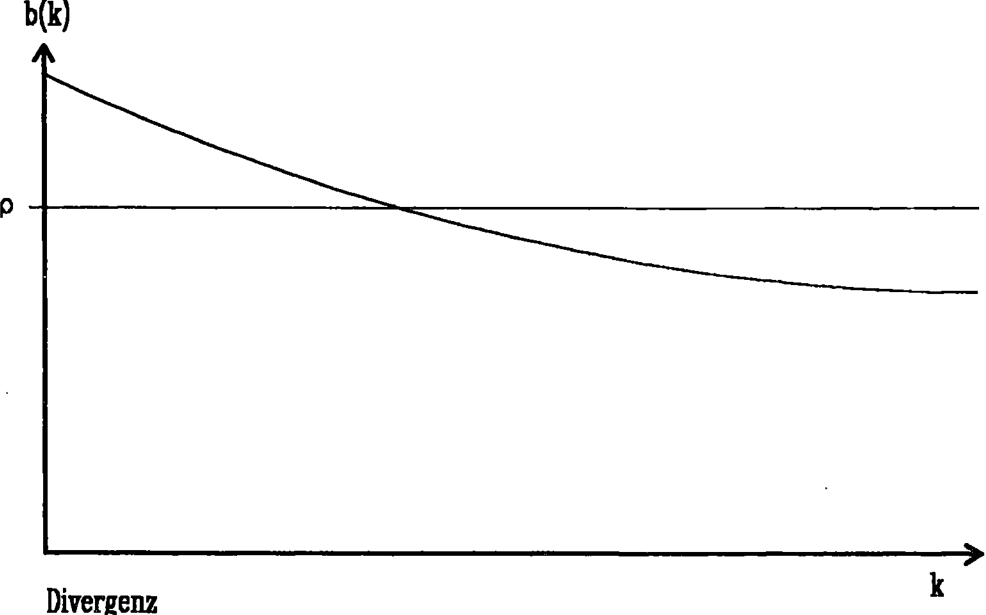

Divergenz

Abbildung 2.1-2b : Beispiel für Divergenz

Beispiel 2.1-2:

Wir greifen das Beispiel 2.1-1 wieder auf und nehmen an, die Bedienzeit $S = 1/\mu$ erhöhe sich pro Kunde infolge eines Verwaltungsaufwandes um jeweils einen Prozentpunkt ($c = 0.01$) :

$$S(k) = S\,(1 + 0.01\,k)$$

bzw.

$$\mu(k) = \mu\,\frac{1}{1 + 0.01\,k}$$

d.h.

$$b(k) = \frac{1}{1 + 0.01\,k}$$

Da $b(k)$ offensichtlich eine Nullfolge bildet, gibt es für jedes noch so kleine $\rho > 0$ ein k_0 mit

$$b(k) < \rho \qquad \forall\ k \geq k_0$$

Das bedeutet, daß z.B. bereits ein mit k logarithmisch wachsender Verwaltungsaufwand zum Zusammenbruch des Systems führt!

Insbesondere entziehen sich Systeme mit monoton wachsendem und nicht nach oben beschränktem Verwaltungsaufwand - und dazu gehören strenggenommen die meisten Rechensysteme - grundsätzlich einer exakten Behandlung im Rahmen der stationären Netze. Dies bedeutet praktisch, daß alle diese Systeme, für welche die Divergenzbedingung [2.1 − 9] zutrifft, die Gefahr des Leistungszusammenbruchs in sich bergen, wenn auch die Wahrscheinlichkeit im Einzelfall so gering sein mag, daß diese Situation während der gesamten Betriebsdauer des Rechensystems nicht eintritt. Trotzdem ist die Gefahr latent und weitgehend unabhängig von der Last vorhanden, denn auch bei noch so kleiner Ankunftsrate kann jeder Zustand k mit positiver Wahrscheinlichkeit erreicht werden. Daneben treten jedoch andere Effekte auf, die einem totalen Zusammenbruch entgegenwirken. Benutzer werden nämlich ärgerlich darauf verzichten, Aufträge an das System abzusetzen, wenn die Antwortzeit zu groß geworden ist. Es findet ein Marktmechanismus derart statt, daß bei kurzer Antwortzeit viele Benutzer bereit sind, Aufträge an das Rechensystem abzusetzen, bei hoher Antwortzeit nur wenige. Abbildung 2.1-3 drückt den qualitativen Zusammenhang aus. Systeme mit einem derartigen Nachlassen des Ankunftstroms bei zunehmender Last kann man in Verallgemeinerung des von Kleinrock [*Kle*76] geprägten Begriffs als *Systeme mit Entmutigung* bezeichnen (Abbildung 2.1-4).

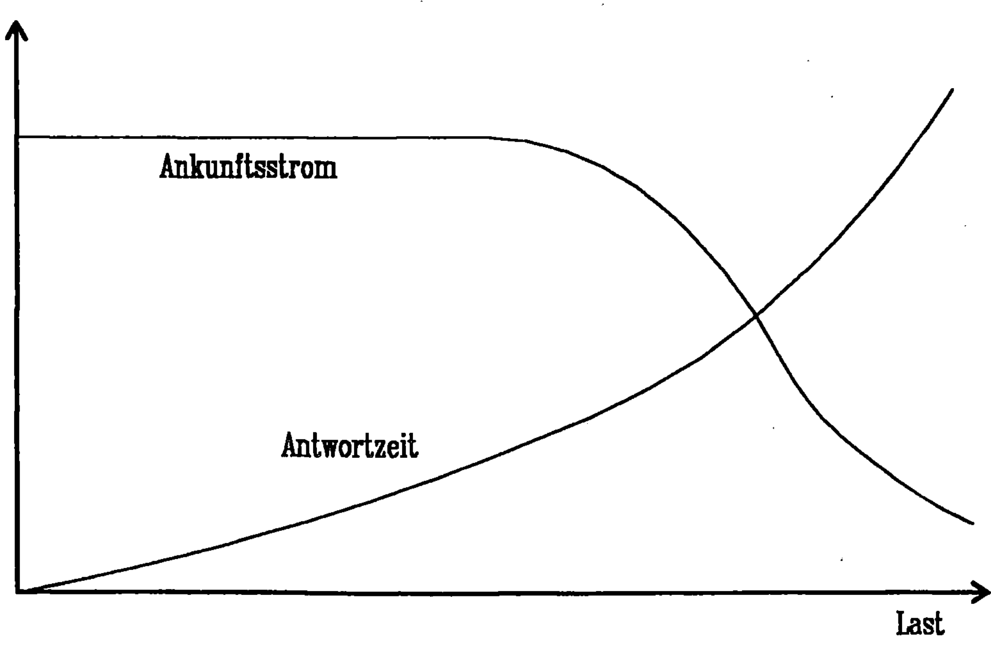

Abbildung 2.1-3 : Qualitativer Zusammenhang von Antwortzeit und Ankunftsstrom.

Formal bedeutet das, daß nicht nur μ von k abhängt, sondern auch λ, so daß ein Kollaps im strengen mathematischen Sinne nicht unbedingt auftritt (Abb.2.1-4). Trotzdem wird jeder Betreiber eines Rechensystems bestrebt sein, den Lastzustand seiner Rechner erst gar nicht in diese Bereiche kommen lassen; er wird bereits früher Maßnahmen zur Lastbegrenzung ergreifen.

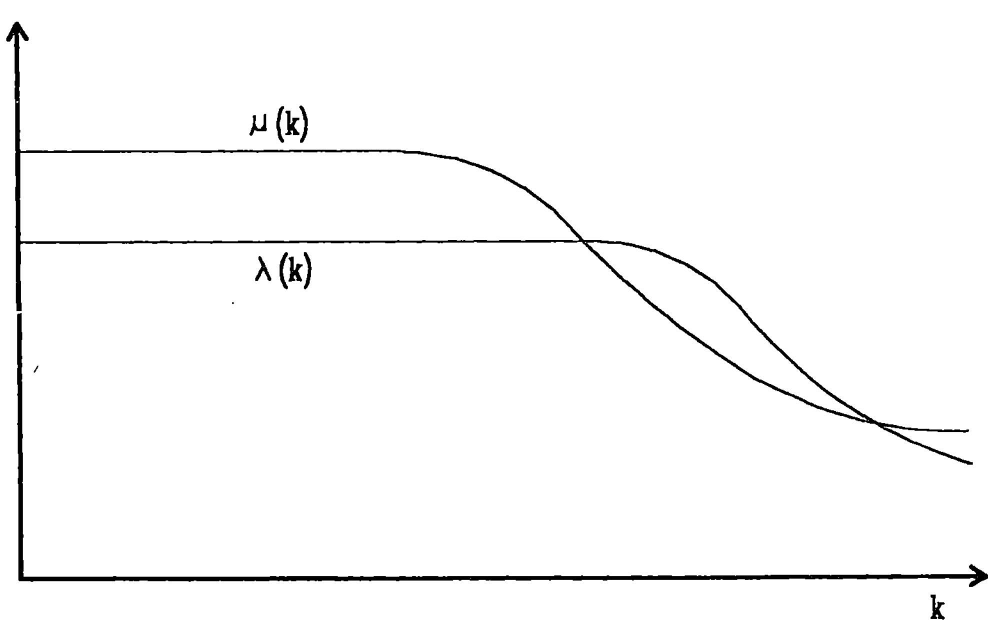

Abbildung 2.1-4 : System mit 'Entmutigung'.

In diesem modifizierten Fall lautet dann die Konvergenzbedingung mit $\rho(k) = \lambda(k)/\mu(k)$:

$$\exists \; q < 1: \; \rho(k) < q \quad \forall \; k \geq k_0 \qquad\qquad [2.1 - 11]$$

Im Gegensatz zu Beispiel 2.1-2, wo ein linearer Verwaltungsaufwand zu einem nach unten nicht beschränkten Beschleunigungsfaktor führte, zeigt ein lokales Netz vom *Ethernet-Typ*, als Einzelstation betrachtet, günstigere Eigenschaften [*MB76b, AL79, LZGS*84] :

Beispiel 2.1-3:

> Wollen k Stationen innerhalb derselben Zeitscheibe übertragen, so erzwingt das Ethernet-Protokoll, daß jede Station nur mit Wahrscheinlichkeit $1/k$ eine Übertragung startet. Die Wahrscheinlichkeit für eine erfolgreiche Übertragung kann daher nach der Binomialverteilung mit

$$p_{erf}(k) = \begin{cases} 1 & \text{für} \quad k = 1 \\ (1 - \frac{1}{k})^{k-1} & \text{für} \quad k > 1 \end{cases}$$

angegeben werden. Dadurch ergibt sich ein Erwartungswert für die Anzahl durch Kollisionen nicht genutzter Zeitscheiben, bevor eine erfolgreiche Übertragung stattfindet, von

$$C_{col}(k) = \sum_{i=1}^{\infty} i\, p_{erf}(k)\, (1 - p_{erf}(k))^{i} = \frac{1 - p_{erf}(k)}{p_{erf}(k)} .$$

Ist Z die Länge der Zeitscheibe - dies ist die Signalumlaufzeit im Netz - , so erhalten wir für eine Kollisionsperiode als Erwartungswert

$$\tau_{col}(k) = C_{col}(k) \times Z .$$

Die Länge eines Übertragungsintervalls τ_{trans} hängt dagegen von der Größe der Datenpakete P (in *bits*) und der Bandbreite des Mediums β (in *bits/sec*) ab und ist

$$\tau_{trans} = P/\beta .$$

Da *per definitionem* für $k > 0$ keine Leerzeiten auftreten, ist die Gesamtzeit zusammengesetzt aus sich abwechselnden Kollisionsperioden und Übertragungsperioden. Wir können daher die *Effizienz* des Übertragungsmediums definieren als

$$Eff(k) := \frac{\tau_{trans}}{\tau_{trans} + \tau_{col}(k)} .$$

Dadurch ergibt sich eine Bedienrate des *Ethernet* als Bedienstation von

$$\mu(k) = \frac{1}{\tau_{trans}} \times Eff(k) = \mu \times b(k) .$$

Wie man sieht, entspricht die *Effizienz* $Eff(k)$ genau unserem Beschleunigungsfaktor $b(k)$. Auf diese Weise kann ein lokales Netz vom *Ethernet*-Typ als Einzelstation in komplexere System-Modelle eingebaut werden. In Abbildung 2.1-5 ist $b(k)$ für typische Ethernet-Parameter aufgezeichnet.

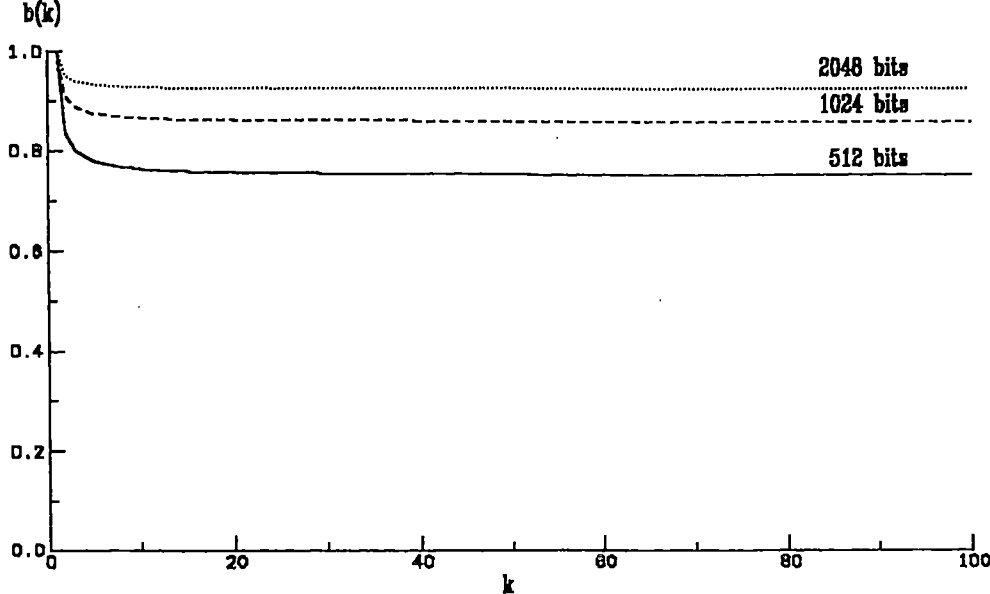

Abbildung 2.1-5: Lastabhängigkeit beim Ethernet für β = 10 Mb/sec, Z = 10 µsec und verschiedene Paketlängen.

Es liegt also Konvergenz vor, solange die Verkehrsintensität $\rho = \lambda \times \tau_{trans}$ am Ethernet kleiner ist als $\lim_{k \to \infty} b(k)$. Ist sogar $\rho < 1/e$, so liegt grundsätzlich Konvergenz vor, da $1/e$ eine untere Schranke für $b(k)$ bzw. $\mathit{Eff}(k)$ bildet. (Für weitere Details siehe [MB76b].)

2.2 Die Einzelstation mit Abweisung

2.2.1 Eigenschaften

Ein Zusammenbruch eines Systems mit Überlastverhalten kann verhindert werden, indem man den Zugang begrenzt. Man denke sich dazu einen Schalter, der ankommende Aufträge abweist, wenn eine vorgegebene Maximalzahl von Aufträgen an der Station erreicht worden ist (Abb.2.2.1-1).

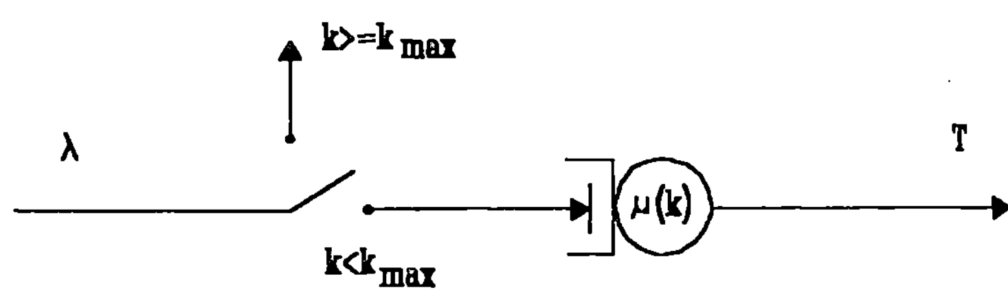

Abbildung 2.2.1-1 : Begrenztes System mit Abweisung (schematisch).

Für die dazugehörige Zustandswahrscheinlichkeit, die nun zusätzlich von k_{max} abhängt, gilt:

$$p(k;k_{max}) \;=\; \rho^k \; \prod_{i=0}^{k} \frac{1}{b(i)} \; p(0;k_{max}) \qquad\qquad [2.2.1-1]$$

mit

$$p(0;k_{max}) \;=\; \Big(\sum_{k=0}^{k_{max}} \rho^k \prod_{i=0}^{k} \frac{1}{b(i)} \Big)^{-1} \qquad\qquad [2.2.1-2]$$

Hier gibt es wegen der Endlichkeit der Zustandsmenge grundsätzlich keine Konvergenzprobleme, d.h. stationäres Verhalten wird für jedes k_{max} und jedes ρ erreicht. Für den Durchsatz T als Funktion vom Schwellwert k_{max} erhalten wir

$$T(k_{\max}) \;=\; \sum_{k=1}^{k_{\max}} \mu(k)\, p(k;k_{\max})$$

$$=\; \lambda \,\frac{p(0;k_{\max})}{p(0;k_{\max}-1)}$$

$$[2.2.1 - 3]$$

Zur Illustration greifen wir Beispiel 2.1-2 bzw. 2.1-1 mit linearem additivem Verwaltungsaufwand $Ovh(k) = c \times k$ wieder auf und zeigen in den Abbildungen 2.2.1-2 und 2.2.1-3 den normalisierten Durchsatz in Abhängigkeit vom Abschaltwert $k_{\max}$ für verschiedene Werte des 'Overhead-Koeffizienten' c und der Verkehrsintensität p.

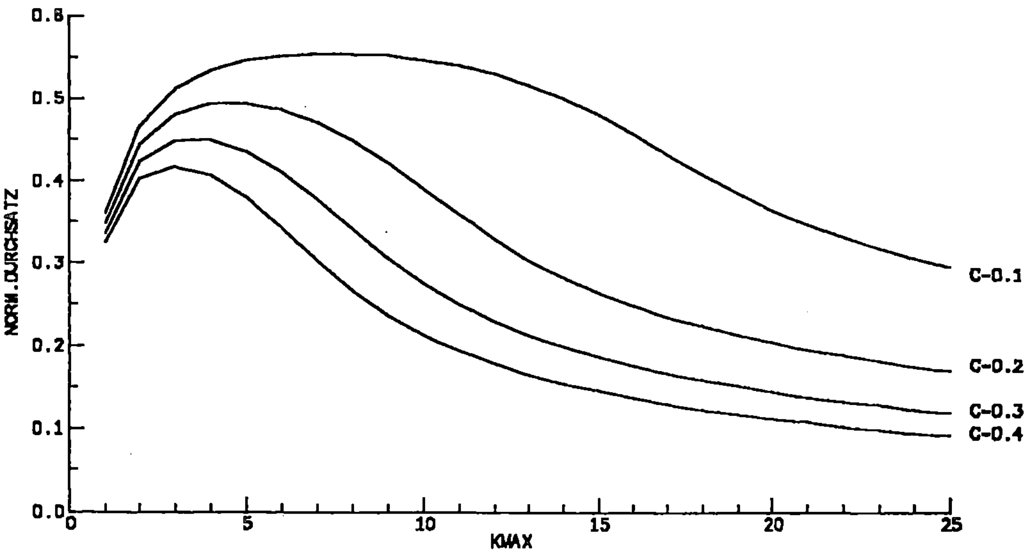

Abbildung 2.2.1-2 : Durchsatz als Funktion des Abschaltwertes für p = 0.6 und verschiedene Werte von c.

Der in Abbildung 2.2.1-2 und 2.2.1-3 verwendete normalisierte Durchsatz $T(k_{\max})/\mu$ ist dabei identisch, bzw. kann interpretiert werden als die effektive, d.h. die um den Verwaltungsaufwand bereinigte Auslastung $U_{eff}(k_{\max})$, wie folgende Herleitung zeigt.

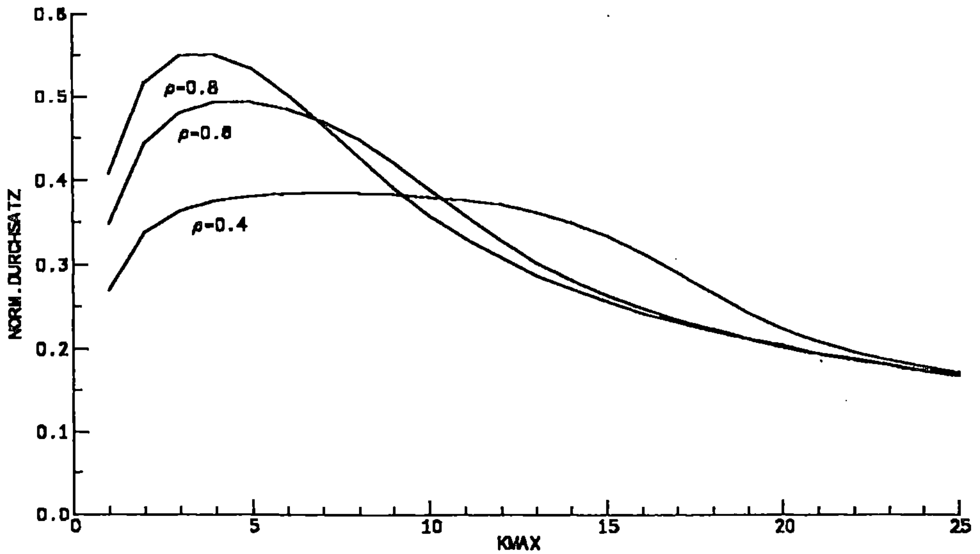

Abbildung 2.2.1-3 : Durchsatz als Funktion des Abschaltwertes für $c = 0.2$ und verschiedene Werte von ρ

Um nämlich die Anteile von Nutzarbeit und Verwaltungsaufwand an der Gesamtauslastung zu bestimmen, kann man drei disjunkte Zustände, in denen sich das System befinden kann, unterscheiden:

Z_L System leer (untätig)

Z_N System tätig mit Nutzarbeit

Z_V System tätig mit Verwaltungsarbeit

Aufgrund der Disjunktheit gilt für die dazugehörigen Wahrscheinlichkeiten

$$p(Z_L) + p(Z_N) + p(Z_V) = 1 \qquad\qquad [2.2.1 - 4]$$

Dagegen gilt für die normale Zustandsaufteilung nach der Anzahl der Aufträge (vgl. [2.2.1 − 1]):

$$\sum_{k=0}^{k_{max}} p(k;k_{max}) = 1 \qquad \text{bzw.} \qquad\qquad [2.2.1 - 5]$$

$$p(0;k_{max}) + \sum_{k=1}^{k_{max}} p(k;k_{max}) = 1 \; , \qquad\qquad [2.2.1 - 6]$$

wobei der erste Term in [2.2.1 − 6] dem ersten in [2.2.1 − 4] entspricht.

Um nun [2.2.1 − 6] in die gleiche Form wie [2.2.1 − 4] zu bringen, wird der Summenterm in [2.2.1 − 3] in einen Nutzarbeitsteil N und einen Verwaltungsteil V aufgespaltet.

$$\begin{aligned}
1 \; &= p(0;k_{max}) + \sum_{k=1}^{k_{max}} p(k;k_{max}) \, (N(k) + V(k)) \\
&= p(0;k_{max}) + \sum_{k=1}^{k_{max}} p(k;k_{max}) \, N(k) + \sum_{k=1}^{k_{max}} p(k;k_{max}) \, V(k) \; ,
\end{aligned} \qquad [2.2.1 - 7]$$

wobei

$$N(k) + V(k) = 1 \quad ; \quad k = 1, \dots , k_{max} \qquad\qquad [2.2.1 - 8]$$

Die Zerlegung in [2.2.1 − 7] entspricht jetzt der in [2.2.1 − 4], der erste Term steht für die Leerzeit, der zweite für die Nutzarbeit und der dritte für den Verwaltungsaufwand. Da die lastabhängigen Bedienzeiten $S(k)$ sich folgendermaßen zusammensetzen:

$$\begin{aligned}
S(k) \; &= \frac{S}{b(k)} \\
&= S + S\left(\frac{1}{b(k)} - 1\right) \; ,
\end{aligned} \qquad\qquad [2.2.1 - 9]$$

wobei der Term S für die Nutzarbeit und der Term $S\,(1/b(k) - 1)$ für den Verwaltungsaufwand stehen, muß diese Zusammensetzung auch für die Summe $N(k) + V(k) = 1$ gelten, da ja nach Konstruktion N den Anteil der Nutzarbeit und V den Anteil des Verwaltungsaufwandes ausdrücken. Es muß also gelten:

$$S : S\left(\frac{1}{b(k)} - 1\right) = N(k) : V(k) \; , \qquad\qquad [2.2.1 - 10]$$

woraus unter Verwendung von [2.2.1 − 8] nach kurzer Rechnung folgt:

$$\begin{aligned}
N(k) \; &= \; b(k) \\
V(k) \; &= \; 1 - b(k)
\end{aligned} \qquad\qquad [2.2.1 - 11]$$

Daß $V(k)$ negativ wird, wenn $b(k) > 1$, ist durchaus plausibel. Von *Verwaltungsaufwand* kann ja nur gesprochen werden, wenn das System mit steigender Last langsamer wird, also $b(k) < 1$ gilt. Ist $b(k) > 1$, so findet bei steigender Last eine Leistungssteigerung statt, was sich in einem negativen Verwaltungsaufwand ausdrückt.

Dadurch erhalten wir für den Anteil der Nutzarbeit U_{eff} an der Gesamtauslastung:

$$U_{\mathit{eff}}(k_{\max}) \;=\; \sum_{k=1}^{k_{\max}} p(k;k_{\max})\; b(k) \qquad\qquad [2.2.1-12]$$

Das aber ist genau dasselbe wie

$$\frac{T(k_{\max})}{\mu} \;=\; \frac{1}{\mu} \sum_{k=1}^{k_{\max}} \mu(k)\; p(k;k_{\max})$$

$$\;=\; \sum_{k=1}^{k_{\max}} p(k;k_{\max})\; b(k) \quad ,$$

wie der Vergleich mit 2.2.1-3 zeigt. Die Nutzleistung U_{eff} ist also identisch mit dem normalisierten Durchsatz T/μ.

Für das Beispiel 2.1-2 gibt Abbildung 2.2.1-4 die Aufspaltung der Gesamtauslastung in Nutzleistung und Verwaltungsaufwand wieder.

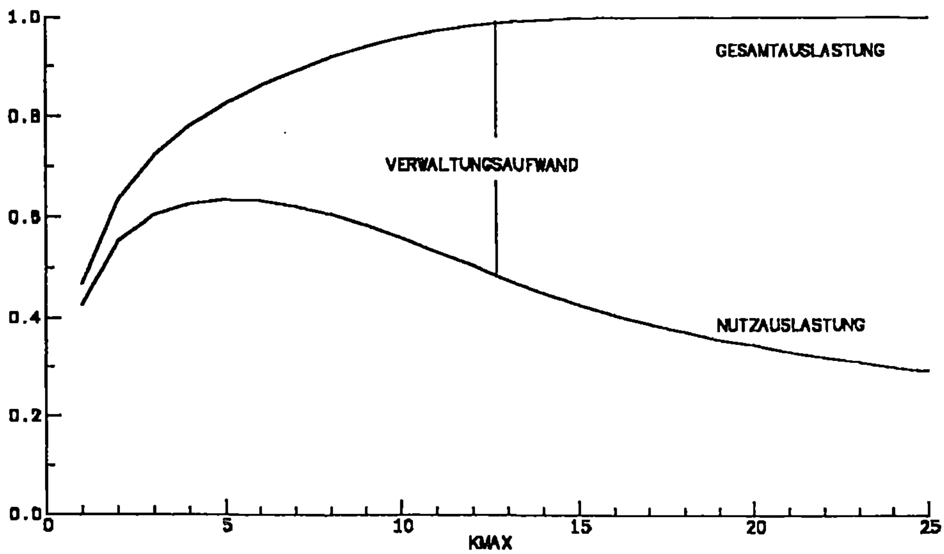

Abbildung 2.2.1-4 : Aufspaltung der Gesamtauslastung in Nutzauslastung und Verwaltungsaufwand.

2.2.2 Durchsatzbegrenzende Faktoren

Das System mit monoton wachsendem Verwaltungsaufwand und Abweisung bei Erreichen eines Schwellwertes zeigt also, wie aus den Abbildungen 2.2.1-2 und 2.2.1-3 er-
sichtlich, ein Überlastverhalten. Nur ist diese Überlast nicht eine Funktion der Anzahl
der Aufträge im System, sondern des Schwellwertes, also des Wertes, bei dessen Erreichen der Ankunftstrom abgeschaltet wird. Der Durchsatz wird dabei von drei Faktoren
begrenzt:

1. *Ankunftsrate*

   Es können im Mittel nicht mehr Aufträge das System verlassen, als angekommen
   sind.

2. *Bedienrate*

   Es können im Mittel nicht mehr Aufträge das System verlassen, als das System ab-
   zuarbeiten in der Lage ist. Dabei handelt es sich um die Bedienrate $\bar{\mu}(k_{max})$, die ein
   ankommender Auftrag bei einem Abschaltwert von k_{max} zu erwarten hat.

3. *Effektivauslastung*

   Da der normalisierte Durchsatz T/μ identisch ist mit der Effektivauslastung $U_{\it{eff}}$,
   bildet die Gesamtauslastung U eine obere Schranke für T/μ, bzw. $U \times \mu$ eine obere
   Schranke für T.

Insgesamt gilt also:

$$T(k_{max}) \;\leq\; \lambda \qquad\qquad\qquad\qquad [2.2.2 - 1]$$

$$T(k_{max}) \;\leq\; \bar{\mu}(k_{max}) \qquad\qquad\qquad [2.2.2 - 2]$$

$$T(k_{max}) \;\leq\; U(k_{max})\,\mu \qquad\qquad\qquad [2.2.2 - 3]$$

oder:

$$T(k_{max})/\mu \;\leq\; \min\{\, \rho, \; \bar{\mu}(k_{max})/\mu, \; U(k_{max}) \,\} \qquad [2.2.2 - 4]$$

Je nachdem, welcher der drei Faktoren gerade das Minimum bildet, können drei Phasen
unterschieden werden (Abbildung 2.2.2-1):

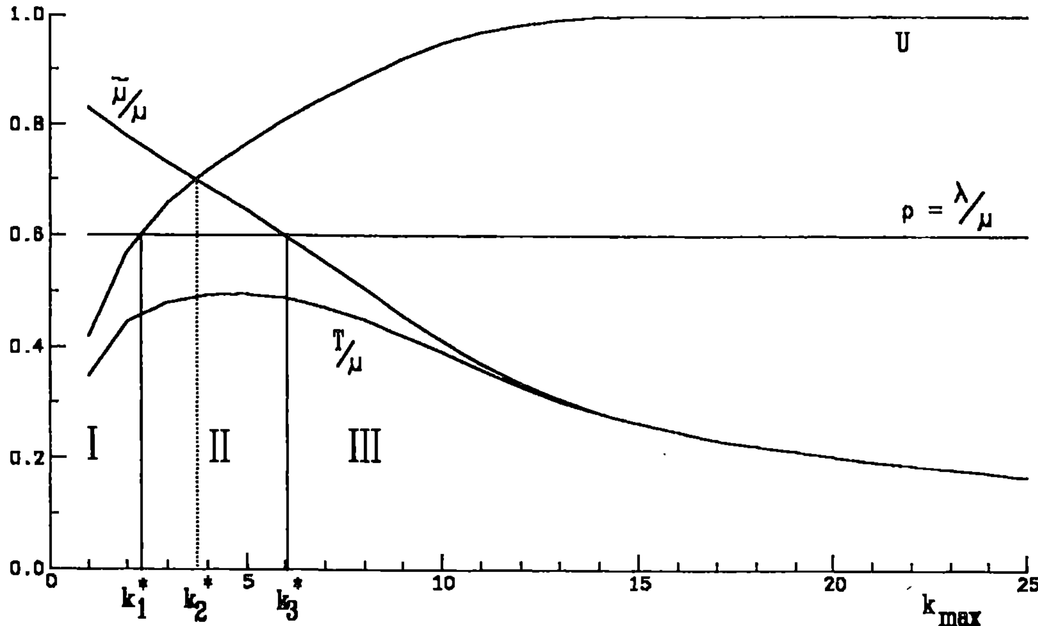

Abbildung 2.2.2-1: Phasen der Überlastkurve

Anstiegsphase (I)   Die Auslastung U wirkt begrenzend. Ein zu kleiner Wert von k_{max} führt zu hohen Leerzeiten.

Plateauphase (II) ρ bzw die Ankunftsrate λ wirkt begrenzend. Hier ist der günstigste Arbeitsbereich der Station.

Überlastphase (III) $\tilde{\mu}$ wirkt begrenzend. Der durch hohes k_{max} bedingte hohe zu erwartende Verwaltungsaufwand bewirkt ein Absinken des Durchsatzes.

Die dabei verwendete zu erwartende Bedienrate $\tilde{\mu}(k_{max})$ ist:

$$\tilde{\mu}(k_{max}) \;=\; \sum_{k=1}^{k_{max}} \mu(k)\, p(k\,|\,\text{System nicht leer})$$

$$=\; \sum_{k=1}^{k_{max}} \mu(k)\, \frac{p(k;k_{max})}{1 - p(0;k_{max})} \qquad\qquad [2.2.2 - 5]$$

$$=\; \frac{T(k_{max})}{U(k_{max})}$$

30

2.2.3 Ansätze zur Regelung

Um einen maximalen Durchsatz zu erzielen, müßte k_{max} so gewählt werden, daß das System sich in der Plateauphase befindet. Bei stationärem Verhalten und konstanten Parametern kann ja der optimale Wert k_{max} problemlos errechnet und dann eingestellt werden. Sind jedoch die Parameter zeitveränderlich und soll k_{max} den veränderten Situationen stets neu angepaßt werden, wird die Aufgabe schwieriger. Analog zum Problem des optimalen Multiprogramminggrades [*DKLPS76*], suchen wir nach robusten Kriterien, die im dynamischen Betrieb des Systems eine einfache, aber nahezu optimale Regelung erlauben.

Betrachtet man Abbildung 2.2.2-1, so springen drei Punkte ins Auge:

1. Beginn der Plateauphase ($k_{max} = k_1'$). Definierende Bedingung: $U = \rho$

2. Innerhalb der Plateauphase ($k_{max} = k_2'$). Definierende Bedingung: $\tilde{\mu}/\mu = U$

3. Ende der Plateauphase ($k_{max} = k_3'$). Definierende Bedingung: $\tilde{\mu} = \lambda$

Die Lage der drei Punkte bezüglich des Optimums hängt natürlich stark von den jeweiligen Systemparametern ab, die den Verlauf der Leistungskurve bestimmen. Abbildung 2.2.3-1 zeigt einen Fall mit schmalem Optimum, Abbildung 2.2.3-2 dagegen einen breiten 'Buckel'. Entsprechend weit rücken die drei ins Auge gefaßte Punkte auseinander bzw. vertauschen gar ihre Lage.

Am nächsten kommt man dem Optimum durch Kriterium 2 ($k_{max} = k_2'$), das sich bei Verwendung von [2.2.2 − 5] nach kurzer Umformung auf die bemerkenswerte Form $U_{eff} = U^2$ bringen läßt, was bedeutet, daß die um den Verwaltungsaufwand bereinigte Auslastung gerade dem Quadrat der Gesamtauslastung entspricht. Eine Einhaltung dieses offensichtlich stabilen Arbeitspunktes setzt jedoch voraus, daß beide Größen im laufenden Betrieb ermittelt werden können. Während eine Messung der Gesamtauslastung in der Regel keine Probleme aufwirft, setzt eine Ermittlung von U_{eff} voraus, daß Nutzarbeit und Verwaltungsaufwand sich meßtechnisch sauber trennen lassen. Diese Auftrennung ist in gängigen Betriebssystemen häufig kein leichtes Unterfangen, wenn nachträglich derartige Mechanismen zur Lastregelung eingebaut werden müssen. Es besteht daher eine Anforderung an Konstrukteure von Betriebssystemen, eine Unterscheidung von Nutzarbeit und Verwaltungsaufwand konzeptuell vorzusehen, um die Ermittlung davon abhängiger Leistungsgrößen zu erleichtern.

Die gleiche Auftrennung ist auch für Kriterium 1 vorzunehmen, da sonst die dafür erforderliche Grundbedienrate μ nicht ermittelt werden kann. Lediglich Kriterium 3, das sich mit [2.2.2 − 5] als $T/U = \lambda$ schreiben läßt, kommt ohne diese Aufspaltung aus.

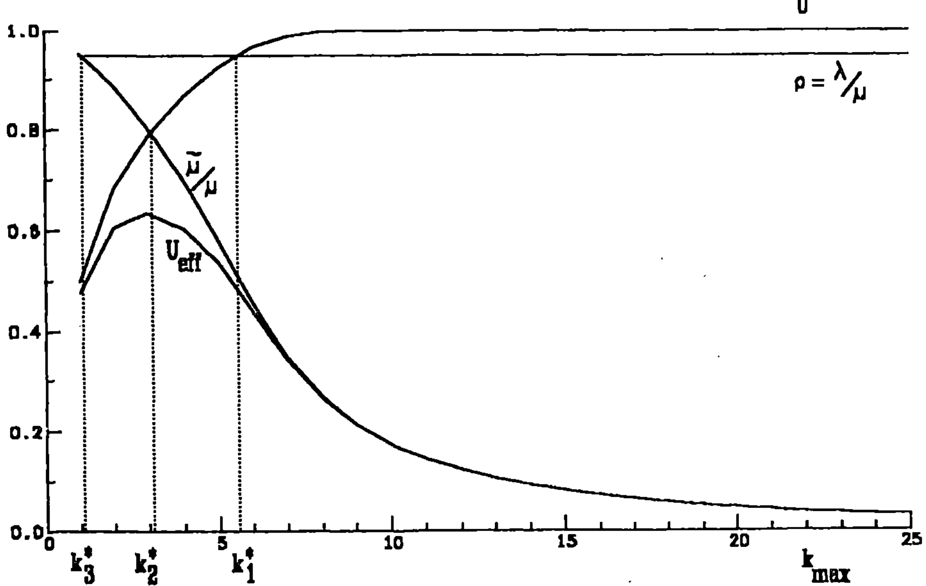

Abbildung 2.2.3-1a: Lage der Arbeitspunkte bei 'schmalem' Optimum.

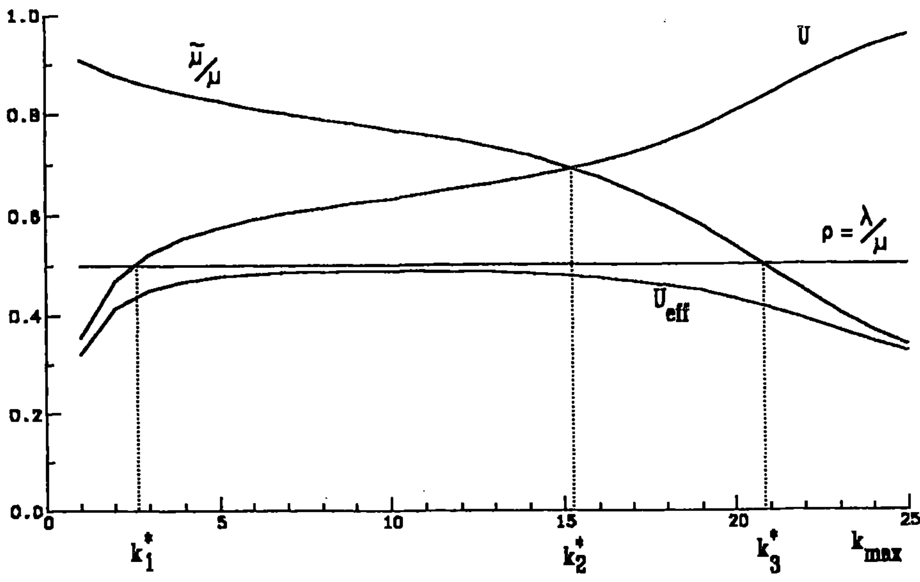

Abbildung 2.2.3-1b: Lage der Arbeitspunkte bei 'breitem' Optimum

2.3 Einzelstation mit Aufstauen

Während das im vorigen Abschnitt diskutierte System mit Abweisung seine Anwendung eher im Bereich der Kommunikation in Rechnernetzen findet, wo die Aufträge Datenpaketen entsprechen, ist es an anderen Stellen nicht sinnvoll oder angemessen, bei drohender Überlast Aufträge einfach zu ignorieren. Es bleibt dann die Möglichkeit, die Aufträge in einem vorgeschalteten Stauraum aufzustauen, wenn eine kritische Grenze erreicht wird und dadurch eine Überlastsituation zu verhindern. Abbildung 2.3-1 zeigt eine solche Station schematisch.

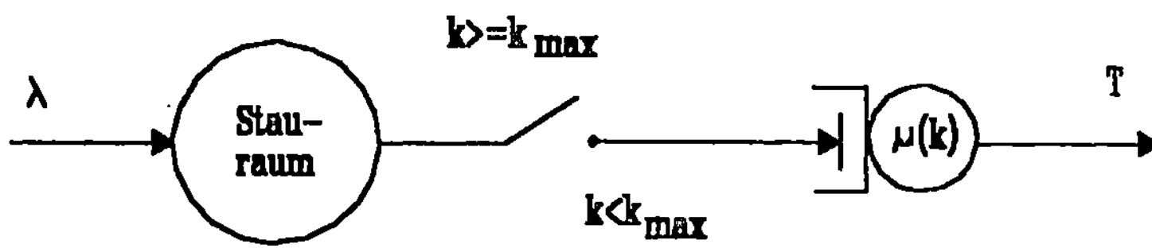

Abbildung 2.3-1 : Einzelstation mit vorgeschaltetem Stauraum (schematisch).

Wie man sich leicht klar macht, hat diese Station für $k \leq k_{max}$ dasselbe Verhalten wie die ungeregelte Station aus Abschnitt 2.1. Wird jedoch der Grenzwert erreicht, so sorgt der Schalter dafür, daß neu ankommende Aufträge aufgestaut werden und so in der eigentlichen Station der Grenzwert k_{max} nicht überschritten wird. Die Station mit Stauraum hat demnach dasselbe Verhalten wie eine äquivalente Ersatzstation ohne Stauraum, deren lastabhängige Bedienrate $\mu(k)$ von $k = k_{max}$ an konstant bleibt. Abbildung 2.3-2 zeigt beispielhaft die Bedienrate der originalen Station $\mu(k)$ und mit $\mu'(k)$ die Wirkung des Aufstauens bzw. die Bedienrate der Ersatzstation.

Dadurch ist die Station mit Stauraum auf die Station ohne Stauraum zurückgeführt. Dies ist vor allem dann interessant, wenn die hier implizierte Unbegrenztheit des Stauraums nicht vorausgesetzt werden kann und daher bei Erreichen eines zweiten Schwellwertes auf den Abweisungsmechanismus aus Abschnitt 2.2 zurückgegriffen werden muß.

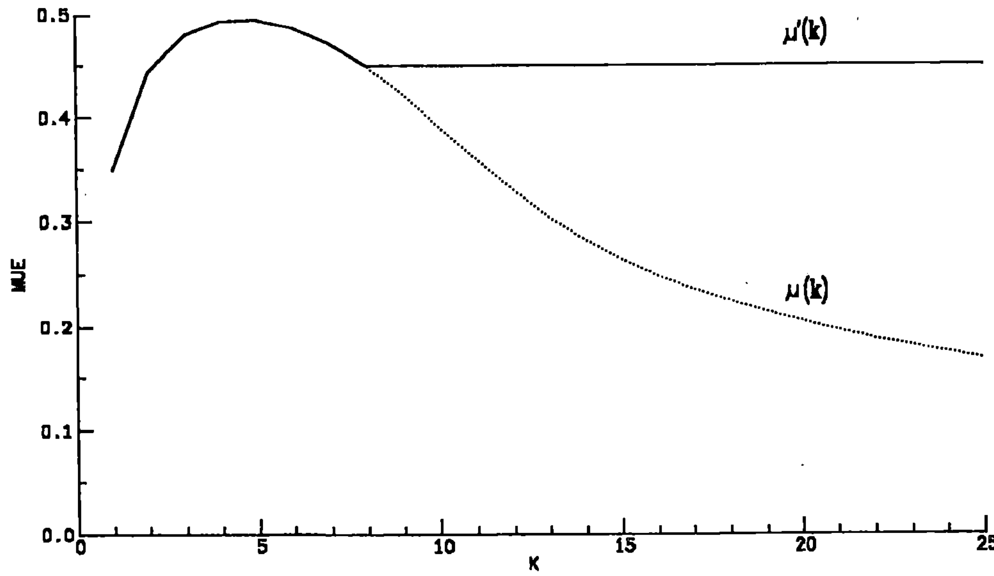

Abbildung 2.3-2 : Wirkung des Aufstauens auf die Bedienrate

Systeme mit einem Verhalten wie in Abbildung 2.3-2, bei denen also die Bedienrate $\mu(k)$ von einem bestimmten k_{max} an konstant bleibt, werden auch als Systeme mit *begrenzter Lastabhängigkeit* bezeichnet. Durch den Aufstaumechanismus werden Systeme mit unbegrenzter auf solche mit begrenzter Lastabhängigkeit zurückgeführt. Im allgemeinen wird die Annahme einer solchen Begrenztheit dazu verwendet, konkrete lastabhängige Systeme der realen Welt zu approximieren. Denn in der Regel liegen die $\mu(k)$ oder $b(k)$ nicht in Form mathematischer Funktionen vor, sondern es stehen nur einzelne Werte für kleine k zur Verfügung. Um die relevanten Systemgrößen mit den Formeln aus Kapitel 2.1 überhaupt berechnen zu können, muß man die $\mu(k)$ von einem bestimmten k an als konstant annehmen. Darüberhinaus ist man gezwungen, die Konvergenzbedingung [2.1 − 8] einzuhalten, um überhaupt zu einem stationären Modell zu gelangen. Auch dies führt zu einem approximativen Ansatz, für die seltener auftretenden, größeren Lastwerte k die Bedienrate $\mu(k)$ konstant und $> \lambda$ zu halten. Man muß sich jedoch bewußt sein, daß man damit die systeminhärente Kollapsfähigkeit des Systems *'wegmodelliert'*.

Der Durchsatz in einem solchen System mit begrenzter Lastabhängigkeit ist

$$T = \begin{cases} \lambda, & \text{wenn System stationär} \\ \mu(k_{max}), & \text{sonst} \end{cases} \qquad [2.3 − 1]$$

3 Netze von Überlaststationen

3.1 Allgemeine Eigenschaften

3.1.1 Typisierung und Beschreibung

Rechensysteme als Gegenstand von Leistungsbetrachtungen sind in der Regel so komplexe Gebilde, daß sie sinnvollerweise als Netze von Wartestationen modelliert werden. Grundsätzlich kann man unterscheiden zwischen offenen und geschlossenen Netzen. Während offene Netze über eine unendlich ergiebige Quelle mit Aufträgen gespeist werden, die das System nach Abarbeitung wieder verlassen, zirkuliert in einem geschlossenen Netz eine begrenzte Anzahl von Aufträgen. Zur Beschreibung von Warteschlangennetzen werden folgende Größen verwendet:

M	Anzahl der Stationen im Netz
μ_m	Bedienrate an Station m
S_m	Mittlere Bedienzeit an Station m $(S_m = 1/\mu_m)$
θ_m	Mittlere Anzahl der Besuche eines Auftrags an Station m
k_m	Mittlere Anzahl der Aufträge an Station m
λ	Ankunftsrate am Gesamtnetz
λ_m	Ankunftsrate an Station m $(\lambda_m = \lambda \times \theta_m)$
ρ_m	Verkehrsintensität $(\rho_m = \lambda_m/\mu_m)$
K	Gesamtzahl der Aufträge im System $(K = \sum_{m=1}^{M} k_m)$

Unabhängig vom Typ der Netze wird ihre Last beschrieben durch die jeweiligen Bedienraten μ_m einerseits und die Besuchszahlen θ_m andererseits. Man kann statt der Besuchszahlen auch die Übergangswahrscheinlichkeiten der Aufträge von einer zur anderen Station angeben. Beide Größen gehen durch Lösung eines linearen Gleichungssystems auseinander hervor. Damit ist die Qualität der Last beschrieben. Die Quantität wird für offene Netze durch die Ankunftsrate λ, für geschlossene Netze durch die Gesamtzahl der Aufträge K vorgegeben. Zeigt ein solches Netz Überlastverhalten, so muß mindestens eine der qualitativen Größen in geeigneter Weise lastabhängig sein. Dabei sind mehrere Fälle zu unterscheiden:

- Die Bedienzeit S bzw. die dazu reziproke Bedienrate μ sind lastabhängig. Diesen Fall haben wir bisher bei der Einzelstation betrachtet.

- Die Besuchszahlen θ, also das 'Routing-Verhalten', sind lastabhängig. Dieser Fall kommt bei Netzen von Stationen hinzu. Da jedoch in die Berechnung von Leistungsmaßen immer nur das Produkt $S \times \theta$ eingeht, ist es letztlich gleichgültig, welchem der beiden Faktoren die Lastabhängigkeit zugesprochen wird.

Wesentlicher ist eine andere Unterscheidung, die bei der Betrachtung von Netzen im Gegensatz zu Einzelstationen hinzukommt: Ist das Verhalten an einer Station abhängig von der Anzahl der Aufträge an dieser Station, so sprechen wir von *lokaler Lastabhängigkeit*, ist es abhängig von der Gesamtzahl von Aufträgen im Netz oder in einem diese Station umfassenden Teilnetz, so sprechen wir von *globaler Lastabhängigkeit*.

In den folgenden Abschnitten werden wir auf die verschiedenen Fälle eingehen. Wir werden dabei Ergebnisse aus der Theorie der stationären Warteschlangennetze benutzen, wie sie in gängigen Lehrbüchern wie z.B. [*Kle*75], [*Kob*78] , [*GM*80] , [*Lav*83] oder [*LZGS*84] zu finden sind. Dabei werden wir die Aspekte der Lastabhängigkeit als Voraussetzung für Überlast herausarbeiten und zeigen, wie Mechanismen der Lastbegrenzung zur Verhinderung von Überlast in den vorgegebenen Formelapparat integriert werden können, um sie einer analytischen Behandlung zugänglich zu machen.

3.1.2 Lokale und globale Lastabhängigkeit

Betrachtet man Netze von kompletten Rechensystemen, also Rechnernetze, so lassen sich Überlasteffekte, wie sie in Kapitel 1 beschrieben sind, grundsätzlich mit globaler Lastabhängigkeit beschreiben. Denn es ist ja die Gesamtzahl der Aufträge, die zu erhöhten Stau-, Verlust- oder Verklemmungswahrscheinlichkeiten führt. Zusätzlich birgt jedoch in der Regel jeder einzelne Knoten lokale Lastabhängigkeiten, die durch algorithmischen Aufwand bei der Verwaltung der Aufträge bedingt sind.

Betrachtet man einzelne Rechnerknoten und löst diese auf in ihre aktiven Bestandteile, wie etwa Zentral- oder E/A-Prozessoren, so können ebenfalls lokale und globale Lastabhängigkeiten auftreten: lokale wiederum durch algorithmischen Aufwand, globale z.B. durch den Thrashing-Effekt des virtuellen Speichers, wo die Bedienzeiten an CPU und Seitentauschgerät abhängig sind von der Gesamtzahl aller im Hauptspeicher geladener Prozesse.

Darüberhinaus führt jede Aggregierung von Einzelstationen zu Verbundstationen, etwa zum Zweck der Komplexitätsreduktion, zu lokalen Lastabhängigkeiten an der entstandenen Verbundstation, wie das im folgenden Kapitel gezeigt wird.

Wir sehen also, daß beide Formen der Lastabhängigkeit ihre Berechtigung haben und daß auch je nach Betrachtungsebene globale in lokale Lastabhängigkeit übergehen kann. Denn jede globale Lastabhängigkeit in einem Netz wird auf einer höheren Ebene zur lokalen, wenn wir das Netz durch eine äquivalente Verbundstation ersetzen.

Wollen wir nun eine drohende Überlast in einem Netz verhindern, so haben wir - wie bei der Einzelstation - die Möglichkeit, ankommende Aufträge abzuweisen oder aufzustauen. Im Gegensatz zur Einzelstation bieten sich hier jedoch verschiedene Orte an, an denen eine Lastkontrolle angreifen kann. Wir wollen uns auf die beiden Extremfälle konzentrieren, daß entweder eine globale Lastkontrolle für das gesamte Netz existiert oder je eine lokale für jede Station. Kombiniert man alle die aufgezählten Alternativen, so ergeben sich insgesamt 16 mögliche Ausprägungen, die in Tabelle 3.1.2-1 aufgezeigt und durchnumeriert sind.

Art des Netzes / Art der Regelung	offen		geschlossen	
	lokale LA	globale LA	lokale LA	globale LA
Abweisung — lokal	1a	2a	3a	4a
Abweisung — global	1b	2b	3b	4b
Aufstauen — lokal	1c	2c	3c	4c
Aufstauen — global	1d	2d	3d	4d

Tabelle 3.1.2-1: Mögliche Ausprägungen von Kontrollmechanismen in Netzen

Diese grundsätzlich möglichen Kombinationen machen jedoch nicht alle einen Sinn. So können beispielsweise die Fälle 3a, 3b, 4a, 4b ausgeschlossen werden, denn geschlossene Netze bieten *per definitionem* keine Möglichkeit, Aufträge, die sich im Netz befinden, zu entfernen. Darüberhinaus stellt sich die Frage, inwieweit eine globale Kontrolle bei lokaler Lastabhängigkeit und umgekehrt lokale Kontrolle bei globaler Lastabhängigkeit sinnvoll sind. Betrachten wir zunächst den ersten Fall:

Bei lokaler Lastabhängigkeit gibt es für jede Station m einen Wert k_m^*, $(m = 1, \dots, M)$, von dem an der Durchsatz sinkt. Mit globaler Kontrolle kann jedoch lediglich die Gesamtzahl der Aufträge

$$K = \sum_{m=1}^{M} k_m$$

begrenzt werden. Würde man beispielsweise

$$K^* = \sum_{m=0}^{M} k_m^*$$

wählen, so würde trotzdem durch die stochastische Struktur des Netzverhaltens bei einzelnen Stationen der optimale Wert k_m^* regelmäßig überschritten, da ja nur die Summe der k_m, nicht aber die einzelnen k_m festgelegt sind. Mit positiver Wahrscheinlichkeit tritt sogar der Fall $k_m = K^*$ ein, wobei meist $k_m^* < < K^*$, d.h. nach gewisser Zeit würde die erste Station in den Überlastbereich geraten, aus dem sie sich dann nicht mehr erholt. Um also Überlast zuverlässig und an allen Stationen zu verhindern, müßte man $K^* := \min\{k_m^* \mid m = 1, \dots, M\}$ wählen. Damit wäre man auf der 'sicheren' Seite. Jedoch wäre das Netz dadurch extrem unterlastet und seine Leistungsfähigkeit im allgemeinen nicht annähernd ausgeschöpft. Sämtliche Werte für K^* zwischen diesen beiden Varianten wären ganz und gar beliebig und würden weder Überlast zuverlässig verhindern, noch mit hinreichender Gewißheit einen günstigen Arbeitsbereich ansteuern. Wir sehen also, daß globale Kontrolle bei lokalem Überlastverhalten eine unangemessene Maßnahme ist.

Wie sieht es nun im zweiten Fall aus, wo bei globalem Überlastverhalten lokal geregelt wird? Hier hat man im Prinzip die gleiche Situation vorliegen, daß nämlich die Größe, die man kontrolliert, wenig mit den Größen zu tun hat, die für das Verhalten verantwortlich sind. Zwar kann man an jeder Station feststellen, wo der jeweilige optimale Lastpunkt K_m^* aus der lokalen Sicht heraus liegt, denn die Lastabhängigkeit ist zwar global, kann jedoch lokal unterschiedlich sein im Sinne unterschiedlicher $\mu_m(K)$, die ihre Maxima an verschiedenen K_m^* besitzen. Man könnte sich also vorstellen, daß ein lokaler Kontrollmechanismus solange ankommende Aufträge abweist (= wegwirft), bis das aus lokaler Sicht optimale K_m^* erreicht ist. Dieses lokale optimale K_m^* ist jedoch für eine andere Station m' alles andere als optimal. Station m' würde daher einen anderen Wert $K_{m'}^*$ einstellen wollen. Wir hätten also die Situation, daß lokale Instanzen, ohne den globalen Zustand zu kennen, aus ihrer lokalen Sichtweise heraus eine Optimierung versuchen - und dies in einem Fall, wo das Optimum *per definitionem* vom globalen Zustand abhängt: eine Vorgehensweise also, die ebenfalls nicht zum Erfolg führt. Mit diesen Überlegungen können wir auch die Fälle 1b, 1d, 2a, 2c, 3d und 4c aus Tabelle 3.1.2-1 von der weiteren Diskussion ausschließen, wodurch sich die Tabelle der zu behandelnden Varianten folgendermaßen reduziert (Tabelle 3.1.2-2):

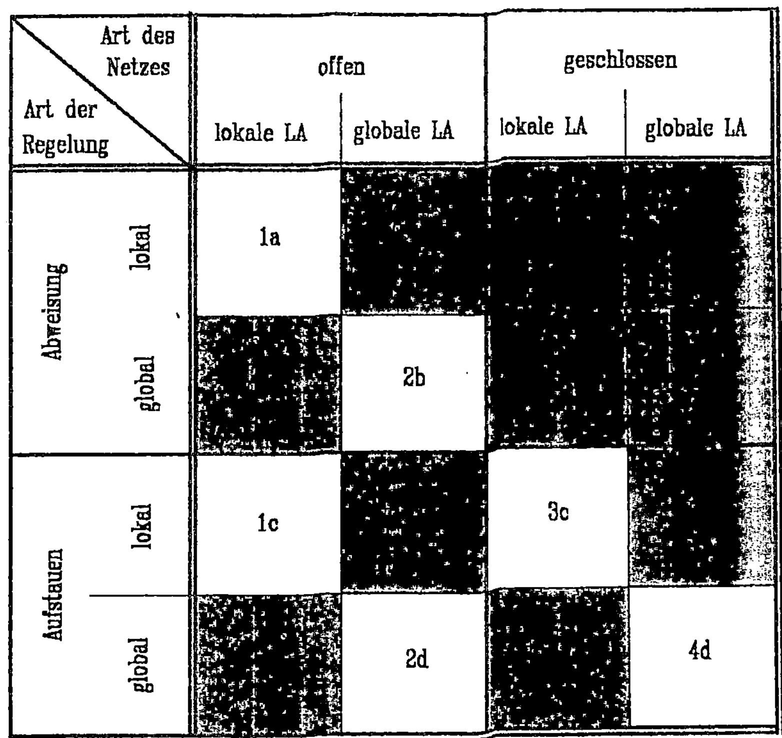

Tabelle 3.1.2-2: Sinnvolle Ausprägungen von Kontrollmechanismen in Netzen

3.1.3 Reduzierbarkeit von Netzen durch Norton's Theorem

Betrachtet man Netze von Überlaststationen, so eröffnet sich eine weite Spanne unterschiedlicher Ausprägungen, sowohl qualitativer, als auch quantitativer Art. Da es in dieser Arbeit nicht darum geht, Netze spezifischer Topologie oder bestimmten Umfangs zu untersuchen, sondern die Charakteristika eines bestimmten Verhaltens, ist es angebracht, die Komplexität der Netze soweit zu reduzieren, daß sie überschaubar werden, ohne jedoch die interessierenden Verhaltensmerkmale zu verlieren. Eine solche Reduktionsmöglichkeit bietet in unserem Fall das sogenannte *Norton's Theorem für Warteschlangennetze:*

Betrachtet man ein beliebiges Produktform-Netz, so kann man ein beliebiges Teilnetz *M* durch eine äquivalente Verbundstation ersetzen [*CHW75*].

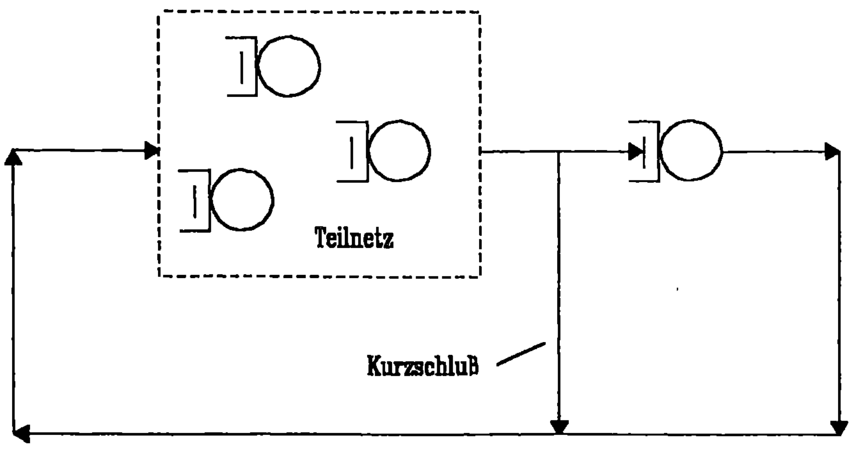

Abbildung 3.1.3-1: Teilnetz mit Kurzschluß

Man schließt das Teilnetz C kurz, d.h. man verbindet Ausgang mit Eingang und berechnet für alle möglichen Teilnetz-Populationen $k_c = 1,2,\ldots$ die dazugehörigen Durchsätze $T(k_c)$ (Abbildung 3.1.3-1). Die äquivalente Ersatzstation erhält nun eine lastabhängige Bedienrate, die dem Durchsatz des Teilnetzes bei der jeweiligen Population gleicht: $\mu(k) := T(k_c)$ (Abbildung 3.1.3-2).

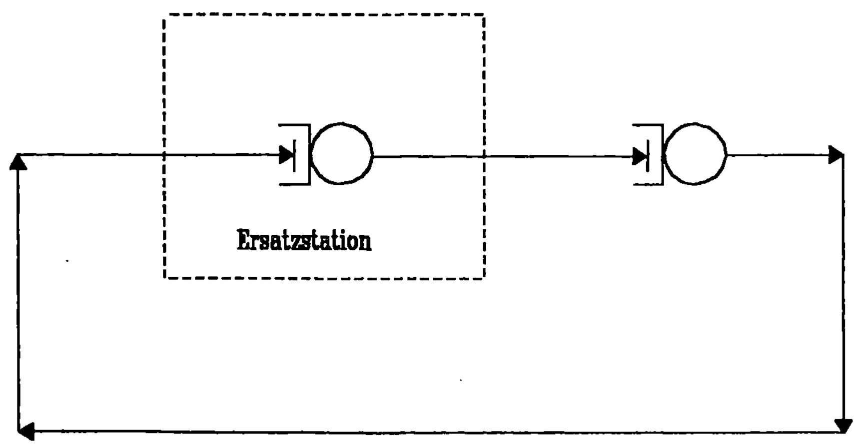

Abbildung 3.1.3-2: Netz mit äquivalenter Ersatzstation

Hat man beispielsweise den wechselseitigen Einfluß zweier zyklisch verbundener Überlaststationen beschrieben, so kann man die Hinzunahme einer dritten Station auf den bereits behandelten Fall zurückführen, indem man zwei Stationen durch eine äquivalente Ersatzstation ersetzt. Dieses Induktionsverfahren läßt sich belicbig fortsetzen. Wir werden weiter unten davon Gebrauch machen.

3.2 Offene Netze

3.2.1 Offene Netze ohne Lastkontrolle

Wir betrachten lastabhängige Bedienstationen, deren Bedienraten multiplikativ mit stationsspezifischen Beschleunigungsfaktoren $b_m(.)$ verknüpft sind und die in einem offenen Netz miteinander verbunden sind (Abbildung 3.2.1-1).

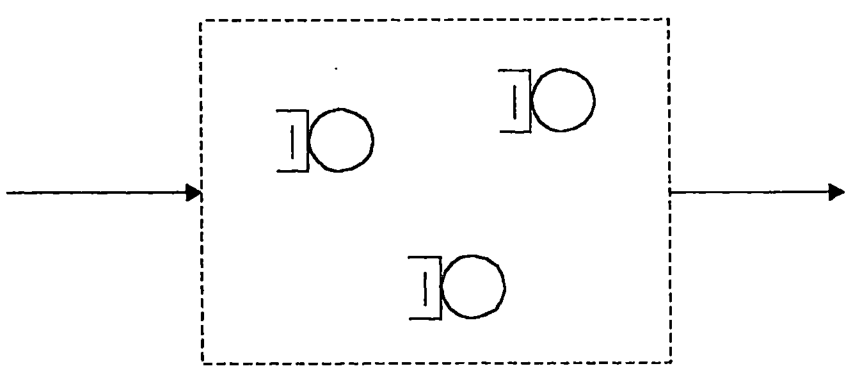

Abbildung 3.2.1-1: Das offene Warteschlangennetz (schematisch)

Im Falle lokaler Lastabhängigkeit ergibt sich

$$\mu_m(k_m) = \mu_m \times b_m(k_m) \tag{3.2.1 - 1}$$

Da die betrachteten Netze Produktformlösungen besitzen, ist die Zustandswahrscheinlichkeit:

$$p(k_1, \ldots, k_M) = \frac{1}{G} \prod_{m=1}^{M} \left(\rho_m^{k_m} \prod_{i=0}^{k_m} \frac{1}{b_m(i)} \right) \qquad\qquad [3.2.1 - 2]$$

wobei

$$G := \sum_{K=0}^{\infty} G(K) \qquad\qquad [3.2.1 - 3]$$

und

$$G(K) := \sum_{\sigma(K,M)} \prod_{m=1}^{M} \left(\rho_m^{k_m} \prod_{i=0}^{k_m} \frac{1}{b_m(i)} \right) \qquad\qquad [3.2.1 - 4]$$

Mit $\sigma(K,M)$ sind alle Kombinationen $(k_1, \ldots, k_M)$ gemeint, für die gilt

$$\sum_{m=1}^{M} k_m = K \qquad \text{mit } k_m \geq 0 \text{ für } m = 1, \ldots, M \qquad\qquad [3.2.1 - 5]$$

G fungiert dabei als Normalisierungskonstante und ist reziprok zur Leerwahrscheinlichkeit:

$$G = \frac{1}{p(0)} \qquad\qquad [3.2.1 - 6]$$

Eine stationäre Lösung existiert nur, wenn (3.2.1-3) konvergiert. Nur dann ist auch das Dekompositionstheorem von Jackson [*Jac*63] gültig, welches besagt, daß das Netz die Produktformeigenschaft besitzt:

$$p(k_1, \ldots, k_M) = p(k_1) \times \cdots \times p(k_M) \quad . \qquad\qquad [3.2.1 - 7]$$

Die Anzahlen der Aufträge in jeder Station sind also voneinander unabhängige Zufallsvariable.

Dabei gilt für die Randwahrscheinlichkeiten

$$p_m(k_m) = \rho_m^{k_m} \left(\prod_{i=0}^{k_m} \frac{1}{b_m(i)} \right) p_m(0) \; ; \quad m = 1, \ldots, M \qquad\qquad [3.2.1 - 8]$$

mit

$$p_m(0) = \left(\sum_{\sigma(K,M)} \rho_m^{k_m} \prod_{i=0}^{k_m} \frac{1}{b_m(i)} \right)^{-1} \; ; \quad m = 1, \ldots, M \qquad\qquad [3.2.1 - 9]$$

Da

$$p(0) = \prod_{m=1}^{M} p_m(0) \qquad\qquad [3.2.1 - 10]$$

konvergiert [3.2.1 − 3] genau dann, wenn die Summe in [3.2.1 − 9] für jedes $m = 1, \dots , M$ konvergiert. So ist die Bedingung für die Existenz einer stationären Lösung des offenen Netzes auf die Bedingung für die Einzelstation zurückgeführt und es gilt das in Kapitel 2.1 Gesagte.

Bei globaler Lastabhängigkeit modifiziert sich [3.2.1 − 1] zu

$$\mu_m(K) = \mu_m\, b_m(K) \quad ; \quad m = 1, \dots , M , \qquad\qquad [3.2.1 - 11]$$

wobei

$$K = \sum_{m=1}^{M} k_m. \qquad\qquad [3.2.1 - 12]$$

Die Zustandswahrscheinlichkeit des Netzes ist dann

$$p(k_1, \dots , k_m) = \frac{1}{G} \prod_{m=0}^{M} \left(\frac{p_m}{b_m(K)}\right)^{k_m} \qquad\qquad [3.2.1 - 13]$$

mit

$$G = \sum_{K=0}^{\infty} \sum_{\sigma(K,M)} \prod_{m=0}^{M} \left(\frac{p_m}{b_m(K)}\right)^{k_m} \qquad\qquad [3.2.1 - 14]$$

Bezüglich der Existenz einer stationären Lösung gilt das gleiche wie bei lokaler Lastabhängigkeit. So ist es hinreichend für die Konvergenz, wenn

$$b_m(K) \ge q_m \quad \forall \; K \ge K_0 \; \text{ und } \; m = 1, \dots , M \; , \qquad\qquad [3.2.1 - 15]$$

wobei $q_m > p_m$ (vgl. Kap 2.1).

Kombinationen von lokaler und globaler Lastabhängigkeit sind ebenfalls möglich:

$$\mu_m(k_m,K) = \mu_m \times b_m(k_m,K) \; , \quad m = 1, \dots , M \qquad\qquad [3.2.1 - 16]$$

Es ist dann in den Formeln [3.2.1 − 2] und [3.2.1 − 3] der Faktor $b_m(k_m)$ jeweils durch $b_m(k_m,K)$ zu ersetzen.

Der Durchsatz ist bei stationären offenen Netzen - unabhängig von der Tatsache oder der Art der Netzabhängigkeit stets

$$T = \lambda \qquad\qquad [3.2.1 - 17]$$

Im nichtstationären Fall läßt sich im Rahmen dieses Modellansatzes über den Durchsatz keine Aussage machen. Die nichtstationäre analytische Behandlung von Warteschlangensystemen verwendet andere Ansätze, wie etwa die Diffusionsapproximation [*Kob74a*, *Kob74b*] und ist - soweit bekannt - auf allgemeine Netze noch nicht angewendet worden. Die im stationären Fall so nützliche Dekompositionseigenschaft [3.2.1 − 7] ist jedenfalls nicht mehr vorhanden, da auch die lokalen Gleichgewichtseigenschaften nicht mehr vorausgesetzt werden können.

Lediglich bei zyklenfreien Netzen, bei denen sich über eine Nachfolgerrelation eine Teilordnung unter den Stationen definieren läßt, kann man entlang dieser Relation die Einzelstationen einer Flußbetrachtung unterziehen, d.h. beginnend mit der Quelle mit den jeweils bekannten Ankunftsströmen sukzessive die Knotendurchsätze berechnen (vgl. [2.3 − 1]). Auf diese Weise gelangt man zum Gesamtdurchsatz des Netzes. Dies gilt insbesondere für Netze mit begrenzter Lastabhängigkeit. Es liegt dann ein stationäres Flußgleichgewicht vor, obwohl das System bezüglich der Zustände nicht stationär ist.

3.2.2 Überlastkontrolle durch Abweisung

3.2.2.1 Lokale Lastabhängigkeit

Wir betrachten offene Netze, deren Stationen lokal zustandsabhängiges Überlastverhalten zeigen. Um diese Überlast zu verhindern, soll analog zu Kapitel 2.1 jeder Station m eine Kontrolleinrichtung vorgeschaltet werden, die ankommende Aufträge abweist, bzw. vernichtet, wenn eine Maximalzahl von k_m^* von Aufträgen in der Station erreicht ist. (Abbildung 3.2.2.1-1)

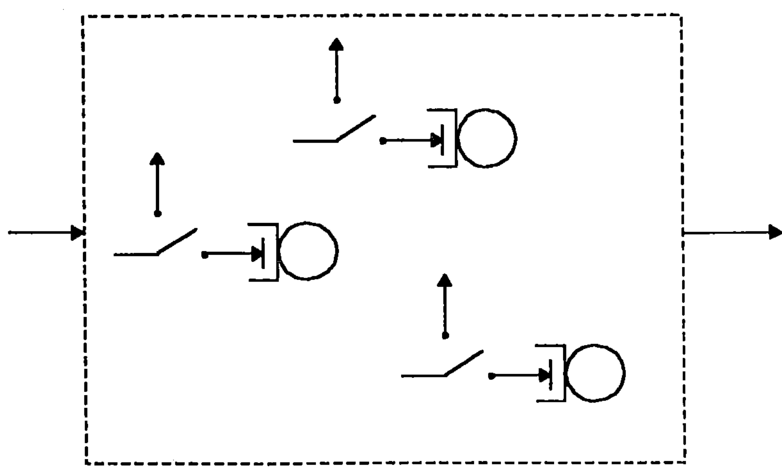

Abbildung 3.2.2.1-1: Überlastkontrolle durch lokales Abweisen (schematisch)

Während bei der Einzelstation in Kapitel 2.1 eine analytische Lösung noch gegeben werden konnte, ist dies im allgemeinen Fall nicht mehr möglich. Die Gründe seien kurz dargelegt: Eine Lösungsidee könnte darin bestehen, daß man für alle lokalen Zustände $k_m > k_m^*$ die dazugehörigen Bedienraten auf ∞ setzt, was ja darauf hinausläuft, daß die dazugehörigen Zustandswahrscheinlichkeiten $p_m(k_m)$ zu 0 werden, wie das bei dem betrachteten Netz mit lokaler Abweisung der Fall ist. Die Übereinstimmung betrifft jedoch nur diesen Aspekt, denn bei diesem Lösungsansatz bliebe die lokale Gleichgewichtseigenschaft, die bedeutet, daß die Eingangsrate gleich dem Durchsatz ist, nicht erhalten, denn es werden ja mit positiver Wahrscheinlichkeit ankommende Aufträge abgewiesen. Die Verletzung der lokalen Gleichgewichtseigenschaft verhindert dadurch auch grundsätzlich die Existenz einer Produktformlösung.

Um das Flußgleichgewicht zu erhalten, könnte man als zweite Lösungsidee ein zustandsabhängiges Verzweigen modellieren, d.h. wenn v Vorgängerknoten von m, dann ist die modifizierte Verzweigungswahrscheinlichkeit von v nach m:

$$p'(v,m) \;=\; f_m(k_m)\,p(v,m) \hspace{3cm} [3.2.2.1 - 1]$$

wobei im vorliegenden Fall

$$f_m(k_m) \;=\; \begin{cases} 1 & \text{für} \quad k_m < k_m^* \\ 0 & \text{für} \quad k_m \geq k_m^* \end{cases} \hspace{2cm} [3.2.2.1 - 2]$$

Towsley [Tow80] weist jedoch nach, daß Produktformlösungen nur dann existieren, wenn f_m linear ist. Das ist hier nicht der Fall. Eine Lösung kann hier nur gefunden werden, wenn es sich um zyklenfreie Netze handelt. Die Vorgehensweise zur Berechnung der Durchsätze ist dann wie am Ende des Kapitels 3.2.1 beschrieben.

3.2.2.2 Globale Lastabhängigkeit

Vergleichsweise einfach ist die globale Abweisung bei globaler Lastabhängigkeit zu behandeln (Abbildung 3.2.2.2-1). Da durch den Kontrollmechanismus die Gesamtzahl der Aufträge im Netz nach oben begrenzt wird, kann das offene Netz mit globaler Abweisung wie ein geschlossenes Netz mit einer Population von K^* Aufträgen behandelt werden, wenn K^* der Abschaltwert des Kontrollmechanismus des offenen Netzes ist. Dieses geschlossene Netz besteht aus dem ursprünglichen Netz, bei dem Senke und Quelle zu einer weiteren Station 0 vereinigt worden sind und in dem K^* Aufträge zirkulieren. Ist Station 0 leer, so sind alle K^* Aufträge im Netz und dies entspricht einem abgeschalteten Ankunftstrom. Ist Station 0 nicht leer, d.h. es sind weniger als K^* Aufträge im Netz, so führt sie dem Netz Aufträge mit Rate λ zu, was dem Normallastbetrieb entspricht. Ersetzt man das Netz mithilfe Norton's Theorem (Kapitel 3.1.3) durch die äquivalente Ersatzstation, so ist dieser Fall zurückgeführt auf die Einzelstation mit Abweisung aus Kapitel 2.2.

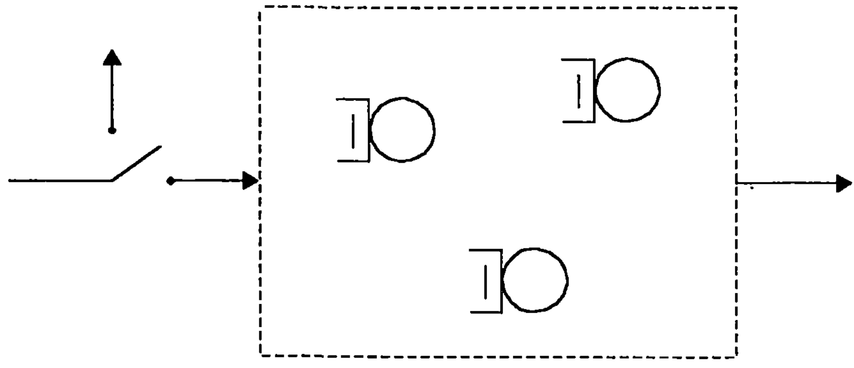

Abbildung 3.2.2.2-1: Überlastkontrolle durch globale Abweisung (schematisch).

3.2.3 Überlastkontrolle durch Aufstauen

3.2.3.1 Lokale Lastabhängigkeit

Lokales Aufstauen bedeutet, daß vor jede Station m des Netzes ein zusätzlicher Warteraum geschaltet wird, in dem die Aufträge aufgestaut werden, wenn eine kritische Zahl k_m^* erreicht ist (Abbildung 3.2.3.1-1). Wie wir aus Kapitel 2.3 wissen, führt diese Vorgehensweise bei der Bildung des analytischen Modells lediglich zu einer Modifikation der jeweiligen Bedienraten. Dabei werden allerdings unbegrenzte Stauräume vorausgesetzt. Falls der Stauraum nicht als unbegrenzt angesehen werden kann, muß bei Erreichen der Kapazitätsgrenze der Ankunftsstrom abgewiesen werden, was dann auf das System mit Abweisung des vorigen Kapitels führt.

Das Netz ist also identisch mit einem gewöhnlichen Netz gleicher Topologie und gleichen Routingverhaltens, jedoch mit entsprechend modifizierten Bedienraten $\mu_m{}'$:

$$\mu_m{}'(k_m) \;=\; \begin{cases} \mu_m(k_m) & \text{für} \quad k_m \leq k_m^* \\[2mm] \mu_m(k_m^*) & \text{für} \quad k_m > k_m^* \end{cases} \qquad\qquad [3.2.3.1-1]$$

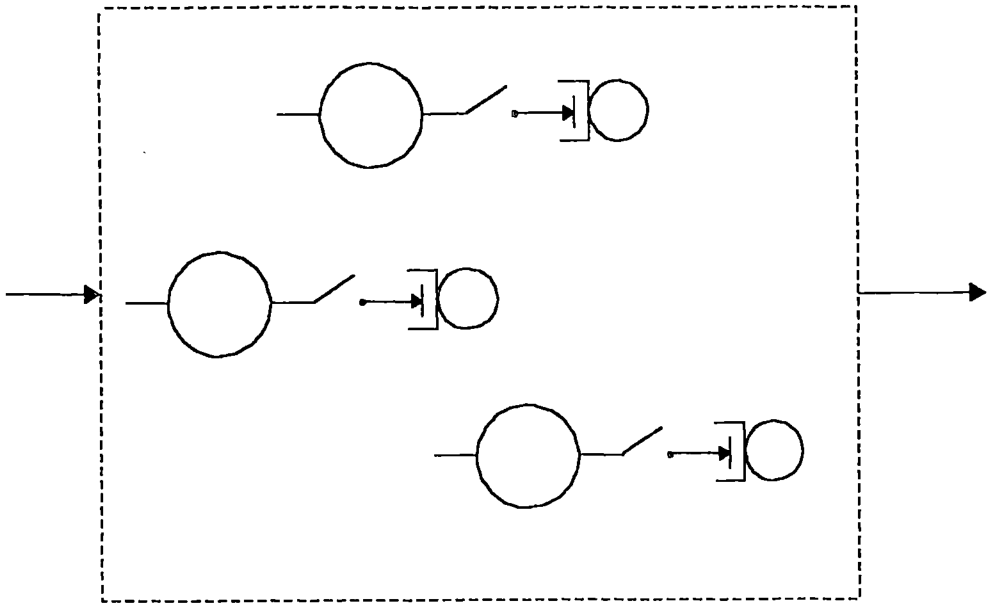

Abbildung 3.2.3.1-1: Überlastkontrolle durch lokales Aufstauen (schematisch).

3.2.3.2 Globale Lastabhängigkeit

Bei globaler Lastabhängigkeit sind die Bedienraten von der Form $\mu_m(K)$, wobei K die Gesamtzahl der Aufträge im Netz bedeutet. Diesem Netz wird nun, um Überlast zu verhindern, ein globaler Stauraum vorgeschaltet, in dem neu ankommende Aufträge aufgehalten werden, wenn eine kritische Anzahl K^* von Aufträgen im Netz erreicht wurde (Abbildung 3.2.3.2-1).

Durch diesen Stauraum wird also die Maximalzahl von Aufträgen künstlich auf K^* begrenzt. Die Wirkung ist nun - analog zum vorangegangenen Fall des lokalen Aufstauens - eine Modifikation der Bedienraten: Für das modifizierte Netz (mit Stauraum) ergibt sich:

$$\mu_m'(K) \;=\; \begin{cases} \mu_m(K) & \text{für } K \le K^* \\ \mu_m(K^*) & \text{für } K > K^* \end{cases} \qquad\qquad [3.2.3.2 - 1]$$

Ansonsten sind die Formeln [3.2.1 − 8] bis [3.2.1 − 11] gültig. Das Aufstauen kann einen Zusammenbruch des Systems nur dann zuverlässig verhindern, wenn der Wert K^* geeignet gewählt wird. Dies bedeutet, daß die Konvergenzbedingung für jeden Knoten m des Netzes eingehalten werden muß. Setzt man wieder

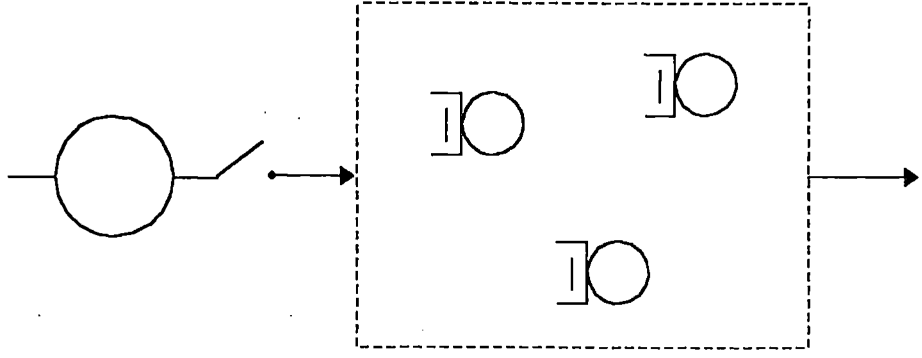

Abbildung 3.2.3.2-1: Überlastkontrolle durch globales Aufstauen (schematisch).

$$\mu_m(K) \;=\; \mu_m\, b_m(K)$$

so muß gelten:

$$\exists\; q_1, \dots, q_M \ \text{mit}\ q_m > \rho_m, \quad (m = 1, \dots, M)\ ,$$

$$\text{so daß}\ b_m(K^*) > q_m \ \forall\ m = 1, \dots, M.$$

[3.2.3.2 − 2]

3.3 Geschlossene Netze

3.3.1 Das geschlossene Netz ohne Lastkontrolle

Geschlossene Netze unterscheiden sich von offenen dadurch, daß sie keinerlei Zu- oder Abgänge besitzen (Abbildung 3.3.1-1). Während beim offenen Netz die Zugangsrate λ vorgegeben wird, aus der sich dann die Gesamtzahl der Aufträge K durch Rechnung ergibt, wird beim geschlossenen Netz K vorgegeben und der Netzdurchsatz ist die davon abhängige Größe. Durch die konstante Zahl der Aufträge wird nun auch die Zahl möglicher Zustände des Netzes endlich, was insbesondere bedeutet, daß keinerlei Konvergenzprobleme mehr auftreten, solange sich die Bedienraten im Netz von 0 unterscheiden. Ein Zusammenbruch im mathematischen Sinn wie beim offenen Netz, wo unendliche Warteschlangenlängen auftreten, kann es hier also nicht geben. Trotzdem kann das System im praktischen Sinne 'kollabieren', wenn der Durchsatz im Netz nahezu 0 wird. Ebenso wie das offene besitzt das geschlossene Netz mit lastabhängigen $M|M|1$ − Stationen die Produktformeigenschaft.

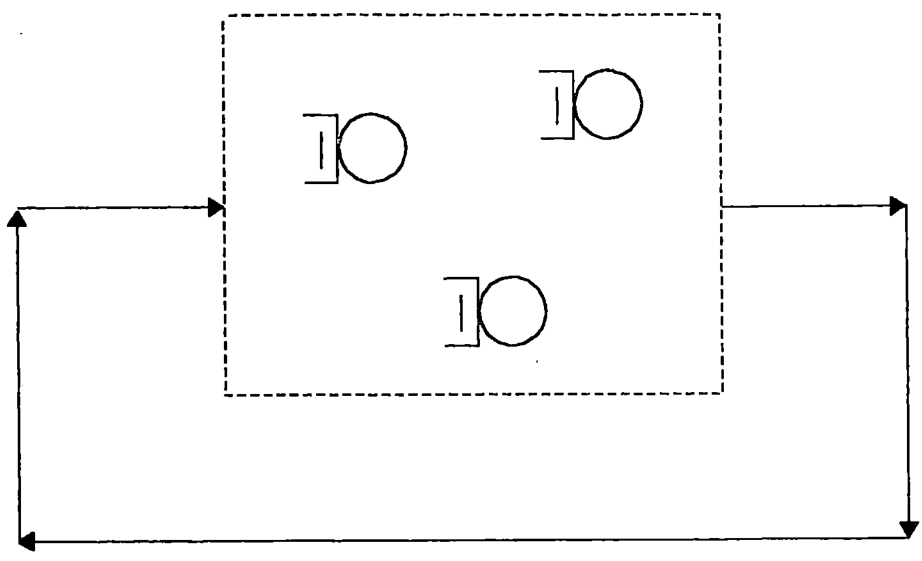

Abbildung 3.3.1-1: Das geschlossene Warteschlangennetz (schematisch).

Für ein Netz mit M Stationen und einer Gesamtzahl von K Aufträgen ergibt sich im Fall lokaler Lastabhängigkeit folgende Zustandswahrscheinlichkeit:

$$p(k_1, \dots, k_M) \;=\; \frac{1}{G(K)} \prod_{m=1}^{M} \left(\rho_m^{k_m} \prod_{i=0}^{k_m} \frac{1}{b_m(i)} \right) \qquad\qquad [3.3.1 - 1]$$

wobei

$$G(K) \;=\; \sum_{\sigma(K,M)} \prod_{m=1}^{M} \left(\rho_m^{k_m} \prod_{i=0}^{k_m} \frac{1}{b_m(i)} \right) \qquad\qquad [3.3.1 - 2]$$

als Normierungskonstante dafür sorgt, daß sich die Zustandswahrscheinlichkeiten zu 1 summieren.

Für den Durchsatz an Station m finden wir

$$T_m(K) \;=\; \theta_m \, \frac{G(K - 1)}{G(K)} \;, \quad m = 1, \dots, M \qquad\qquad [3.3.1 - 3]$$

Da die Stationsdurchsätze über die Faktoren θ_m proportional zueinander sind, können wir als Durchsatz für das Gesamtnetz definieren:

$$T(K) \;=\; \frac{G(K-1)}{G(K)} \qquad\qquad\qquad \text{[3.3.1 − 4]}$$

wobei $G(0) := 1$ gesetzt werden kann. Dieser Netzdurchsatz kann als Leistungsmaß verwendet werden.

Im Falle globaler Lastabhängigkeit werden die Formeln [3.3.1 − 1] und [3.3.1 − 2] für die Zustandswahrscheinlichkeiten folgendermaßen modifiziert:

$$p(k_1,\dots,k_M) \;=\; \frac{1}{G(K)} \prod_{m=1}^{M} \left(\frac{\rho_m}{b_m(K)}\right)^{k_m} \qquad\qquad \text{[3.3.1 − 5]}$$

mit

$$G(K) \;=\; \sum_{\sigma(K,M)} \prod_{m=1}^{M} \left(\frac{\rho_m}{b_m(K)}\right)^{k_m} \qquad\qquad \text{[3.3.1 − 6]}$$

Um das Verhalten plastischer darstellen zu können, betrachten wir wieder als einfachste Ausprägung ein zyklisch geschlossenes Zwei-Stationen-Netz mit globaler Lastabhängigkeit (Abb. 3.3.1-2)

Abbildung 3.3.1-2: Geschlossenes Zwei-Stationen-Netz

Der Einfachheit halber setzen wir

$$v(K) := \frac{\mu_2(K)}{\mu_1(K)}$$

$$= \frac{\mu_2 \, b_2(K)}{\mu_1 \, b_1(K)}$$

[3.3.1 − 7]

Für die Station 1 erhält man dann folgende Zustandswahrscheinlichkeiten:

$$p_1(k_1,K) = v(K)^{k_1} \, p_1(0,K)$$

[3.3.1 − 8]

mit

$$p_1(0,K) = \left(\sum_{k_1=0}^{K} v(K)^{k_1} \right)^{-1}$$

$$= \frac{1 - v(K)}{1 - v(K)^{K+1}}$$

[3.3.1 − 9]

Die Auslastung an Station 1 ist

$$U_1(K) = 1 - p_1(0,K)$$

$$= v(K) \, \frac{1 - v(K)^K}{1 - v(K)^{K+1}} \, ,$$

[3.3.1 − 10]

der Durchsatz

$$T_1(K) = U_1(K) \, \mu_1(K)$$

$$= \mu_2(K) \, \frac{1 - v(K)^K}{1 - v(K)^{K+1}}$$

[3.3.1 − 11]

Für Station 2 erhält man analog zu Station 1

$$U_2(K) = 1 - p_2(0,K)$$

$$= 1 - p_1(K,K)$$

$$= \frac{1 - v(K)^K}{1 - v(K)^{K+1}} \, .$$

[3.3.1 − 12]

Der Durchsatz ist für beide Stationen derselbe.

Interessant ist nun das Verhalten des Systems für ständig zunehmende Last ($K \rightarrow \infty$). Wir können in Abhängigkeit von $v(K)$ vier Fälle unterscheiden:

Fall 1: $\quad \lim\limits_{K \to \infty} v(K) = \infty$ $\qquad\qquad$ [3.3.1 $-$ 13]

d.h. $v(K)$ divergiert. Aus den Formeln [3.3.1 $-$ 10] bis [3.3.1 $-$ 12] ergibt sich dann:

$$\lim\limits_{K \to \infty} v(K) = \infty \quad => \quad \begin{cases} U_1 \to 1 \\ U_2 \to 0 \\ T \to \lim\limits_{K \to \infty} \mu_1(K) \end{cases} \qquad\qquad [3.3.1 - 14]$$

Fall 2: $\quad \lim\limits_{K \to \infty} v(K) = 0$ $\qquad\qquad$ [3.3.1 $-$ 15]

Dies ist der symmetrische Fall zu 1. Analog dazu finden wir:

$$\lim\limits_{K \to \infty} v(K) = 0 \quad => \quad \begin{cases} U_1 \to 0 \\ U_2 \to 1 \\ T \to \lim\limits_{K \to \infty} \mu_2(K) \end{cases} \qquad\qquad [3.3.1 - 16]$$

Fall 3: $\quad \lim\limits_{K \to \infty} v(K) = a > 1$ $\qquad\qquad$ [3.3.1 $-$ 17]

Das Verhältnis der Bedienraten strebt gegen einen Wert > 1. Wir berechnen:

$$\lim\limits_{K \to \infty} v(K) = a > 1 \quad => \quad \begin{cases} U_1 \to 1 \\ U_2 \to 1/a \\ T \to \lim\limits_{K \to \infty} \mu_1(K) \end{cases} \qquad\qquad [3.3.1 - 18]$$

Fall 4: $\quad \lim\limits_{K \to \infty} v(K) = a \leq 1$ $\qquad\qquad$ [3.3.1 $-$ 19]

Dies ist der symmetrische Fall zu 3. Wir finden analog dazu

$$\lim\limits_{K \to \infty} v(K) = a \leq 1 \quad => \quad \begin{cases} U_1 \to a \\ U_2 \to 1 \\ T \to \lim\limits_{K \to \infty} \mu_2(K) \end{cases} \qquad\qquad [3.3.1 - 20]$$

Die Ergebnisse sind in hohem Maße plausibel: Die typische Situation für Fall 1 und 2 ist die, daß eine der beiden Bedienraten, z.B. μ_1, infolge Überlast gegen 0 strebt. Dies führt dazu, daß sich alle Aufträge an dieser Station stauen ($U_1 = 1$) und immer seltener ein Auftrag an die andere Station gelangt ($U_2 = 0$) . Der Durchsatz geht dann auch gegen 0.

Im Fall 3 und 4 streben beide Bedienraten gegen ein festes Verhältnis. Das hat zur Folge, daß sich auch die Auslastungen in diesem Verhältnis einstellen. Der Durchsatz richtet sich nach der Bedienrate der langsameren Station.

Beispiel 3.3.1-1:

Als Beispiel für ein zyklisches Zwei-Stationen-Netz wählen wir den virtuellen Speicher mit den Stationen *CPU* und *EA* (Abbildung 3.3.1-3). *EA* stehe dabei für das Seitentauschgerät. *K* sei der Multiprogramminggrad, also die Anzahl der Prozesse, die im Haupspeicher geladen sind. Die Lastabhängigkeit sei mit einer *Lifetime-function* nach Belady und Kuehner [*BK*69] modelliert:

$$\tau_{SF}(K) = a\left(\frac{M}{K}\right)^2 , \qquad\qquad [3.3.1 - 21]$$

wobei τ_{SF} die mittlere Zeit zwischen zwei Seitenfehlern angibt, M die Anzahl der vorhandenen Speicherkacheln bezeichnet und a als Koeffizient das Lokalitätsverhalten der Prozesse charakterisiert. Die daraus resultierende lastabhängige Seitenfehlerrate überlagert sich mit der Grundbedienrate an der *CPU* , so daß wir nach kurzer Rechnung zu folgendem Ansatz gelangen:

$$\mu_{CPU}(K) = \mu_{CPU} \times (1 + c\,K^2) , \qquad\qquad [3.3.1 - 22]$$

wobei c als Parameter die Konstanten a und M berücksichtigt. Auf diese Weise ist der *'Paging-Effekt'* als lastabhängige *CPU*-Bedienrate ausgedrückt.

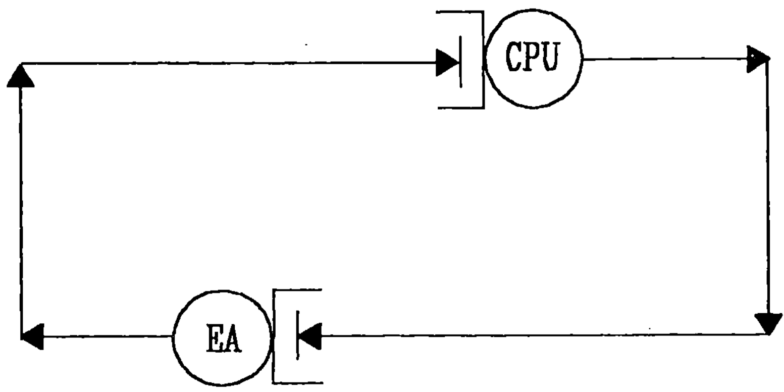

Abbildung 3.3.1-3: Der virtuelle Speicher mit den Stationen CPU und EA

Dagegen sei μ_{EA} als Bedienrate des Seitentauschgeräts nicht lastabhängig, also konstant. Das Verhalten dieses Systems stellt den klassischen Thrashing-Effekt dar und ist in Abbildung 3.3.1-4 dargestellt. Setzt man

$$v(K) \;:=\; \frac{\mu_{EA}}{\mu_{CPU}(K)}\;, \qquad\qquad\qquad [3.3.1 - 23]$$

so entspricht dieses Verhalten dem obigen Fall 2, denn nach [3.3.1 − 19] finden mit steigendem K immer häufiger Seitenfehler statt, die die mittlere Bedienzeit an der CPU zu 0 werden lassen und die dazugehörige Bedienrate μ_{CPU} zu ∞. Dadurch strebt der Quotient $v(K)$ gegen 0.

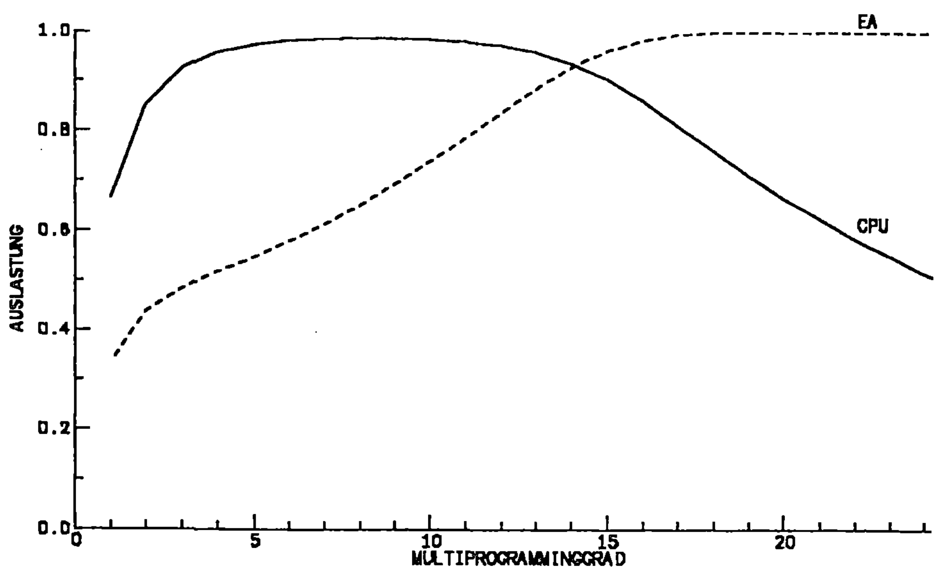

Abbildung 3.3.1-4: Modellierung des Seitentauschs im virtuellen Speicher

3.3.2 Überlastkontrolle durch Aufstauen

3.3.2.1 Lokale Lastabhängigkeit

Wir betrachten das geschlossene Netz mit lokalem Aufstaumechanismus zur Überlastverhinderung (Abbildung 3.3.2.1-1).

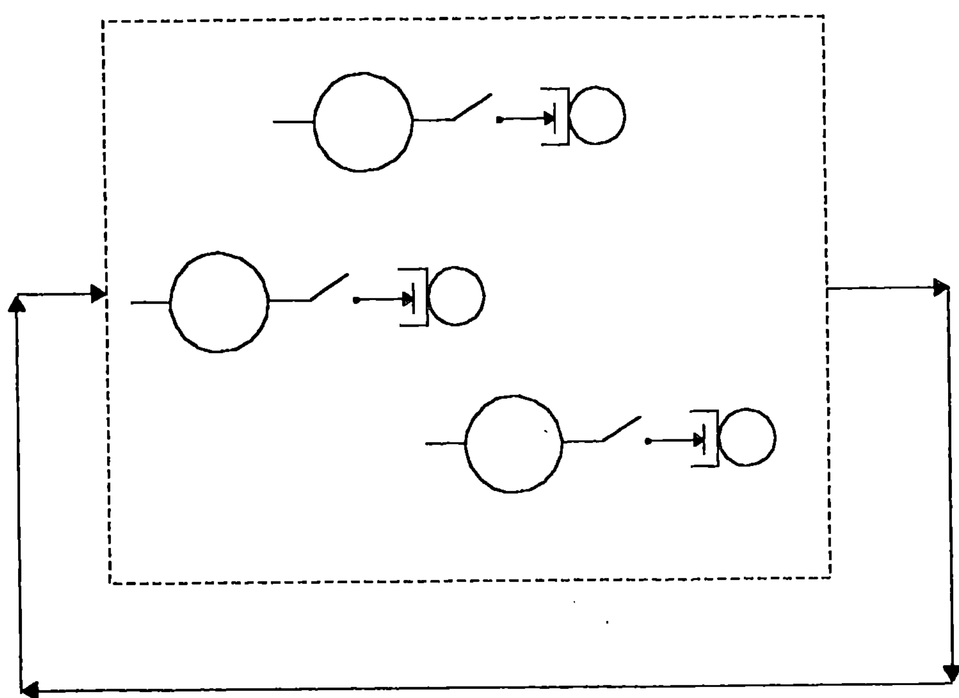

Abbildung 3.3.2.1-1: Das geschlossene Netz mit lokalem Aufstauen

Die Lastabhängigkeiten sind dabei wieder von der Form

$$\mu_m(k_m) \;=\; \mu_m\, b_m(k_m)$$

Ein lokales Aufstauen bei Erreichen eines Schwellwertes k_m^* hat dann, wie bereits an anderen Stellen erwähnt, für das entstehende System S' folgende Wirkung:

$$\mu_m'(k_m) \;=\; \begin{cases} \mu_m(k_m) & \text{für } k_m \le k_m^* \\ \mu_m(k_m^*) & \text{für } k_m > k_m^* \end{cases} \qquad\qquad [3.3.2.1 - 1]$$

Die Formeln aus Kapitel 3.3.1 können mit veränderten $\mu_m'(k_m)$ bzw. den entsprechenden $b_m'(k_m)$ direkt übernommen werden.

3.3.2.2 Globale Lastabhängigkeit

Bei gegebenem Netz und gegebener Auftragszahl K ist zur globalen Kontrolle kein
weiterer freier Parameter verfügbar. Die Möglichkeit der Lastkontrolle liegt eben genau
in der Wahl eines geeigneten K. Was die Berechnung der relevanten Leistungsgrößen
betrifft, so kann auf das Kapitel 3.3.1 verwiesen werden.

3.4 Optimale Lastkontrolle

Wir haben uns bisher darauf beschränkt, Warteschlangensysteme mit Überlastverhalten
analytisch zu beschreiben und auch mögliche Maßnahmen der Verhinderung von
Überlast in die Beschreibung miteinzubeziehen. Dabei wurde der Kontrollparameter
zwar in die Systemgleichungen eingebracht, es wurde jedoch nichts darüber ausgesagt,
wie er zu wählen ist, damit das System optimale Leistung abgibt.

3.4.1 Globale optimale Überlastkontrolle

Zur Bestimmung des optimalen Arbeitspunktes bei globaler Lastabhängigkeit ist es
zunächst erforderlich, den Gesamtdurchsatz des Netzes in Abhängigkeit von K, der Anzahl der Aufträge im Netz, zu berechnen. Im geschlossenen Netz verwendet man dazu
[3.3.1 − 4]

Im offenen Netz gelangt man dazu durch Zusammenschluß von Quelle und Senke zu
einem weiteren 'virtuellen' Knoten, dessen Bedienzeit auf 0 gesetzt wird. Das offene Netz
wird also durch das entsprechende geschlossene Netz ersetzt und man kann ebenso mit
Gleichung [3.3.1 − 4] die lastabhängigen Durchsätze errechnen. Dabei muß man sich
natürlich auf eine bestimmte Obergrenze von K beschränken, obwohl das offene Netz
potentiell jedes noch so große K als Zustand annimmt. In der Praxis führt diese Be-
grenzung auf endliches K, wenn es realistisch gewählt wird, jedoch nicht zu Problemen
(vgl. Hinweis auf Systeme mit *begrenzter Lastabhängigkeit* in Kap. 2.3). Durch *Norton's
Theorem* kann nun das Netz durch die äquivalente Verbundstation ersetzt werden, deren
lastabhängige Bedienraten gleich dem lastabhängigen Durchsatz gesetzt werden.

Während sich der optimale Arbeitspunkt beim geschlossenen Netz direkt aus dem Maximum der berechneten Durchsätze ergibt, kann beim offenen Netz auf die Ergebnisse
des Kapitel 2 zurückgegriffen werden, da das Netz durch *Norton's Theorem* auf die
Einzelstation zurückgeführt werden konnte.

3.4.2 Lokale optimale Überlastkontrolle

Bei lokaler Optimierung besteht grundsätzlich die Schwierigkeit, inwieweit ein globales Optimum erreicht werden kann, wenn an jeder Station nur der lokale Zustand berücksichtigt wird. In der Tat kann es vorkommen, daß lokale Kontrolle, nur an einigen Knoten angewendet, zu einer Verschlechterung des Gesamtdurchsatzes führt, obwohl lokal optimal gesteuert wird. Ein Beispiel soll dieses Verhalten belegen:

Beispiel 3.4.2-1:

Gegeben sei ein zyklisches Zwei-Stationen-Netz (vgl. Abb. 3.3.1-2), in dem 5 Aufträge zirkulieren. Die Bedienraten seien wie folgt gegeben:

$$\mu_1(1) = 10 \qquad \mu_2(1) = 10$$
$$\mu_1(2) = 100 \qquad \mu_2(2) = 10$$
$$\mu_1(3) = 10 \qquad \mu_2(3) = 10$$
$$\mu_1(4) = 1 \qquad \mu_2(4) = 1$$
$$\mu_1(5) = 0.1 \qquad \mu_2(5) = 1$$

Unter Benutzung von [3.3.1 − 2] und [3.3.1 − 4] erhalten wir für den Durchsatz:

$$T(5) = 0.578$$

Nun modifizieren wir das Netz, indem wir an Station 2 eine Überlastkontrolle einfügen, die den Ankunftstrom aufstaut, sobald $k_2 \geq 3$ (Abb. 3.4.1-2).

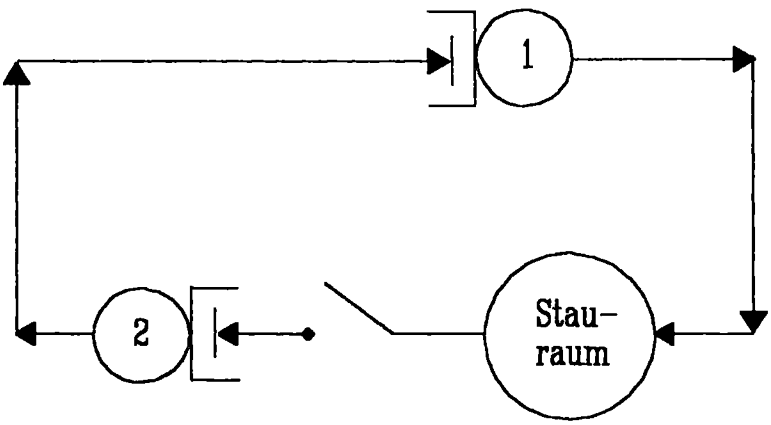

Abbildung 3.4.2-1: Zyklisches Netz mit Überlastkontrolle an Station 2

Die Bedienraten modifizieren sich gemäß [3.3.2.1 − 1] zu

$$\mu'_2(1) = \mu_2(1) = 10$$
$$\mu'_2(2) = \mu_2(2) = 10$$
$$\mu'_2(3) = \mu_2(3) = 10$$
$$\mu'_2(4) = \mu_2(3) = 10$$
$$\mu'_2(5) = \mu_2(3) = 10$$

Für den Durchsatz T' des geregelten Systems erhalten wir

$$T'(5) = 0.310.$$

Der Durchsatz sinkt also, obwohl an Station 2 eine optimale Überlastkontrolle wirkt, die die lokale Bedienrate auf ein Maximum einregelt. Durch diese Beschleunigung der Station 2 wird jedoch Station 1 in einen ungünstigen Arbeitsbereich mit schlechteren Bedienraten gebracht, wodurch der Gesamtdurchsatz sinkt, denn der richtet sich nach der langsameren Station.

Dieses Verhalten führt zu der Vermutung, daß lokale Überlastkontrolle nur dann zu einem globalen Optimum führt, wenn sie an allen Stationen mit Überlastverhalten angewendet wird, bzw. wenn an allen Stationen monoton wachsende Bedienraten vorliegen, worauf ja der Aufstaumechanismus hinausläuft. Tatsächlich läßt sich diese Vermutung formal beweisen:

Optimalitätstheorem: (Erste Fassung)

Gegeben sei ein Netz von M BCMP-Stationen [*BCMP75*] mit Überlastverhalten, d.h.

Für alle $m = 1, \ldots, M$ und alle $k = 1, 2, \ldots$ gilt:

$$\mu_m(k - 1) \le \mu_m(k) \quad \text{für } 0 \le k \le k_m^* \text{ und}$$
$$\mu_m(k) \ge \mu_m(k + 1) \quad \text{für } k \ge k_m^*$$

[3.4.2 − 1]

bzw. wenn wir wieder $\mu_m(k) = \mu_m b_m(k)$ setzen:

Für alle $m = 1, \ldots, M$ und alle $k = 1, 2, \ldots$ gilt:

$$b_m(k - 1) \le b_m(k) \quad \text{für } 0 \le k \le k_m^* \text{ und}$$
$$b_m(k) \ge b_m(k + 1) \quad \text{für } k \ge k_m^*.$$

[3.4.2 − 2]

$S = (k_1, \ldots, k_M) \in \{1, 2, \ldots\}^M$ sei eine Kontrollstrategie, die an jeder Station m den Ankunftstrom aufstaut, wenn sich k_m Aufträge in der Station befinden. $S^* = (k_1^*, \ldots, k_M^*)$ sei die optimale Strategie, die jede Station an ihrem

Sättigungspunkt k_m^* aufstaut, wobei k_m^* der Wert ist, für den $b_m(k)$ das Maximum annimmt.

$T(S,K)$ sei der globale Durchsatz, der sich einstellt, wenn sich K Aufträge im Netz befinden und Strategie S angewendet wird.

Dann gilt folgendes:

1.   Optimalität:

$$T(S,K) \; \leq \; T(S^*,K) \quad \forall \; S \in \{1,2,\dots\}^M \; \wedge \; \forall \; K \qquad [3.4.2 - 3]$$

2.   Monotonie:

$$T(S^*,K) \; \leq \; T(S^*,K+1) \quad \forall \; S \in \{1,2,\dots\}^M \; \wedge \; \forall \; K \qquad [3.4.2 - 4]$$

Das heißt in Worten: Lokale Durchsatzoptimierung an jeder Station durch Aufstauen des Ankunftstromes am Sättigungspunkt führt zu optimalem globalem Durchsatz (1) und Überlastverhalten wird grundsätzlich verhindert (2).

Wie wir inzwischen wissen, führt die Anwendung einer Aufstaustrategie im Warteschlangenmodell zu einer Modifikation der Bedienrate bzw. ihres lastabhängigen Anteils.

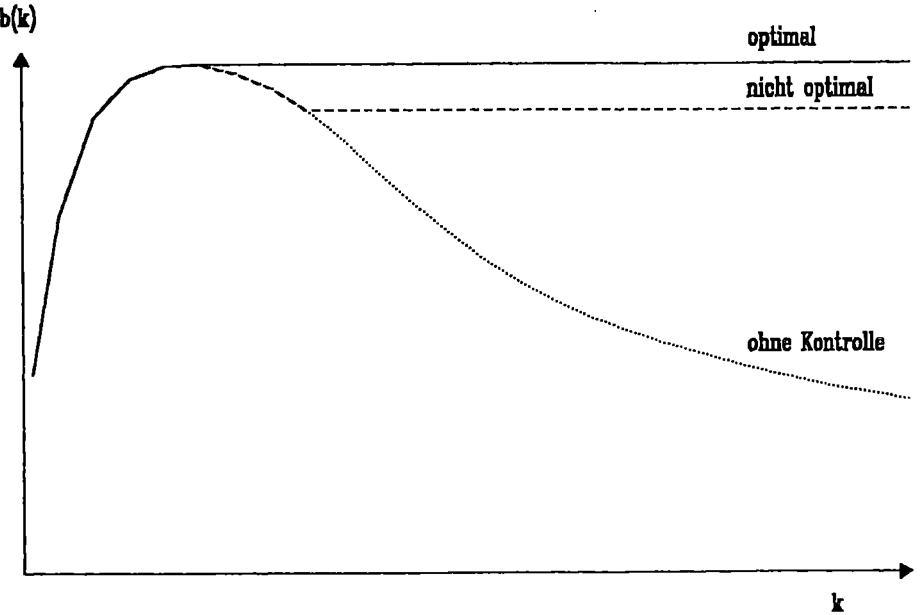

Abbildung 3.4.2-3: Beschleunigungsfaktor bei optimaler bzw. nicht optimaler Strategie.

Bezeichnen wir mit $b_m^*(k_m)$ den Beschleunigungsfaktor, der sich aus der optimalen Strategie S^* ergibt, und mit $b_m(k_m)$ den einer beliebigen Strategie, so gilt:

$$b_m(k_m) \leq b_m^*(k_m) \qquad \text{(Majorität)} \qquad\qquad [3.4.2 - 5]$$

$$b_m^*(k_m) \leq b_m^*(k_m + 1) \qquad \text{(Monotonie)} \qquad\qquad [3.4.2 - 6]$$

Diese Eigenschaften sind als Abbildung 3.4.2-3 illustriert. Wir können das Optimalitätstheorem daher auch folgendermaßen formulieren (die Aufstaustrategie ist nun in den Beschleunigungsfaktoren b_m bzw. b_m^* versteckt):

Optimalitätstheorem (Zweite Fassung)

1. **Optimalität:**

$$T(K) \leq T^*(K) \qquad\qquad [3.4.2 - 7]$$

2. **Monotonie:**

$$T^*(K) \leq T^*(K + 1) \qquad\qquad [3.4.2 - 8]$$

mit

$$T(K) = \frac{G(K - 1)}{G(K)} \qquad\qquad [3.4.2 - 9]$$

$$T^*(K) = \frac{G^*(K - 1)}{G^*(K)} \qquad\qquad [3.4.2 - 10]$$

wobei (vgl. [3.2.1 $-$ 4] für das offene Netz und [3.3.1 $-$ 2] für das geschlossene)

$$G(K) = \sum_{\sigma(K,M)} \prod_{m=1}^{M} \left(\rho_m^{k_m} \prod_{i=0}^{k_m} \frac{1}{b_m(i)} \right) \qquad\qquad [3.4.2 - 11]$$

und

$$G^*(K) = \sum_{\sigma(K,M)} \prod_{m=1}^{M} \left(\rho_m^{k_m} \prod_{i=0}^{k_m} \frac{1}{b_m^*(i)} \right) \qquad\qquad [3.4.2 - 12]$$

Der umfangreiche Beweis dieses Satzes kann in [*Hei*85] nachgelesen werden. Er wurde unter Benutzung von *Norton's Theorem* mit vollständiger Induktion über die Anzahl M der Stationen im Netz geführt.

4 Das Überlastproblem unter dynamischen Aspekten

4.1 Dynamisches Verhalten von Rechensystemen

4.1.1 Notwendigkeit dynamischer Sichtweise

Das Leistungsverhalten von Rechensystemen ist bestimmt durch das Zusammentreffen
einer bestimmten Konfiguration und einer zu bearbeitenden Last. Eine Einflußnahme
auf das Leistungsverhalten besteht daher immer in einer Anpassung des einen Faktors
an den anderen. Die Anpassung der Konfiguration an die Last erfolgt bereits bei der
Installation und hat langfristigen Charakter. Die Eigenschaften der Last zeigen jedoch
im Unterschied zur Konfiguration erhebliche zeitabhängige Schwankungen, die mit
stationärer Kontrolle nur bedingt aufzufangen sind.

Die Schwankungen der Last sind meist aus mehreren sich überlagernden Typen zusammengesetzt:

- Langfristige Trends in Quantität und Qualität:

  Bei fast allen Systemen ist eine ständige Zunahme der Last zu beobachten.
  Außerdem treten Verschiebungen in der Lastzusammensetzung auf, die auf
  verändertes Benutzerverhalten, neu installierte Programmsysteme u.ä.
  zurückzuführen sind.

- Mittelfristige periodische Änderungen im Jahres-, Monats-, Wochen- und Tages-
  rhythmus, die durch den Arbeitsablauf, in den das Rechensystem eingebettet ist,
  bedingt sind.

- Kurzfristige stochastische Änderungen, die im voraus nicht bekannt sind.

Bei den kurzfristigen Änderungen muß man weiter unterscheiden in solche, die langsam
genug sind, daß eine adaptive Reaktion der für Leistungsaspekte zuständigen Instanzen
möglich und sinnvoll ist, und andererseits in solche, die zu flüchtig sind, um angemessen
darauf zu reagieren. Denn alle Regelungsmechanismen haben - unabhängig davon, ob
sie als Teile eines Betriebssystems implementiert sind, oder gar der Mensch als Bediener
eingreifen muß - einen gewissen algorithmischen und damit zeitlichen Aufwand, der bei
Verwendung des Begriffsapparats der Regelungstechnik als *Totzeit* bezeichnet werden
kann und die maximale *Auflösung* des Zeitrasters festlegt, die nicht überschritten werden
kann. Alle stochastischen Schwankungen jenseits dieser maximalen Auflösung sind dem
Regler unzugänglich und müssen daher als *Rauschen* interpretiert und herausgefiltert
werden. Da dem Erfassen des dynamischen Verhaltens eine Abtastung der

Leistungsgröße zugrunde liegt, gilt natürlich auch der im *Abtasttheorem* von *Shannon* formulierte Zusammenhang von Signal- und Abtastfrequenz.

Alle unter diesen Randbedingungen erfaßbaren Formen der Schwankungen erlauben und verlangen ein adaptives, rückgekoppeltes Verhalten der das Systemverhalten steuernden Instanzen, sei es der Betreiber des Rechensystems, der eine Speichererweiterung vornimmt, sei es der Bediener, der an der Konsole die Dialoglast begrenzt, sei es das Betriebssystem, das Working-Set-Größen verändert oder sei es ein OSI-Schicht-3-Protokoll, das mit dynamischem Routing einen lokalen Stau umgeht.

4.1.2 Modellierung des dynamischen Verhaltens von Rechensystemen

Die Forderung, diesen dynamischen Aspekten des Leistungsverhaltens mehr Aufmerksamkeit zu schenken, wird zwar schon seit längerer Zeit erhoben [*Wil*73, *Arn*75, *BR*76, *Ara*77, *Jai*78*b*, *Ser*81, *Ste*82], jedoch wird ihr nur zurückhaltend nachgekommen. Dies liegt insbesondere an der Kompliziertheit der analytischen Behandlung dynamischer Warteschlangennetze. Dabei geht es weniger um die nichtstationäre Betrachtung von Systemen mit statischen Parametern, wie sie Kobayashi in [*Kob*74*a*, *Kob*74*b*] darstellt, sondern eher um Systeme mit zeitveränderlichen Parametern. Die Beiträge gehen zurück bis auf Newell [*New*68], der wie Kobayashi als Werkzeug die *Diffusionsapproximation* verwendet und damit zeitveränderliche Ankunftsraten modelliert. Daneben gibt es approximative Verfahren zur Berechnung bestimmter Leistungsgrößen wie etwa der mittleren Warteschlangenlängen.

Verläßt man den Bereich der stochastischen Warteschlangennetze, so findet man ebenso Modelle, die das dynamische Verhalten von Rechensystemen zu beschreiben versuchen. Die einfachste ist die deterministische *Flußapproximation* [*Kle*76], bei der die stochastischen Ankunfts- und Bedienprozesse ersetzt werden durch kontinuierliche zeitabhängige 'Flußgrößen'. Dynamische Überlasteffekte können zwar einfach dargestellt werden, die Ergebnisse sind jedoch zu optimistisch, da die stochastische Struktur außer acht gelassen wird. Die oben erwähnte Diffusionsapproximation ist in gewisser Weise eine Verbesserung der Flußapproximation, da sie nicht nur Mittelwerte, sondern auch die zweiten Momente berücksichtigt. Sie wird daher auch als Approximation zweiter Ordnung bezeichnet, während die Flußapproximation ein Modell erster Ordnung darstellt.

Die operationale Analyse, auch *Verkehrsanalyse* genannt [*DB*78, *Kow*82], die sich zur Warteschlangentheorie verhält wie die deskriptive Statistik zur analytischen, denn sie rechnet mit Häufigkeiten anstelle von Wahrscheinlichkeiten, hat als wesentliche Voraussetzung das Flußgleichgewicht und eignet sich daher für dynamische Untersuchungen wenig. Sie kann jedoch in endlichen Zeitintervallen, in denen ihre Voraussetzungen weitgehend erfüllt sind, für die gegenseitige Verrechnung von Meßgrößen eingesetzt werden.

Eine weniger bekannte Beschreibung dynamischer Effekte erlaubt die *Katastrophentheorie*, die meist dann eingesetzt werden kann, wenn die betrachteten Systeme an gewissen Stellen diskontinuierliches, abruptes Sprungverhalten zeigen. Derartiges Verhalten kann

in Rechensystemen, speziell in Überlastsituationen, durchaus gegeben sein, wie Nelson
in [*Nel*84] zeigt. Typisch für ihre Anwendung sind Systeme mit bistabilem Verhalten,
wie sie z.B. für ALOHA- oder auch CSMA/CD-Netze nachgewiesen wurden [*YNM*86] .
Damit eignet sich die Katastrophentheorie nicht nur als Beschreibungsmittel, sondern
auch zur Entwicklung von Kontrollstrategien zur Thrashing-Verhinderung, sofern eben
dieser abrupte Zustandswechsel tatsächlich vorliegt. Die Katastrophentheorie befaßt
sich also mit einem Spezialfall von Überlastverhalten und verfügt daher nicht über die
hier geforderte Allgemeinheit, die ja auch sanfte Leistungsabfälle einschließt.
Darüberhinaus geht es ihr ausschließlich um Vermeidung des Leistungskollapses und
nicht um das umfassendere, weitreichendere Ziel der Leistungsmaximierung. Ihre
Kontrollmechanismen würden daher vermutlich 'später' eingreifen als die eines Opti-
mierungsverfahrens.

Die Regelungstheorie, die sich heute als eigenständige Disziplin darstellt, hat zu ihrem
Gegenstand das Verhalten dynamischer Systeme. Mit ihrer Hilfe kann nicht nur das
quantitative Verhalten von Systemen beschrieben und modelliert werden, sondern sie
erlaubt auch die Synthese von Systemen mit wohlbestimmtem Verhalten, zumal Beobachtung und optimale Regelung von Systemen als zueinander duale Aufgaben erkannt
worden sind. Sie ist in vielen Bereichen der Technik erfolgreich eingesetzt worden und
umfaßt neben deterministischen Modellen auch stochastische, sowohl kontinuierlicher,
als auch diskreter Art. Es ist daher plausibel, ihre Eignung zur Modellierung von Rechensystemen, insbesondere im Hinblick auf Mechanismen zur Lastkontrolle, zu untersuchen.

Die Ansätze, die bisher unternommen wurden, um den Apparat der Regelungstheorie in
der Modellierung von Rechensystemen einzusetzen, sind - gemessen an den Beiträgen
aus der Warteschlangentheorie - gering an der Zahl [*Arn*75, *Jai*78a, *Ste*82]. Der wesentliche Grund liegt darin, daß die Regelungstheorie ihre Leistungsfähigkeit besonders auf
dem Gebiet der linearen Systeme besitzt, wo die Zusammenhänge zwischen Eingangs-,
Zustands- und Ausgangsgrößen durch lineare Differenzen- oder Differentialgleichungen
definiert sind. Hier bietet sie einen hochentwickelten mathematischen Apparat mit einer
Fülle von effizienten Algorithmen und Verfahren zur Erfassung und Beeinflussung des
Systemverhaltens [*May*79].

Die Zusammenhänge zwischen den Modellgrößen eines Rechensystems sind jedoch nur
in den seltensten Fällen linearer Natur. Linearisierungen in der Umgebung von Ar-
beitspunkten sind auch nur in einigen Fällen möglich oder sinnvoll. Der Einsatz der
nützlichen Werkzeuge der stochastischen Regelungstheorie wie etwa der *Kalman-Filter-
Technik* scheitert daher häufig bereits beim Versuch, die Systemgleichungen aufzustellen.

Trotz dieser Einschränkung ist die regelungstheoretische Betrachtung unabdingbar für
die Behandlung dynamischer Überlastprobleme. Denn im Gegensatz zum stationären
Fall, wo die Last- und Systemparameter einmalig gewonnen und dann als bekannt
vorausgesetzt werden können, verlangt das dynamische System - zumindest wenn die
dynamischen Änderungen nicht im voraus bekannt sind - einen rückgekoppelten
Wirkkreis. In diesem Wirkkreis muß zunächst durch Messen geeigneter Größen der
Systemzustand festgestellt, dann evtl. gemäß vorgegebener Betriebsziele eine Optimie-

rung durchgeführt und zuletzt das System über Kontrollparameter entsprechend beeinflußt oder modifiziert werden.

4.2 Das dynamische Überlastproblem

Nach diesen einleitenden Bemerkungen wollen wir uns wieder dem Problem der Überlastverhinderung zuwenden, diesmal jedoch unter dynamischer Sichtweise. Darunter soll verstanden werden, daß zu jedem Zeitpunkt ein funktionaler Zusammenhang zwischen Last- und Leistungsgröße besteht, daß sich jedoch die Form der Kurve und damit auch die Lage des Optimums mit der Zeit verändert (Abbildung 4.2-1).

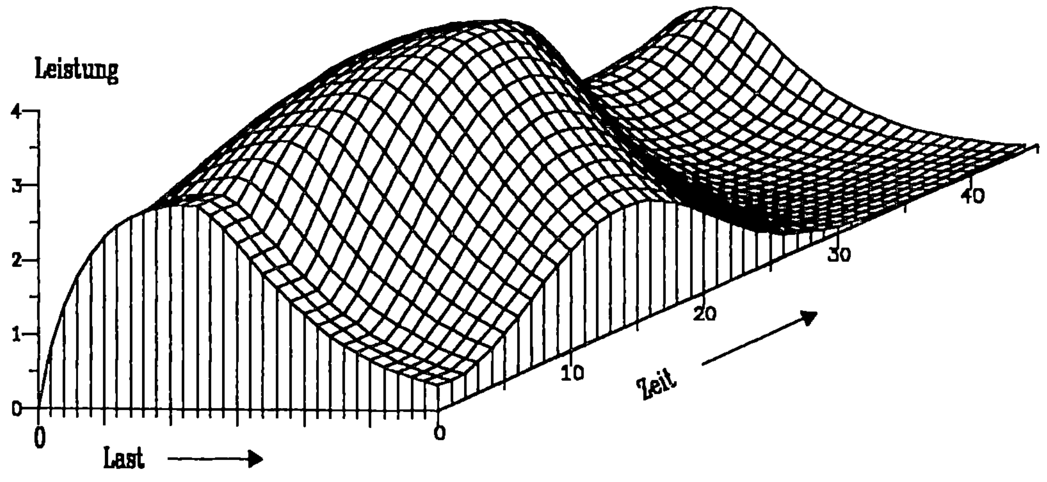

Abbildung 4.2-1: Dynamisches Überlastverhalten

Was in einem solchen Fall gebraucht wird, ist ein selbstadaptiver Mechanismus, der das jeweilige Optimum findet und das System entsprechend regelt. Das zu lösende Regelproblem besteht also darin, ausgehend von einem beliebigen Ausgangspunkt auf der Kurve, das Maximum, also den 'Grat' zu erreichen und ihn bei fortschreitender Zeit nicht wieder zu verlassen. Dabei sind zum aktuellen Zeitpunkt t_i lediglich die bisher realisierten Kurvenpunkte ($t < t_i$) bekannt (Abb. 4.2-2). Die Situation ist vergleichbar einem Wanderer im Gebirge, der einem Grat folgen muß, wobei er immer nur vorwärts, d.h. in Richtung der positiver t-Achse schreiten darf, jedoch nur rückwärts auf den bereits zurückgelegten Weg blicken kann.

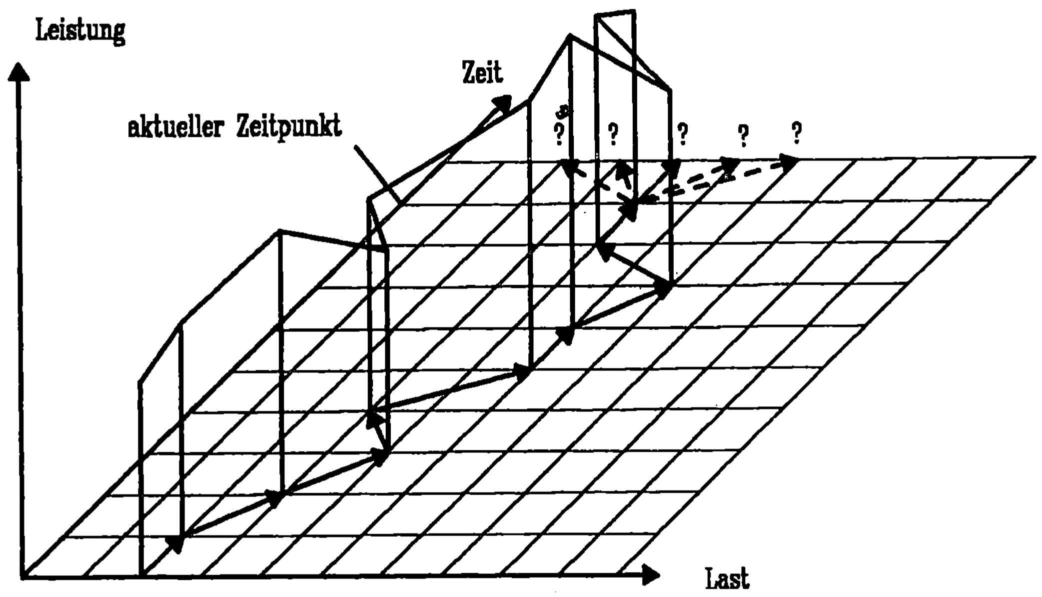

Abbildung 4.2-2: Dynamisches Überlast-Regelproblem

Dieses Problem unterscheidet sich wesentlich von den üblichen Optimum-Suchproblemen der Regelungstheorie, wo ein vollständiges 'Begehen' des 'Gebirges' möglich ist. Aus diesem Grund sind die Standardverfahren der Optimumsuche, wie etwa das *Gradientenverfahren* nicht mehr anwendbar. Da jedoch zu jedem Zeitpunkt ein globales Maximum existiert, können Modifikationen der *Hill-Climbing-Verfahren* aus dem Bereich der Künstlichen Intelligenz eingesetzt werden. Wir werden weiter unten darauf zurückkommen. Das Problem besteht also darin, zum Zeitpunkt t_i lediglich mittels der bisher realisierten Kurvenpunkte als Stützstellen den Kurvenverlauf zumindest für den nächsten Zeitpunkt t_{i+1} so zu schätzen, daß das Maximum angesteuert werden kann. Lediglich bei vollständiger Information, also bei Kenntnis auch des zukünftigen Kurvenverlaufs, ist eine optimale Regelung möglich, wie sie in Abbildung 4.2-3 als Höhenliniendiagramm dargestellt ist. Verglichen mit der zu einer optimalen Regelung notwendigen Informationsmenge stehen uns daher erschreckend wenige Daten zur Verfügung.

Um das gestellte Problem auch nur annähernd lösen zu können, muß man nach Eigenschaften des realen Systems suchen, die, als Annahmen in das mathematische Modell eingebracht, die Entscheidungsgrundlage verbessern. Bisher wurde lediglich davon aus-

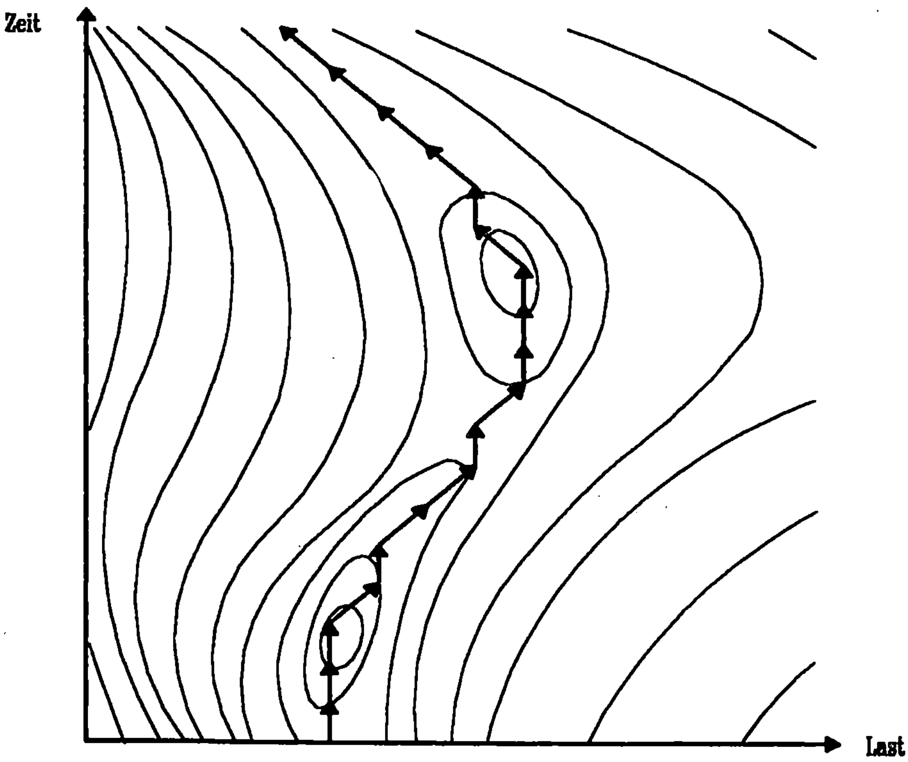

Abbildung 4.2-3: Optimale Trajektorie beim dynamischen Überlast-Regelproblem.

gegangen, daß zu jedem Zeitpunkt ein unimodaler Kurvenverlauf den funktionalen Zusammenhang zwischen Last und Leistung repräsentiert. Der Begriff *unimodal* soll dabei Funktionen bezeichnen, die bis zu einem Maximum monoton wachsen, um dann monoton wieder zu fallen. Es kann dabei weiter vorausgesetzt werden, daß sich die Kurven im ersten Quadranten befinden, d.h. es sind weder negative Lasten noch negative Leistungen möglich.

Worüber bisher nichts ausgesagt wurde, ist die Art der Dynamik des Kurvenverlaufs. Hier kann vorausgesetzt werden, daß sich das System nicht 'chaotisch' verhält, sondern daß es eine Eigenschaft besitzt, die man in Anlehnung an den Bereich der Modellierung von Speicherzugriffen als *Lokalität* bezeichnen kann und die bedeuten soll, daß der Kurvenverlauf zum Zeitpunkt t_i eine 'gute' Schätzung für den Kurvenverlauf zum Zeitpunkt t_{i+1} darstellt. Diese Formulierung impliziert zwei mögliche Teilfälle:

- Lokalität kann zum einen bedeuten, daß die Veränderung des Kurvenverlaufs nur langsam, driftartig erfolgt. Wäre $L(t,n)$ keine diskrete, sondern eine kontinuierliche Funktion in t, so wäre der Sachverhalt am besten mit dem Begriff der *Dehnungsbeschränktheit (Lipschitz-Stetigkeit)* [Heu82] mit einer geeigneten Dehnungsschranke K ausgedrückt, wobei K vom gewählten Abtastintervall Δt abhängt.

- Lokalität im obigen Sinn kann aber auch bedeuten, daß der Kurvenverlauf längere Zeit konstant bleibt, um sich dann sprungartig zu ändern. Diese Variante der Lokalitätseigenschaft kann man als *phasenweise Stationarität* bezeichnen.

Was der Regler letztlich bestimmen soll, ist eine Obergrenze für die Last in dem Sinne, daß bei ihrem Erreichen bei der derzeitigen Beschaffenheit der Last das System eine maximale Leistung abgibt. Das bedeutet jedoch nicht, daß diese Obergrenze auch zu jedem Zeitpunkt erreicht wird. Ist das System schwach ausgelastet, so wird der Grenzwert eventuell überhaupt nicht erreicht. Erst bei drohender Überlast wird die Obergrenze wirksam und beginnt, regelnd einzugreifen. Aber auch dann sorgen kurzfristige Schwankungen, die in der Natur der stochastischen Prozesse liegen, dafür, daß Abweichungen von der Obergrenze auftreten. Ist die Überlastkontrolle streng in dem Sinne, daß sie auch ein minimales Überschreiten grundsätzlich verhindert, so können Abweichungen nur nach unten auftreten. Es kann jedoch zur Verbesserung der Informationsgrundlage des Regelmechanismus erwünscht sein, kleine Überschreitungen der Obergrenze zuzulassen. Denn es liegt in der Natur einer dynamischen Extremalwertregelung - und darum handelt es sich hier - , daß leichte Schwankungen der Zustandsgröße auftreten müssen, denn ohne sie wäre es unmöglich festzustellen, ob man sich noch im Bereich des Optimums oder links oder rechts davon befindet. Darüberhinaus wird jedes Schätzverfahren, das einen funktionalen Zusammenhang zwischen Meßgrößen ermitteln soll, umso besser, je mehr unterschiedliche Meßpunkte zur Verfügung stehen.

Insofern ist das Regelproblem in Abbildung 4.2-2 etwas vereinfacht dargestellt. Tatsächlich müssen wir zwei Größen unterscheiden: den momentanen Lastwert n, der den Zustand des Systems widerspiegelt, und die Obergrenze n^*, die vom Regelmechanismus als Stellgröße verändert wird und so auf die Last begrenzend wirkt.

4.3 Das dynamische Überlastproblem aus regelungstheoretischer Sicht

Die Regelungstheorie befaßt sich im wesentlichen mit Systemen, deren Komponenten in einem rückgekoppelten geschlossenen Wirkkreis verbunden sind. Im einfachsten Fall haben wird eine Struktur vorliegen wie in Abbildung 4.3-1, wo ein System, dessen Verhalten man beeinflussen will, zyklisch mit einem Regler verbunden ist.

Wäre das Systemverhalten a priori bekannt, so wäre der Rückkopplungszweig zum Regler, der einen Meßvorgang darstellt, überflüssig. Man würde dann anstelle von *Regelung* von *Steuerung* sprechen. Meist ist das meßbare Systemverhalten jedoch durch das a-priori-Wissen nicht vollständig zu bestimmen, da unbekannte Störgrößen zufälliger Art auf das System einwirken. In dieser Situation ist *Regelung* erforderlich. Das System oder der Teil des Systems, der geregelt werden soll, wird *Regelstrecke* genannt. Diese Regelstrecke wird mit einem mathematischen Modell beschrieben, in welches das a-priori-Wissen eingeht. Lediglich die Parameter des Modells sind ganz oder teilweise un-

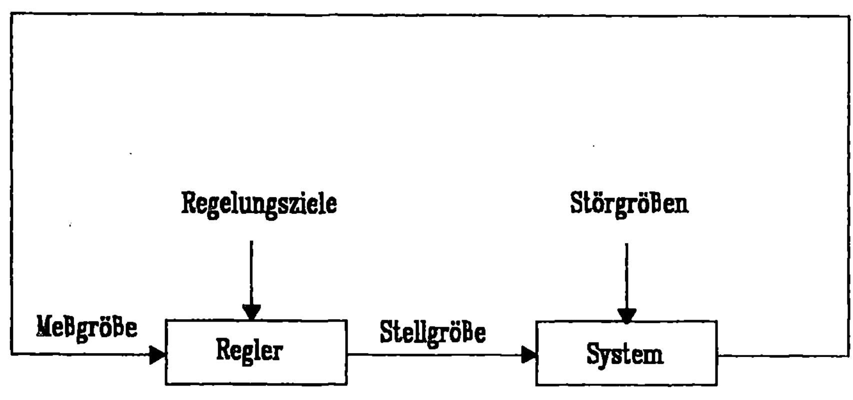

Abbildung 4.3-1: Einfacher Grundregelkreis

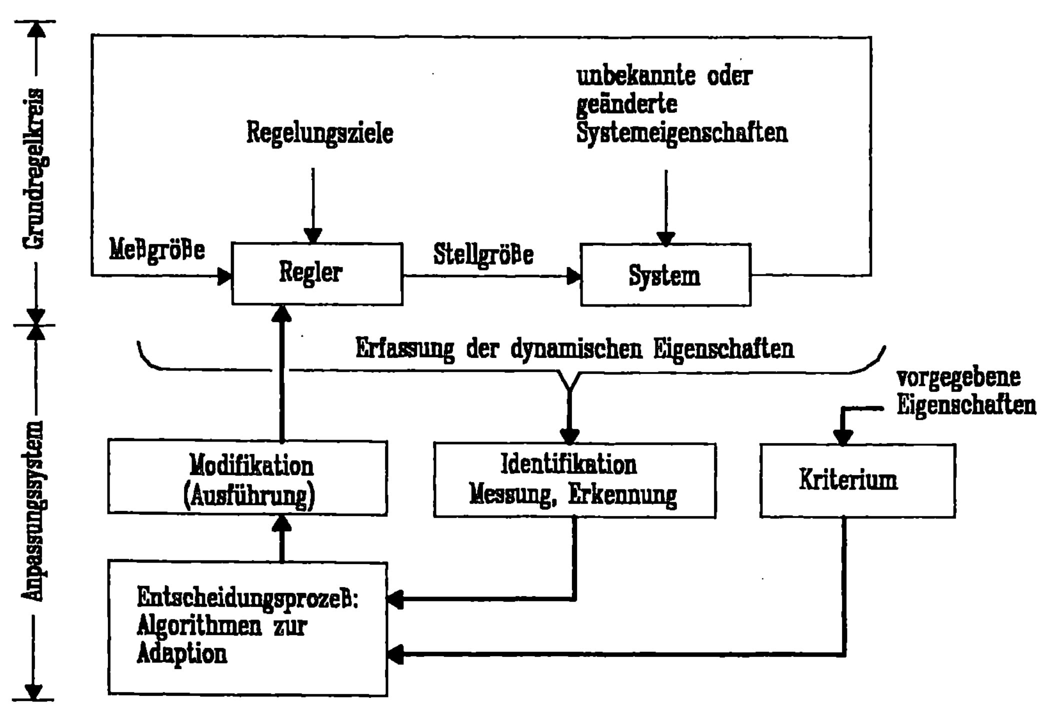

Abbildung 4.3-2: Adaptives Regelsystem nach Unb85.

68

bekannt. Sind nun diese Parameter zudem noch in hohem Maße zeitveränderlich, so muß der Regelmechanismus in der Lage sein, sich dem veränderten Systemverhalten anzupassen. Man spricht dann von *selbstanpassenden* oder *adaptiven Regelsystemen* *(engl.: self tuning systems)*.

Der Grundregelkreis aus Abbildung 4.3-1 wird dann von einem adaptiven System überlagert (Abbildung 4.3-2). *Unbehauen* schreibt in [*Unb85*]: *'Aufgrund einer direkten oder indirekten Identifikation werden über einen Entscheidungsprozeß in einer Modifikationsstufe die einstellbaren Parameter während des Prozeßablaufs ständig selbsttätig angepaßt.'*

Das Identifikationsproblem besteht in der Regel in einem Schätzverfahren für die Parameter des mathematischen Modells der Regelstrecke, das als vorhanden vorausgesetzt wird. Anhand vorgegebener Kriterien und des modifizierten mathematischen Modells können dann die Parameter des Reglers neu berechnet und in einem Modifikationsschritt angepaßt werden. Dieser Vorgang wird in festen Zeitabständen, oder durch ein Gütekriterium gesteuert, wiederholt.

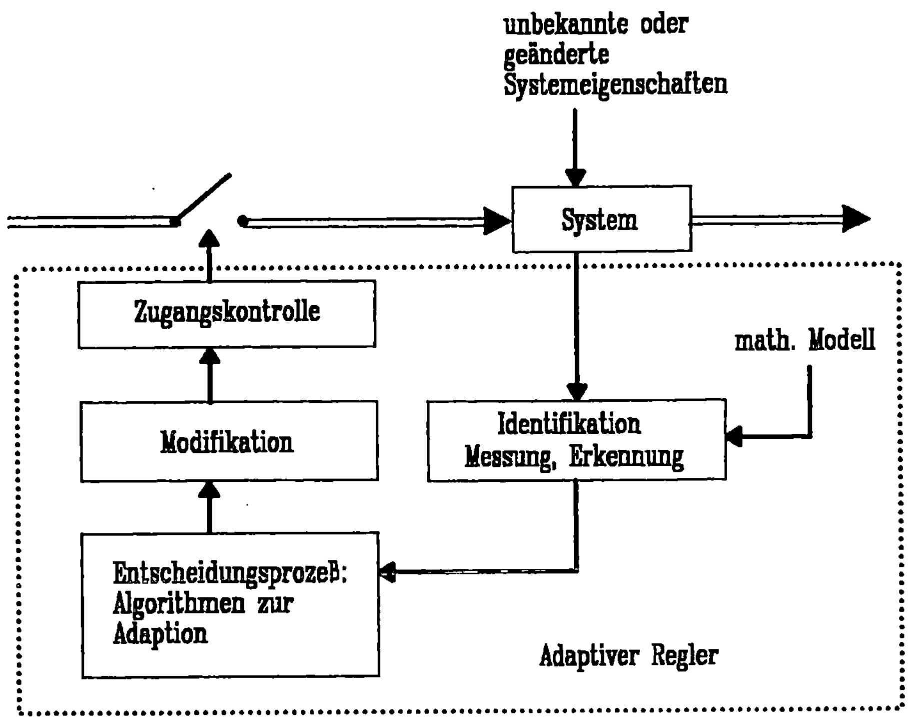

Abbildung 4.3-3: Adaptives Regelsystem zur Überlastverhinderung

Im vorliegenden Fall des dynamischen Überlast-Regelproblems ist es Ziel der Regelung, mittels der Lastobergrenze als Eingangsgröße *(Stellgröße)* die Systemleistung als Optimierungsgröße zu maximieren. Derartige Regelsysteme werden als Extremwertregelsysteme bezeichnet. Die Struktur eines Regelsystems zur Überlastverhinderung ist in Abbildung 4.3-3 wiedergegeben. Wir sehen, daß ein Grundregelkreis wie in Abbildung 4.3-2 gar nicht vorhanden ist, denn die Zugangskontrolle selbst verfügt über keinerlei Rückkopplungszweige. Lediglich der Adaptionsmechanismus ist als geschlossener Regelkreis ausgebildet. Im Unterschied zum allgemeinen Strukturbild des adaptiven Regelsystems ist im Fall des vorliegenden Extremwertreglers der Adaptionsmechanismus im Regler integriert.

Die typische Vorgehensweise bei solchen Systemen, die ja einen nichtlinearen Zusammenhang zwischen Eingangs- und Optimierungsgröße aufweisen, ist die Anwendung einer Suchstrategie, d.h. eines Verfahrens, das mittels diskreter Testschritte und ständiger Beobachtung der Optimierungsgröße deren Maximum zu erreichen und zu halten sucht. Bei diesen Verfahren ist eine Identifikation und Modellbildung im strengen Sinne nicht erforderlich. Es müssen lediglich eventuelle Störsignale, die die Meßwerte der Optimierungsgröße überlagern, geeignet herausgefiltert werden.

4.4 Messung von Leistungsgrößen in Rechensystemen

Mit diesem Kapitel 4 haben wir den wohlgefügten Rahmen der stationären Warteschlangentheorie verlassen. Die wesentliche Eigenschaft dieser Theorie ist ja, das System nicht zu einem festen Zeitpunkt, sondern eher zeitlos, im Grenzübergang für $t \to \infty$ zu betrachten und damit von allen zeitabhängigen Aspekten zu abstrahieren. Demnach sind auch die verwendeten Größen wie Durchsatz oder Auslastung 'zeitlos'.

Betrachten wir die Systeme nun unter dynamischen Aspekten, also unter expliziter Hinzufügung der Zeitachse, so erhalten dieselben Begriffe eine etwas veränderte Bedeutung. Wir müssen beispielsweise die Frage beantworten, was unter *'Auslastung zum Zeitpunkt t'* zu verstehen ist. Dazu müssen wir zunächst einige grundsätzliche Überlegungen zur Beschaffenheit der hier relevanten Größen anstellen:

Allen in dieser Arbeit betrachteten Systemen liegt ein *Betriebsmittelmodell* zugrunde, das davon ausgeht, daß die Aufträge im Laufe ihrer Bearbeitung durch das System dynamisch *Betriebsmittel* , seien es Prozessoren, Datenelemente, Leitungen oder Speicherplatz, anfordern, belegen und wieder freigeben. Der Zustand eines solchen Systems ist daher beschrieben durch die Information, welche Aufträge gerade welche Betriebsmittel anfordern oder belegen. Die elementaren Ereignisse, welche die Zustandsübergänge bewirken, werden daher gebildet durch Anforderung, Belegung und Freigabe eines Betriebsmittels. Ist ein anfänglicher Zustand des Systems gegeben, so ist mit Festhalten der Ereignisse das Systemverhalten vollständig beschrieben. Das Modell bestimmt also, was überhaupt gemessen werden kann, und daher bilden die Ereignisse die Grundlage unserer Messung. Zusätzlich zu diesen *'natürlichen'* Ereignissen kann auch das Weiterschalten einer *Uhr* als Ereignis aufgefaßt werden. Dadurch kann man - abhängig von der

Zeitauflösung der Uhr - zu beliebigen Zeitpunkten zu Messungen gelangen. Zustand einerseits und Ereignis andererseits bewirken nun eine Einteilung der in solchen Systemen auftretenden Größen in zwei elementare Klassen:

- Momentangrößen

  In diese Klasse fallen alle Größen, die durch ein Festhalten des Momentanzustandes gewonnen werden können. Durch sie wird ein 'photographisches', statisches Bild des Systems wiedergegeben. Dazu gehören insbesondere Größen, die eine Anzahl ausdrücken: Anzahl der Prozesse in einer Warteschlange, Anzahl freier Speicherkacheln, Anzahl der Datenpakete in einem Netz.

- Zeitbezogene Größen

  Daneben gibt es Größen, die erst einen Sinn machen in Verbindung mit der Zeit, d.h. bezogen auf ein Zeitintervall. Zu ihnen gehören alle Arten von Raten, Zeiten, Häufigkeiten und Auslastungen. Sie können ermittelt werden, wenn Momentangrößen über Zeitintervalle hinweg gemessen werden (Zählungen, Integrationen). Sie sind daher abgeleitete Größen.

Beide Arten von Größen sind erforderlich, um hinreichende Informationen über das System zu gewinnen. Die Momentangrößen alleine geben nur Auskunft über den Zustand des Systems, sagen jedoch nichts aus über das Verhalten. Man kann sie daher auch als *Zustandsgrößen* bezeichnen. Die zeitbezogenen Größen dagegen entstehen lediglich aus dem Verarbeiten einer zeitlichen Abfolge von Zustandsgrößen. Sie geben das Verhalten des Systems wieder und können daher auch als *Verhaltensgrößen* bezeichnet werden.

Während die *Last* in die Klasse der Zustandsgrößen fällt, handelt es sich bei der *Leistung* um eine Verhaltensgröße, die erst durch Eintritt einiger Ereignisse gebildet werden kann und umso eher dem intuitiven Verständnis entspricht, je mehr Ereignisse zu ihrer Bildung beigetragen haben: Nehmen wir als Beispiel die *Auslastung* eines Betriebsmittels. Ihrer Messung liegt ein binärer Zufallsprozeß $B(t)$ (Abbildung 4.4-1) zugrunde, der folgendermaßen definiert ist:

$$B(t) := \begin{cases} 0 & \text{wenn Betriebsmittel frei} \\ 1 & \text{wenn Betriebsmittel belegt} \end{cases} \qquad [4.4 - 1]$$

Die Auslastung als Anteil der Belegtzeit bezogen auf ein Zeitintervall muß daher im dynamischen Fall folgendermaßen definiert werden:

$$U_{\Delta t}(t) := \int_{t-\Delta t}^{t} B(t)\, dt \qquad [4.4 - 2]$$

Wir erkennen, daß bei Wahl eines zu kleinen Δt die Auslastung als Meßgröße meist zu einer Binärinformation zusammenschrumpft, was nicht dem intendierten Begriff von *Auslastung* entspricht.

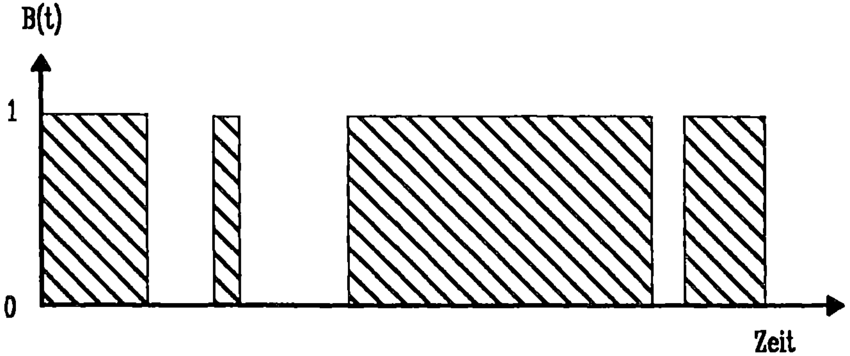

Abbildung 4.4-1: Belegtprozeß eines Betriebsmittels.

Das gleiche gilt beispielsweise für den Durchsatz an einem Betriebsmittel als die Anzahl der Abgänge (Freigaben) bezogen auf ein Zeitintervall. Dieser Größe liegt ein Zählprozeß $D(t)$ zugrunde, der beispielsweise bei exponentiell verteilten Belegtzeiten des Betriebsmittels vom *Poisson*-Typ ist (Abbildung 4.4-2):

$$D(t) := \text{Anzahl der Abgänge bis zum Zeitpunkt } t \qquad [4.4-3]$$

Der Durchsatz als dynamische Größe kann daher als

$$T_{\Delta t}(t) = \frac{1}{\Delta t}(D(t) - D(t - \Delta t)) \qquad [4.4-4]$$

definiert werden.

Auf diese Weise gelingt es, auch Verhaltensgrößen, die nur bezogen auf ein Zeitintervall aussagekräftig sind, als *Momentangrößen* aufzufassen. Mit der Länge der Intervalle Δt läßt sich die Dynamik oder Auflösung des Modells steuern. Mit $\Delta t \to \infty$ entsteht ein stationäres Modell. Letztlich ist es aufgrund der diskreten Zeitstruktur von Rechensystemen weder sinnvoll noch möglich, kontinuierliche Signale zu verarbeiten. Wir werden daher eine Erfassung der Meßgrößen zu diskreten Zeitpunkten vornehmen und gehen daher im folgenden von einem diskreten Modell aus.

Die Zusammensetzung der Leistungsgröße aus elementareren Größen, nämlich beispielsweise aus den Zeiten zwischen den Elementarereignissen, ermöglicht Annahmen über ihre stochastische Struktur. Wir können nämlich voraussetzen, daß im Rahmen der Überlastregelung die Meßintervalle hinreichend kurz sind, daß innerhalb der

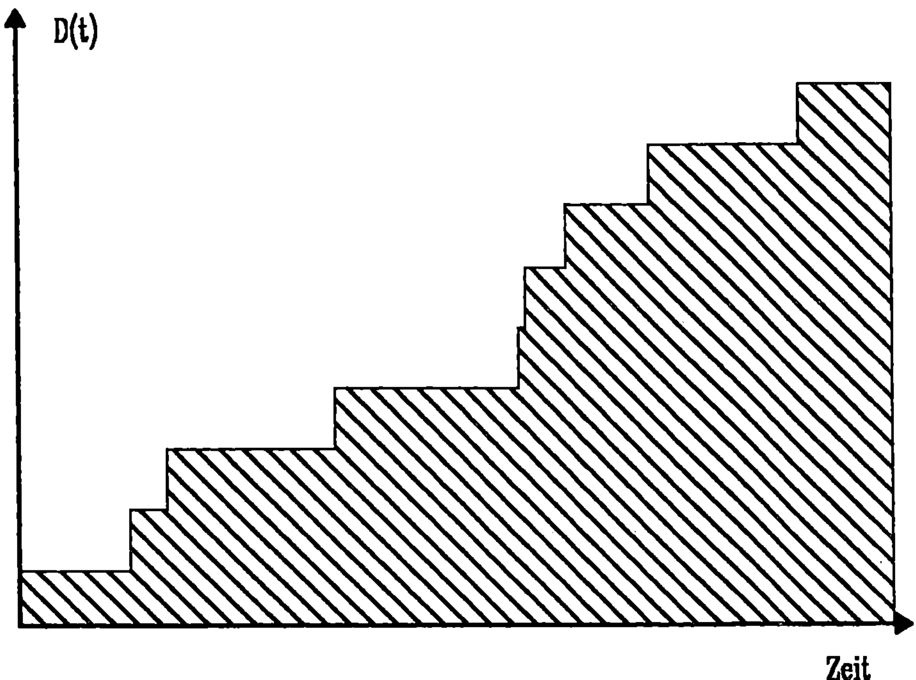

Abbildung 4.4-2: Zählprozeß der Abgänge an einem Betriebsmittel

Meßintervalle die Parameter der zugrundeliegenden stochastischen Prozesse als konstant angenommen werden können. Fassen wir die Zeiten zwischen den Elementarereignissen innerhalb eines Meßintervalls als identisch verteilte Zufallsgrößen auf, so gelangen wir bei hinreichend langen Intervallen in den Gültigkeitsbereich des zentralen Grenzwertsatzes, der uns erlaubt, die Meßgrößen approximativ als normalverteilt anzunehmen.

Grundsätzlich können wir die Meßgrößen in folgender Form annehmen:

$$X'(t) = X(t) + \omega(t),$$

d.h. die Meßgröße X' ist zusammengesetzt aus der eigentlichen Größe X und einem überlagerten *weißen Rauschen*, also einem normalverteilten Zufallsprozeß $\omega(t)$ mit Mittelwert 0, den es herauszufiltern gilt.

Für unser spezielles Problem der Erfassung der Leistungskurve ergeben sich nun zwei Möglichkeiten:

1. Man betrachtet die Leistung $L(t_i)$ und die Last $n(t_i)$ zunächst als zwei unabhängige Größen und mißt sie dementsprechend. Die Last $n(t_i)$ kann dann ebenso als asymptotisch normalverteilt angenommen werden. (Abbildung 4.4-3)

2. Man berücksichtigt bereits bei der Messung die unterstellte funktionale Abhängigkeit zwischen L und n, geht also von Zufallsvariablen der Art $\tilde{L}(t_i,n)$ aus

und mißt die Leistung getrennt für unterschiedliche Werte von n. Man erhält dann Meßwerte $L(t_i,n)$ für diejenigen Werte von n, die während des Meßintervalls tatsächlich aufgetreten sind.

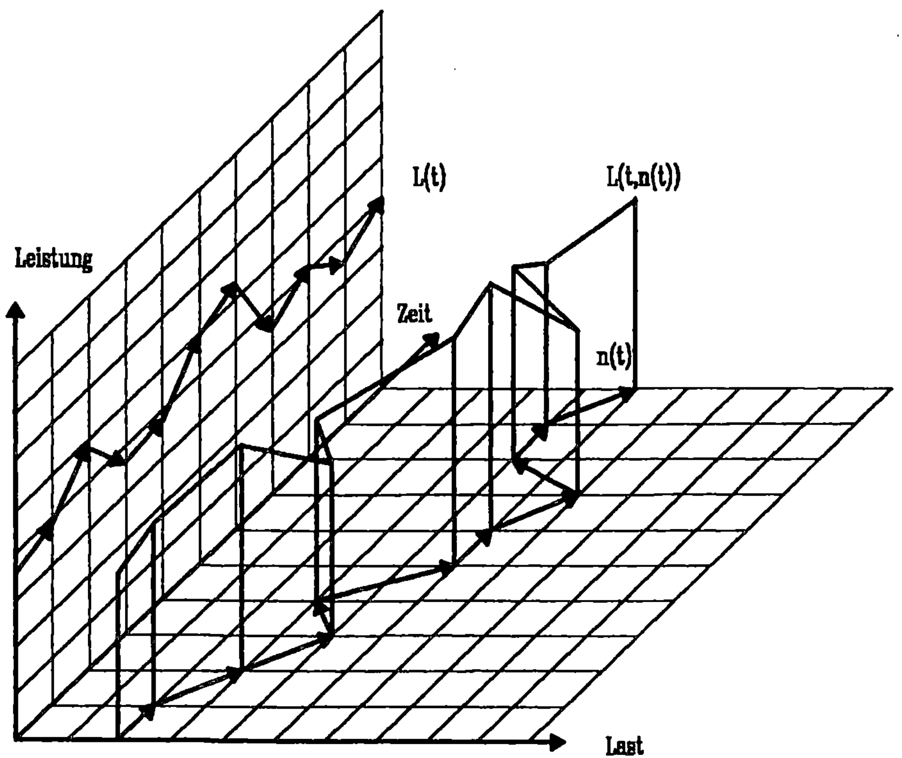

Abbildung 4.4-3: Stochastische Prozesse L(t) und n(t).

Hat man nun Meßwerte vorliegen, so stellt sich die Frage nach der Auswertung, d.h. wie man aus den Meßwerten eine Schätzung des Kurvenverlaufs erhält. Denn die Meßwerte bilden eine *Stichprobe* der dazugehörigen Zufallsgröße, und daher werden Messungen in aller Regel häufiger stattfinden als Schätzungen.

Wir haben nun folgende Hierarchie von Zeitintervallen vorliegen: Auf unterster Stufe sind die *Elementarintervalle* zu sehen, die zwischen den die Zustandsänderungen des Systems hervorrufenden Elementarereignissen liegen. Sie spielen im Zusammenhang dieser Arbeit nur insofern eine Rolle, als ihre Existenz die Annahme normalverteilter Meßwerte begründet. Diese Meßwerte wiederum umfassen mehrere dieser Elementarintervalle und werden zu den *Meßzeitpunkten* ermittelt, deren Differenzen die *Meßintervalle* ausmachen. Darüber gibt es noch die *Schätzintervalle*, an deren Ende jeweils mehrere aufeinanderfolgende Meßwerte zur Schätzung des aktuellen Leistungsverhaltens herangezogen werden. Bei vielen Schätzverfahren wird jedoch ein rekursiver Mechanismus angewendet, durch den neu anfallende Meßwerte sofort zu einer Aktualisierung des Schätzwertes führen. In diesem Fall sind Meß- und Schätzintervall identisch. Darüberhinaus kann man noch *Regelintervalle* unterscheiden, in denen eine Veränderung der Kontrollparameter vorgenommen wird. Diese Differenzierung gegenüber dem *Schätzintervall* kann dann angebracht sein, wenn die Schätzung keine signifikante Änderung des Systemverhaltens ergab, so daß ein Reglereingriff nicht erforderlich ist. Man kann jedoch die Situation auch so sehen, daß der Regler stets aufgerufen wird, wenn eine neue Schätzung des Kurvenverlaufs vorliegt und er dann selbst entscheidet, ob er eine Modifikation vornimmt oder nicht. Ein Belassen der Kontrollparameter ist ja auch eine Regelentscheidung.

Insgesamt sind im folgenden also drei Intervalle zu unterscheiden, von denen jedoch meist zwei zusammenfallen, so daß wir im praktischen Einsatz in aller Regel nur zwei hierarchische Intervalle vorliegen haben. Dazu führen wir folgende Bezeichnungen ein:

$^{M}t_i$ $\qquad$ i-ter Meßzeitpunkt

$^{S}t_j$ $\qquad$ j-ter Schätzzeitpunkt

$^{R}t_k$ $\qquad$ k-ter Regelzeitpunkt

$^{M}\Delta t_i := {}^{M}t_i - {}^{M}t_{i-1}$ $\quad$ Länge des i-ten Meßintervalls

$^{S}\Delta t_j := {}^{S}t_j - {}^{S}t_{j-1}$ $\quad$ Länge des j-ten Schätzintervalls

$^{R}\Delta t_k := {}^{R}t_k - {}^{R}t_{k-1}$ $\quad$ Länge des k-ten Regelintervalls

$^{M}L(t)$ $\qquad$ Meßwert der Leistungsgröße zum Zeitpunkt t

$^{S}L(t)$ $\qquad$ Schätzwert der Leistungsgröße zum Zeitpunkt t

$^{M}n(t)$ $\qquad$ Meßwert der Lastgröße zum Zeitpunkt t

$^{S}n(t)$ $\qquad$ Schätzwert der Lastgröße zum Zeitpunkt t

$^{M}L(t,n)$ $\qquad$ Meßwert der Leistungsgröße zum Zeitpunkt t bei einer Last von n

$^{S}L(t,n)$ $\qquad$ Schätzwert der Leistungsgröße zum Zeitpunkt t bei einer Last von n

$n^{*}(t)$ $\qquad$ der zum Zeitpunkt t errechnete optimale Lastwert (Stellgröße)

$n_{opt}(t)$ $\qquad$ der zum Zeitpunkt t wahre optimale Lastwert

$n(t)$ $\qquad$ der zum Zeitpunkt t aktuelle Lastwert

Da wir die Schätzung fortlaufend durchführen müssen, um das zeitveränderliche Verhalten erfassen zu können, muß geklärt werden, wieviele Meßwerte für eine Schätzung erforderlich sind, bzw. wie häufig eine Schätzung zu erfolgen hat, also die Frage des Stichprobenumfangs. Dabei muß man einerseits den Informationsgehalt der Meßwerte berücksichtigen, was eher zu langen Schätzintervallen führt, andererseits die Adaptionsfähigkeit des Regelmechanismus im Auge behalten, die umso besser ist, je häufiger eine Schätzung erfolgt. (Etwas detailliertere Überlegungen zum Umfang der Messungen bzw. zur Länge der Abtastintervalle sind im Anhang A zu finden.) Grundsätzlich kann man folgende Unterscheidung treffen:

a) Ereignisgesteuert

Eine Schätzung erfolgt immer, wenn ein bestimmtes Ereignis auftritt, das z.B. ein Eingreifen des Reglers erforderlich macht. So könnte man jeweils eine Schätzung vornehmen, wenn eine Laständerung eingetreten ist.

b) Zeitgesteuert

Eine Schätzung erfolgt in festen Zeitabständen. Diese Intervalle müssen jedoch mit den Meßintervallen abgestimmt sein, um sicherzustellen, daß überhaupt aktuelle Meßwerte vorliegen.

c) Informationsgesteuert

Eine Schätzung findet statt, wenn die Meßwerte einen hinreichend großen Umfang besitzen, sodaß die Schätzung mit einer vorgegebenen Genauigkeit erfolgen kann.

Darüberhinaus muß berücksichtigt werden, daß nicht alle Meßwerte notwendigerweise dieselbe Relevanz für die resultierende Schätzung aufweisen. Dies muß in einer Gewichtung der Meßwerte zum Ausdruck kommen. Dabei sind wiederum drei Fälle zu unterscheiden:

a) Gleichgewichtung

Im einfachsten Fall sind die Meßintervalle von konstanter Länge, sodaß allen Meßwerten ein gleiches Gewicht zukommt. Dies ist auch für jene Fälle sinnvoll, bei denen die Meßwerte durch eine echte Abtastung, also durch eine Erfassung von Momentangrößen entstanden sind.

$$^{S}L(^{S}t_j) = \frac{1}{m} \sum_{l=1}^{m} {}^{M}L(^{M}t_i) \quad \text{mit } {}^{M}t_{i_l} \leq {}^{S}t_j \text{ für alle } l = 1, \dots , m$$

b) Variable Gewichtung

Sind die Meßwerte dagegen durch Integration über jeweils verschieden lange Intervalle entstanden, so ist es angemessen, die Werte mit der jeweiligen Intervallänge zu gewichten.

$$^{S}L(^{S}t_j) = \frac{1}{^{M}\Delta} \sum_{l=1}^{m} {}^{M}\Delta t_{i_l} \, {}^{M}L(^{M}t_{i_l}) \quad \text{mit} \quad {}^{M}\Delta = \sum_{l=1}^{m} {}^{M}\Delta t_{i_l}$$

c) Variable Gewichtung mit Altern

Will man dem zeitvarianten Verhalten des unterliegenden stochastischen Prozesses bereits bei der Messung gerecht werden, so ist zu berücksichtigen, daß jüngst aufgetretene Werte eine größere Bedeutung für Schätzung des aktuellen Kurvenverlaufs haben als weiter zurückliegende. Ein Beispiel für eine *Gewichtung mit Alterung* bildet das Verfahren des *exponentiellen Glättens*: Wie der Name des Verfahrens andeutet, werden die Gewichtskoeffizienten mit zunehmendem Alter der Meßwerte exponentiell kleiner.

$$^{S}L(^{S}t_j) = \alpha \times {}^{M}L(t_j) + (1 - \alpha) \times {}^{S}L(^{S}t_{j-1}) \quad \text{mit } \alpha \in (0,1)$$

Mit α läßt sich die Stabilität bzw. die Reagibilität des Schätzverfahrens steuern. Ein sehr kleines α gibt dem aktuellen Meßwert nur geringes Gewicht im Gegensatz zum vorangegangenen Schätzwert, der mit hohem Gewicht eingeht und die gesamte Vorgeschichte enthält. Eine Auflösung der rekursiven Formulierung des Verfahrens zeigt die exponentielle Gewichtung der Meßwerte. Wie man sieht, wird hier bei jedem neu auftretenden Meßwert eine Aktualisierung des Schätzwertes vorgenommen. Meß- und Schätzintervall sind hier also identisch. Dem Verfahren der exponentiellen Glättung kommt aufgrund seiner einfach zu steuernden Reaktionsfähigkeit im vorliegenden Fall einer *on-line*-Identifikation besondere Bedeutung zu. Dies gilt umso mehr, je weniger Kenntnisse über die stochastische Struktur des zu regelnden Zufallsprozesses vorliegen. Das Verfahren hat jedoch den Nachteil, daß es keine erwartungstreue Schätzung der Größen liefert. Dies ist nicht unbedingt so wesentlich, zumal bei starker Dynamik des Systemverhaltens die Annahme identisch verteilter Meßgrößen unrealistisch werden kann, wodurch dann auch der Begriff einer *erwartungstreuen Schätzung* seine Bedeutung verliert. Dessenungeachtet kann die exponentielle Schätzung mit einem Korrekturfaktor versehen werden, der die Erwartungstreue wiederherstellt. ([*BGLP*74])

Sei Y_i der Schätzwert, X_i der Meßwert des Zufallsprozesses X zum Zeitpunkt t_i. Dann gilt mit $0 < \alpha \leq 1$:

$$Y_i = \alpha \, X_i + (1 - \alpha) \, Y_{i-1} \qquad\qquad [4.4 - 1]$$

mit $Y_0 = 0$.

Eine Auflösung der Rekursion in [4.4 − 1] führt zu

$$Y_i = \sum_{j=1}^{i-1} \alpha (1 - \alpha)^j X_{i-j} \qquad\qquad [4.4 - 2]$$

Man erhält für X_i eine erwartungstreue Schätzung Z_i , indem man setzt:

$$Z_i := Y_i/\beta_i \qquad\qquad [4.4-2]$$

mit

$$\beta_i = \sum_{j=1}^{i-1} \alpha\,(1-\alpha)^j = \frac{1}{1-(1-\alpha)^i}$$

Denn es gilt, unter der Voraussetzung $E(X_i) = E(X_j)$ $\forall\ i$ und $\forall\ j$:

$$\begin{aligned}
E(Z_i) &= E(Y_i/\beta_i)\\[4pt]
&= E(1/\beta_i \times \sum_{j=0}^{i-1} \alpha\,(1-\alpha)^j\, X_i)\\[4pt]
&= 1/\beta_i \times \sum_{j=0}^{i-1} \alpha\,(1-\alpha)^j\, E(X_i) \qquad\qquad [4.4-3]\\[4pt]
&= 1/\beta_i \times E(X_i) \times (\sum_{j=0}^{i-1} \alpha\,(1-\alpha)^j)\\[4pt]
&= 1/\beta_i \times E(X_i) \times \beta_i\\[4pt]
&= E(X_i)
\end{aligned}$$

Während beim Verfahren des exponentiellen Glättens offensichtlich die gesamte Vorgeschichte - wenn auch mit zunehmend verschwindendem Einfluß - eingeht, hat man bei den anderen Gewichtungsverfahren mehrere Möglichkeiten, die Vorgeschichte zu berücksichtigen. Bezüglich des *Gedächtnisses* der Schätzverfahren kann man unterscheiden:

a) Gedächtnisverlust

Es werden nur die Meßwerte seit der letzten Schätzung herangezogen. Weiter zurückliegende werden nicht mehr verwendet. Eine solche Vorgehensweise eignet sich bei abrupten Änderungen des Verhaltens.

b) Begrenztes Gedächtnis

Es wird immer eine begrenzte Vorgeschichte in die Schätzung einbezogen. Der Umfang kann durch die Zahl der Meßwerte oder durch ein Zeitintervall begrenzt werden. Man spricht dabei auch bildhaft von einem *gleitenden Fenster*, das sich über die Zeitachse bewegt und den relevanten Ausschnitt anzeigt.

c) Vollständiges Gedächtnis

Es wird die gesamte Vorgeschichte berücksichtigt. Dieses Verfahren ist bei zeitvarianten Prozessen nur dann sinnvoll, wenn es mit einer *Gewichtung mit Alterung* kombiniert wird.

Einige der nachfolgend beschriebenen Regelmechanismen beruhen auf dem Vergleich von Schätzwerten, d.h. ob ein Wert kleiner, gleich oder größer als ein anderer ist. Solche Vergleiche sind bei Zufallsgrößen problematisch, wenn sie lediglich auf Momenten *erster Ordnung* (Erwartungswerten) beruhen und höhere Momente (z.B. Varianzen) unberücksichtigt lassen. Es kann daher angebracht sein, auch die Varianzen der Meßgrößen zu ermitteln, um - abhängig von einem Konfidenzniveau ε - statistisch 'saubere' Entscheidungen zu treffen:

Seien X und Y zwei Schätzwerte und σ_X und σ_Y die dazugehörigen Schätzungen der Varianzen. Dann könnte eine Ordnungsrelation zwischen X und Y folgendermaßen definiert sein:

$$
\begin{aligned}
X < Y \ \ <=> \ \ & X - Y + \varepsilon \sqrt{\sigma_X^2 + \sigma_Y^2} < 0 \\
Y < X \ \ <=> \ \ & Y - X + \varepsilon \sqrt{\sigma_X^2 + \sigma_Y^2} < 0 \\
X \cong Y \ \ & \text{sonst.}
\end{aligned}
\qquad [4.4 - 4]
$$

Damit sind die wesentlichen Probleme und Parameter angesprochen, mit denen man bei der Überlastregelung von Rechensystemen zu tun hat. Im folgenden Kapitel werden wir darauf aufbauen und einige konkrete Verfahren vorschlagen.

5 Konkrete Verfahren

5.1 Direkte Optimum-Suchverfahren

Die direkten Optimum-Suchverfahren sind gekennzeichnet durch einen heuristischen Ansatz. Sie legen kein mathematisches Modell des funktionalen Zusammenhangs zwischen Last und Leistung zugrunde, deren Parameter es zu schätzen gälte, sondern begnügen sich mit geringen Voraussetzungen. So gehen sie lediglich von der Existenz eines lokalen Maximums der Leistungskurve $L(n)$ aus, das gleichzeitig ein globales Maximum sein muß. Sattelpunkte sind ebenfalls ausgeschlossen.

Sie versuchen, durch kleine, vorsichtige Veränderungen der Stellgröße und direkten Vergleich der Meßwerte, sich schrittweise dem Optimum zu nähern und können daher als Varianten der *Hill-Climbing-Verfahren* aus dem Bereich der *Künstlichen Intelligenz* angesehen werden. [*Pea*84, *Win*84]

5.1.1 Inkrementelle Testschritte

Das Verfahren geht von der intuitiven Idee aus, die Last schrittweise zu erhöhen, solange man dadurch eine Verbesserung des Leistungsverhaltens erreicht. Sinkt infolge einer Lasterhöhung die Leistung ab, so wird die Suchrichtung umgekehrt und die Last schrittweise verringert, bis zum erstenmal wieder eine Verschlechterung eintritt. Dies führt zu einem *zick-zack-förmigen* Verlauf der Last (Abbildung 5.1.1-1). Bei diesem Verfahren wird nicht zwischen dem tatsächlichen Lastwert $n(t)$ und der vom Regler eingestellten Obergrenze $n^*(t)$ unterschieden, d.h. es wird davon ausgegangen, daß die Obergrenze stets erreicht wird.

Sei $n^*(t_j)$ die im Regelintervall $[t_j, t_{j+1})$ gültige Lastobergrenze als Stellgröße des Reglers und sei $^S L(t_j)$ der im selben Intervall gewonnene Schätzwert für die Leistungsgröße. Dann verändert der Regelmechanismus die Obergrenze n^* gemäß folgender Gleichung

$$n^*(t_{j+1}) \;:=\; n^*(t_j) + sign\,(^S L(t_j) - {}^S L(t_{j-1})) \times sign\,(n^*(t_j) - n^*(t_{j-1})) \qquad [5.1.1 - 1]$$

Die *signum*-Funktion schließt in diesem Fall den Wert 0 aus, um die ständige Variation der Stellgröße zu gewährleisten.

$$sign(x) \;:=\; \begin{cases} \;\;\;1 & \text{für } x > 0 \\ -1 & \text{für } x \le 0 \end{cases}$$

Ist also die Differenz der letzten beiden Leistungswerte von gleichem Vorzeichen wie die Differenz der beiden Lastwerte, so wird die Last erhöht, andernfalls verringert.

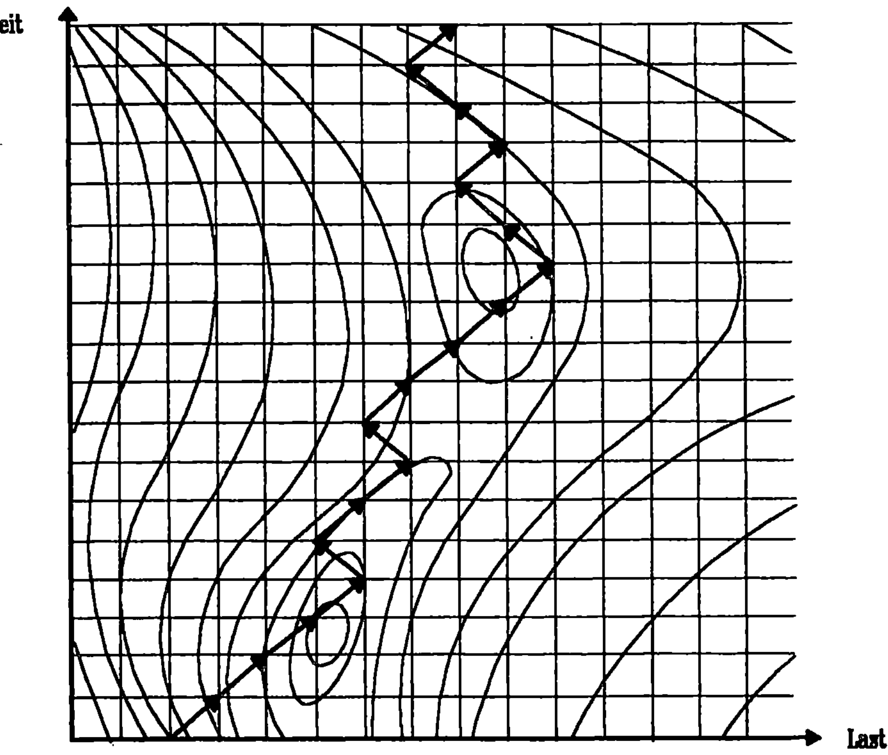

Abbildung 5.1.1-1: Trajektorie beim Verfahren der inkrementellen Testschritte

Das Regelgesetz [5.1.1 − 1] ist natürlich nur sinnvoll im Überlastfall, d.h. wenn die Obergrenze tatsächlich erreicht wird, wenn also $n(t) = n^*(t)$ gilt. Wird sie nicht erreicht, so wird die Obergrenze $n^*(t)$ herabgesetzt, um tendenziell $n^*(t)$ und $n(t)$ wieder in Übereinstimmung zu bringen. Diese Reduktion der Obergrenze in Schwachlastsituationen kann durch eine konstante Untergrenze n_{min} begrenzt werden, die in dem Sinne *sicher* sein muß, daß bei ihr eine Überlastsituation nicht eintreten kann. In gleicher Weise kann als Vorsichtsmaßnahme eine konstante maximale Obergrenze n_{max} angegeben werden, die sicherstellt, daß der Regelmechanismus in extremen Situationen nicht völlig 'aus dem Ruder' läuft. Diese Obergrenze ist dann so wählen, daß aufgrund von a-priori-Wissen über das System eine Lage des Optimums jenseits dieser Grenze ausgeschlossen werden kann. (Siehe dazu Kapitel 5.3.)

Durch die Einführung minimaler und maximaler Obergrenzen ergibt sich folgende Modifikation des Regelgesetzes, wobei z.B. $\delta = 2$ gesetzt werden kann:

$$n^*(t_{j+1}) := \begin{cases} n^*(t_j) + sign\,(^S\!L(t_j) - {}^S\!L(t_{j-1})) \times sign\,(n^*(t_j) - n^*(t_{j-1})), \\ \qquad \text{falls } |n^*(t_j) - {}^s\!n(t_j)| < \delta \;\wedge\; n_{\min} < n^*(t_j) < n_{\max} \\[4pt] n^*(t_j) - 1, \text{ falls } |n^*(t_j) - {}^s\!n(t_j)| \geq \delta \;\wedge\; n_{\min} < n^*(t_j) < n_{\max} \\[4pt] n_{\min}, \qquad \text{falls } |n^*(t_j) - {}^s\!n(t_j)| \geq \delta \;\wedge\; n^*(t_j) \leq n_{\min} \\[4pt] n^*(t_j) + 1, \quad \text{falls } |n^*(t_j) - {}^s\!n(t_j)| < \delta \;\wedge\; n^*(t_j) = n_{\min} \\[4pt] n^*(t_j) - 1, \quad \text{falls } n^*(t_j) \geq n_{\max} \end{cases} \qquad [5.1.1 - 2]$$

Man sieht in Abbildung 5.1.1-1 deutlich, daß der Regelmechanismus an einigen Stellen Fehlentscheidungen trifft, die darauf zurückzuführen sind, daß die Lage des Maximums sich schneller ändert, als der Regler zu folgen vermag. Dies hängt natürlich mit der Wahl des Regelintervalls zusammen, denn man sieht in Abbildung 5.1.1-2, daß im vorliegenden Beispiel bei einer Halbierung des Regelintervalls derartige Fehler nicht mehr auftreten.

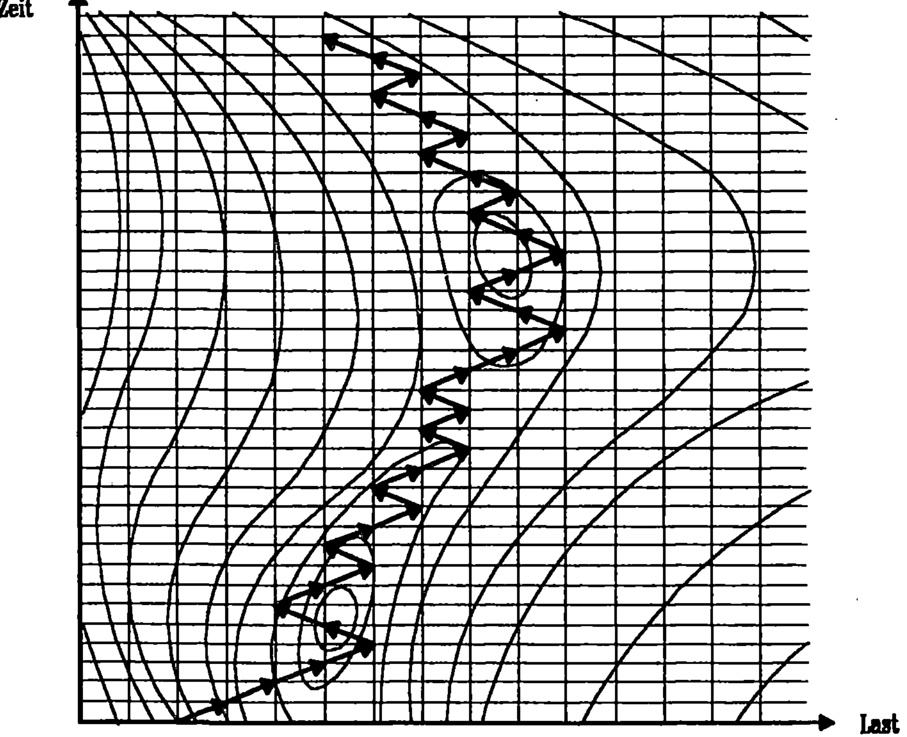

Abbildung 5.1.1-2: Trajektorie beim Verfahren der inkrementellen Testschritte bei halbierter Intervallänge

Bei Systemen, bei denen eine maximale Verlagerungsgeschwindigkeit des Maximums angegeben werden kann, ist eine geeignete Wahl des Regelintervalls grundsätzlich möglich. Kann sich die Lage des Maximums jedoch sprungartig ändern, so sind derartige Fehlentscheidungen nicht zu vermeiden, und es kann einige Intervalle dauern, bis der Mechanismus sich auf die neue Situation eingestellt hat. Wir werden weiter unten derartige Fälle simulativ untersuchen.

Eine andere Variante zur Beherrschung plötzlicher Lageänderungen wäre, die Inkremente der Stellgröße nicht konstant bei 1 zu belassen, sondern proportional zur Änderung der Leistung zu variieren. Das Regelgesetz [5.1.1 − 1] müßte dann folgendermaßen modifiziert werden:

$$n^*(t_{j+1}) = n^*(t_j) + f(\beta \times (^S L(t_j) - {}^S L(t_{j-1}))) \times sign\,(n^*(t_j) - n^*(t_{j-1})) \qquad [5.1.1 - 3]$$

mit β als Proportionalitätsfaktor und

$$f(x) := \begin{cases} 1 & \text{für } 0 < x \le 1 \\ [x] & \text{für } |x| > 1 \\ -1 & \text{für } -1 \le x \le 0 \end{cases} \qquad [5.1.1 - 4]$$

Auch hier dürfen die Inkremente der Stellgröße nicht zu 0 werden.

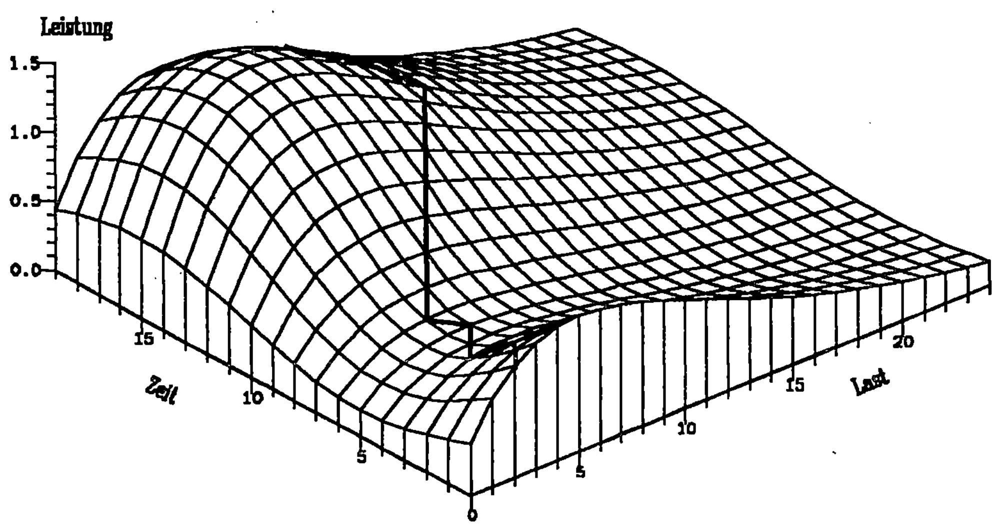

Abbildung 5.1.1-3: Trajektorie bei konstanter Lage des Maximums, aber Niveauänderung

Problematisch können auch solche Fälle sein, bei denen die Lage des Maximums unverändert bleibt, das allgemeine Kurvenniveau sich jedoch so anhebt, daß die Änderungen in Richtung der Zeitachse größer sind als in Richtung der Lastachse: Der Regler schreibt das Ansteigen der Leistung fälschlicherweise seinen Regelentscheidungen zu, wobei es jedoch lediglich auf einer allgemeinen, lastunabhängigen Verbesserung der Leistungssituation beruht. Wie wir in Abbildung 5.1.1-3 erkennen können, führt die Trajektorie um das dynamische Optimum herum.

Auch diesem Fall kann jedoch mit entsprechend verkleinerten Regelintervallen begegnet werden, denn sie bewirken aus der Sicht des Reglers eine 'Abflachung' der Kurve in Richtung der Zeitachse.

5.1.2 Tripel-Verfahren

Im Gegensatz zum Verfahren der inkrementellen Testschritte, das auf der Suche nach der richtigen Richtung basiert, geht das auf *Kahn, Gelenbe, Leroudier und Potier* [*BGLP*74] zurückgehende *Tripel-Verfahren* davon aus, daß man die Lage des aktuellen Maximums durch Vergleich dreier in der Ordnung aufeinanderfolgender Meßwerte bestimmen kann. Sind die Werte monoton wachsend, so befindet man sich 'links' vom Maximum, sind sie monoten fallend, so befindet man sich 'rechts' vom Maximum und ist der mittlere Wert höher als die beiden anderen oder sind alle drei annähernd gleich, so befindet man sich 'im' Maximum.

Das Regelgesetz kann beispielsweise folgendermaßen angegeben werden:

$$
n^*(t_{i+1}) = \begin{cases}
n^*(t_i) + 1, & \text{falls } {}^{S}L(n^*(t_i) - 2) \le {}^{S}L(n^*(t_i)) \;\wedge \\
& \quad {}^{S}L(n^*(t_i) - 1) \le {}^{S}L(n^*(t_i)) \\
n^*(t_i) - 1, & \text{falls } ({}^{S}L(n^*(t_i) - 2) \le {}^{S}L(n^*(t_i)) \;\wedge \\
& \quad {}^{S}L(n^*(t_i) - 1) > {}^{S}L(n^*(t_i))) \;\vee \\
& \quad {}^{S}L(n^*(t_i) - 2) > {}^{S}L(n^*(t_i))
\end{cases}
\qquad [5.1.2 - 1]
$$

Die Abbildungen 5.1.2-1a und 5.1.2-1b zeigen beispielhaft Situationen, in denen der Optimalwert n^* inkrementiert bzw. dekrementiert wird.

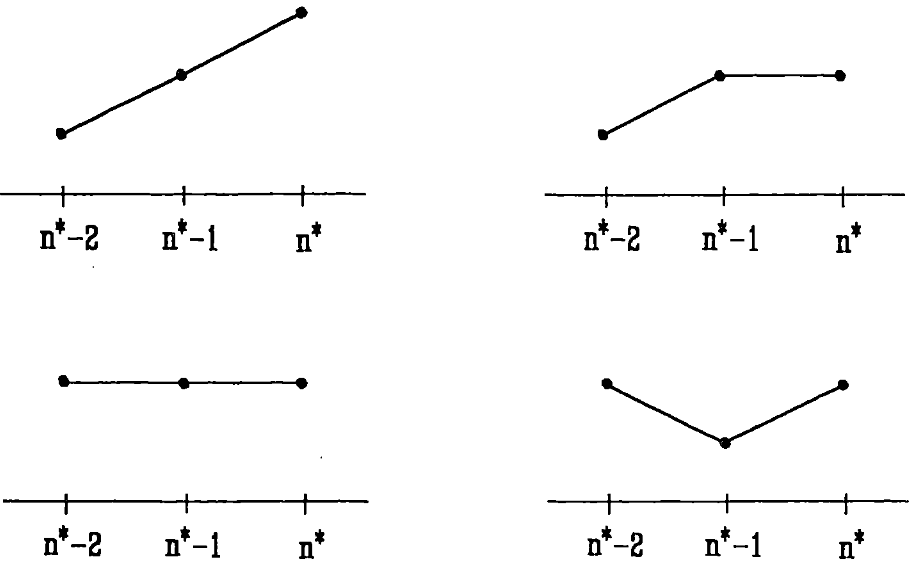

Abbildung 5.1.2-1a: Fälle, in denen der Optimalwert inkrementiert wird

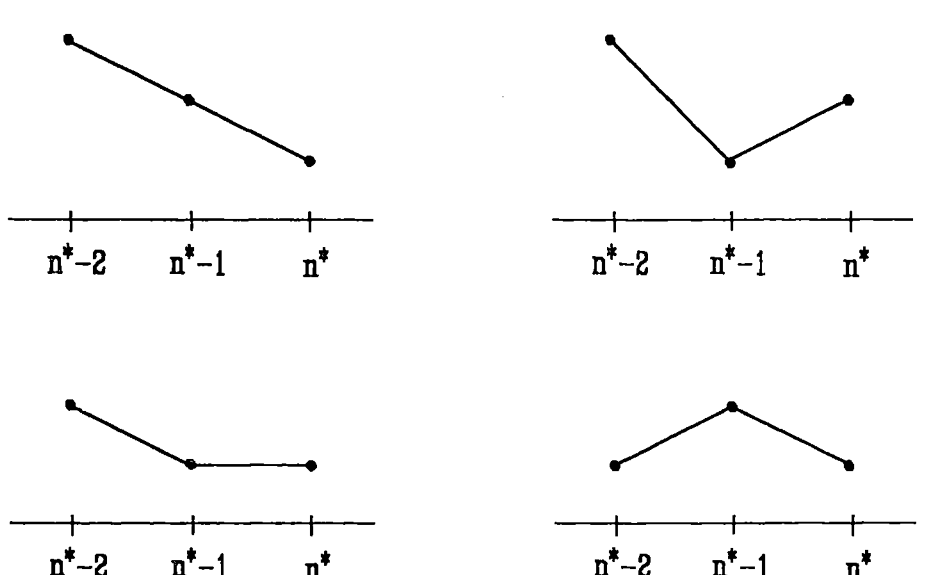

Abbildung 5.1.2-1b: Fälle, in denen der Optimalwert dekrementiert wird

Das Verhalten des Tripel-Verfahrens ist in Abbildung 5.1.2-2 exemplarisch dargestellt. Die zur Regelentscheidung mitherangezogenen Kurvenpunkte sind markiert. Grundsätzlich verhält es sich ähnlich wie das Verfahren der inkrementellen Testschritte (*Zick-Zack-Verlauf*), zeigt jedoch an einigen Stellen bessere Entscheidungen, was ja durchaus einsichtig ist, da es mit den beiden linken Nachbarpunkten mehr Information heranzieht. Dies gelingt jedoch nur, wenn für alle drei Werte von n hinreichend gute und aktuelle Schätzungen vorliegen (- wovon in Abbildung 5.2.1-2 ausgegangen wird -), was insbesondere voraussetzt, daß alle drei Werte von n im vergangenen Regelintervall realisiert wurden. Man kann dies dadurch erreichen, daß der Regler *informationsgesteuert* dann aufgerufen wird, wenn hinreichend viele Meßwerte für die drei Werte von n vorhanden sind (vgl. Abschnitt 4.4). Dies kann jedoch zu relativ langen Intervallen führen, was die Reaktions- und Adaptionsfähigkeit des Mechanismus verschlechtert.

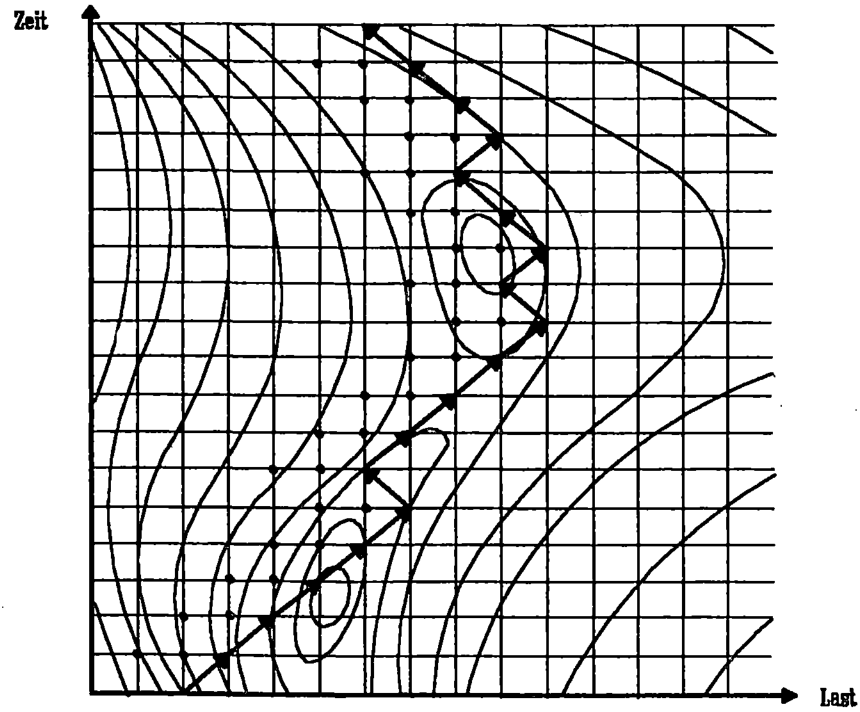

Abbildung 5.1.2-2: Beispieltrajektorie beim Tripelverfahren

5.2 Verfahren mit expliziter Modellbildung

5.2.1 Einsatz von Warteschlangenmodellen in Regelmechanismen

Die Grundfrage eines jeden Regelungsproblems ist die Frage nach dem mathematischen Modell des zu regelnden Systems und nach den Gleichungen, welche die Eingangs-, Ausgangs- und Zustandsgrößen zueinander in Beziehung setzen. Je genauer das System beschrieben werden kann, desto erfolgreicher kann es von den darauf aufbauenden Regelmechanismen im gewünschten Zustandsbereich gehalten oder dorthin gebracht werden. Wir haben in den vorangegangenen Abschnitten gesehen, daß Überlastverhalten in Rechensystemen auf verschiedenen Betrachtungsebenen auftritt, sei es in Teilbereichen von Einzelrechnern, sei es im zentralen oder verteilten Rechensystem oder in umfangreichen Rechnernetzen und daß es auf mehreren Betrachtungsebenen gleichzeitig auftreten kann. Wir haben ebenso gesehen, daß Überlasteffekte und auch Mechanismen zu ihrer Verhinderung zum großen Teil durchaus im Rahmen von Produktform-Netzen zu beschreiben sind, solange nur die das Warteschlangensystem beschreibenden Parameter konstant sind. Da die Warteschlangentheorie sich im Bereich der Leistungsmodellierung von Rechensystemen bewährt hat, liegt es nahe, auch im dynamischen Fall zur Entwicklung von Regelmechanismen mit ihrer Hilfe das zu regelnde System zu beschreiben. Das Ergebnis ist dann ein hybrides Modell, das die internen Vorgänge mittels der Warteschlangentheorie beschreibt und damit Systemgleichungen liefert, die im äußeren Modell als Grundlage für Regelmechanismen verwendet werden (Abbildung 5.2.1-1). Voraussetzung für eine derartige Vorgehensweise ist die im vorigen Kapitel erwähnte *phasenweise Stationarität*, die in diesem Zusammenhang auch als *Fast-Zerlegbarkeit* im Sinne von Courtois [*Cou75, Cou77*] bezeichnet werden kann: Dort heißt ein System *fast-zerlegbar* in ein äußeres und ein inneres Modell, wenn die inneren Zustandswechsel häufig sind im Vergleich zu den äußeren. Anders ausgedrückt: Die zeitliche Änderung der Systemparameter (äußeres Modell) erfolgt selten im Vergleich zu den Abläufen des Warteschlangenmodells (inneres Modell). Je größer dieses Verhältnis ist, desto besser ist die Güte dieses approximativen hybriden Ansatzes. Die Vorgehensweise eines Regelmechanismus, der auf diesem Modell aufbaut, wäre die folgende: Der Regler mißt die Parameter, die er zur Berechnung des Warteschlangenmodells benötigt und bestimmt so den jeweils optimalen Lastwert n^* durch Auswertung der Formeln aus Kapitel 2 und 3. Falls ein Vergleich der Ausgangsgrößen von System und Modell zu nicht tolerierbaren Fehlern führt, kann in einer weiteren Rückkopplungsschleife sogar das Warteschlangenmodell modifiziert werden. Gegenstand einer solchen Modifikation könnte beispielsweise die Art der Verteilungsfunktion sein.

Da die Größen jedoch lastabhängig, also Funktionen von n sind, müssen die Größen für jeden möglichen Wert n ermittelt werden, um das Warteschlangenmodell überhaupt anwenden zu können. Da außerdem im Bereich der stochastischen Schwankungen in endlicher Zeit und insbesondere im relativ kleinen Regelintervall viele mögliche Werte von n garnicht auftreten, müßte man die nicht aufgetretenen Werte extrapolieren, was mit großen Unsicherheiten behaftet ist oder durch massives Eingreifen ein Auftreten dieser Werte erzwingen, was einen erheblichen leistungsmindernden Einfluß des Reglers auf das

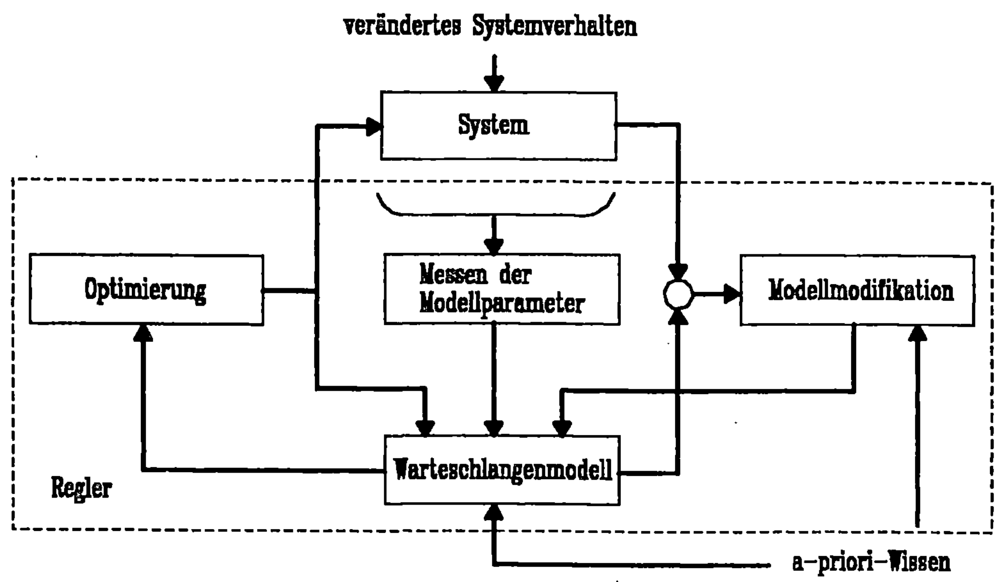

Abbildung 5.2.1-1: Struktur des hybriden Modells mit Warteschlangen.

System bedeutete. Dazu käme noch der algorithmische Aufwand zur Berechnung des Warteschlangenmodells, der selbst bei Einsatz approximativer Verfahren nicht unerheblich ist. Letztlich soll ja die Verwendung des Warteschlangenmodells zur Schätzung der Leistungskurve führen und da muß man die Frage stellen, warum man ein u.U. komplexes und kompliziertes Modell dazwischenschiebt, wenn man doch die Möglichkeit hat, Last und Leistung direkt zu messen und so den funktionalen Zusammenhang zu ermitteln.

Aus diesen Gründen scheint eine *on-line*-Verwendung der Warteschlangenmodellierung zum Zweck der Überlastregelung wenig sinnvoll. Trotzdem können derartige Verfahren für andere Regelprobleme in Rechensystemen durchaus sinnvoll sein. So wird im [*KKT*78] ein solches Verfahren zur Regelung der Aufteilung von CPU und Hauptspeicher unter verschiedene Auftragsklassen vorgestellt. Das Warteschlangenmodell wurde dabei auf einem separaten Rechner implementiert.

5.2.2 Polynomansätze

Während ein Einsatz von Warteschlangenmodellen im Bereich der *on-line*-Modellierung als *white-box*-Ansatz bezeichnet werden kann, da die interne Struktur des Systems nachmodelliert wird, können andere Verfahren, die lediglich Ein- und Ausgangsgrößen betrachten, *black-box*-Ansätze genannt werden. Diese Bezeichnung trifft z.B. auf die direkten Optimum-Suchverfahren zu. Wir wollen nun im folgenden einen anderen *black-box*-Ansatz verfolgen, der eine explizite mathematische Modellierung des Zusammenhangs von Last als Eingangs- und Leistung als Ausgangsgröße vornimmt. Absicht dieser Modellbildung ist es, mit möglichst wenigen und einfach zu ermittelnden Parametern eine dem Regelungsziel angemessene Beschreibung zu finden. Während die direkten Suchverfahren vergleichsweise wenige Kurvenpunkte zum Auffinden des Maximums heranziehen, soll bei den folgenden Verfahren die gesamte erreichbare Informationsmenge ausgenutzt werden.

In Analogie zum Abschnitt 5.1 werden zwei Verfahren vorgestellt, von denen das eine mit einem linearen Ansatz lediglich zu ermitteln sucht, in welcher Richtung das Maximum zu finden ist, das zweite hingegen mit einem quadratischen Ansatz in der Lage ist, das Maximum direkt anzusteuern. Die verwendeten Polynomansätze, die ihre Berechtigung aus der Taylor'schen Theorie der Entwickelbarkeit von Funktionen in Potenzreihen schöpfen, sind vor allem deswegen so vorteilhaft, weil sie zu Modellen führen, die linear in den Parametern sind und daher den Einsatz der linearen Regression zur Parameterschätzung erlauben [*Sif*85]. Auch hier muß wieder angenommen werden, daß eine phasenweise Stationarität vorliegt, daß also über ein gewisses Zeitintervall hinweg der funktionale Zusammenhang zwischen Eingangs- und Ausgangsgröße konstant ist.

Um überhaupt zu einer Schätzung gelangen zu können, müssen mindestens so viele unterschiedliche Meßwerte vorliegen, wie Parameter zu schätzen sind. Es muß daher vorausgesetzt werden, daß Abweichungen vom derzeit gültigen optimalen Maximalwert n^* aufgetreten sind, daß also die Obergrenze zu einigen Zeitpunkten des vergangenen Schätzintervalls nicht erreicht oder (geringfügig) überschritten wurde. Ist dies nicht gegeben, so muß der Regelmechanismus diese Variation erzwingen, indem er n^* mit geringer Amplitude (z.B. ± 1) schwingen läßt.

5.2.2.1 Parameterschätzung auf der Basis der 'kleinsten Quadrate'

Wir gehen von einem polynomialen Zusammenhang zwischen den Größen n und L aus, wobei n die unabhängige und L die abhängige Variable sein soll. Es ergibt sich also folgender Ansatz:

$$L(n) = \sum_{k=0}^{g} a_k n^k + \omega \qquad\qquad [5.2.2.1 - 1]$$

wobei g den Grad des Polynoms angibt und ω die stochastische Störgröße, die wir als normalverteilt mit Erwartungswert 0 und Varianz σ^2 (*weißes Rauschen*) annehmen. Es kann dann das klassische Verfahren der *linearen Regression* angewendet werden [*DS*81]:

Gegeben seien m Meßwertpaare (L_i, n_i), $i = 1, \ldots, m$. Gesucht sind nun optimale Schätzungen der Polynom-Koeffizienten a_k, also Werte $\hat{a}_k$, für welche die Funktion Φ ein Minimum annimmt:

$$\Phi(a_0, \dots, a_g) = \sum_{i=1}^{m} (\sum_{k=0}^{g} a_k \, n_i^k - L_i)^2 \quad \rightarrow \quad \min \qquad\qquad [5.2.2.1 - 2]$$

Durch Ersetzung der Potenzen von n durch unabhängige Größen

$$x_k := n^k, \quad k = 0, \dots, g \qquad\qquad [5.2.2.1 - 3]$$

erhält man ein mehrfach lineares Modell:

$$\Phi(a_0, \dots, a_g) = \sum_{i=1}^{m} (\sum_{k=0}^{g} a_k \, x_{ik} - L_i)^2 \quad \rightarrow \quad \min \qquad\qquad [5.2.2.1 - 4]$$

In Matrix-Schreibweise ergibt sich mit **L** als m-dimensionalem Vektor der abhängigen Variablen, **a** als $(g + 1)$-dimensionalem Koeffizientenvektor und der $(m \times (g + 1))$-dimensionalen Matrix **X** folgender Modellansatz:

$$\mathbf{L} = \mathbf{Xa} + \omega \qquad\qquad [5.2.2.1 - 5]$$

wobei ω der m-dimensionale Störvektor ist. Das Optimierungsproblem lautet dann:

$$\Phi(\mathbf{a}) = (\mathbf{L} - \mathbf{Xa})^T (\mathbf{L} - \mathbf{Xa}) \quad \rightarrow \quad \min \qquad\qquad [5.2.2.1 - 6]$$

Damit ergibt sich nach [*DS*81] folgende Lösung für $\hat{\mathbf{a}}$:

$$\hat{\mathbf{a}} = (\mathbf{X}^T\mathbf{X})^{-1}\mathbf{X}^T\mathbf{L} \qquad\qquad [5.2.2.1 - 7]$$

Bezeichnet man mit s_L^2 die *Anfangsvarianz* als die mittlere quadratische Abweichung der Meßwerte von ihrem Mittelwert und mit s_r^2 die *Restvarianz* als mittlere quadratische Abweichung der Meßpunkte von der geschätzten Geraden, so kann mit

$$B = 1 - \frac{s_r^2}{s_L^2} \qquad\qquad [5.2.2.1 - 8]$$

ein Gütemaß für die Regression angegeben werden. B wird auch als Bestimmtheitsmaß bezeichnet und gibt an, welcher Anteil an der *Anfangsvarianz* s_L^2 durch die lineare Abhängigkeit $\mathbf{L} = \mathbf{Xa}$ 'erklärt' werden kann.

Die verbleibende Restvarianz s_r^2 muß, wenn das verwendete mathematische Modell korrekt ist, gleich der Varianz σ^2 des weißen Rauschens sein - denn das ist ja genau das Ziel der Minimierung von Φ gewesen. Gilt jedoch

$$s_r^2 > \sigma^2 \quad , \qquad\qquad [5.2.2.1 - 9]$$

so kann das als Hinweis dafür gewertet werden, daß das betrachtete System einer anderen Modellklasse angehört als angenommen, daß also beispielsweise ein höherer Polynomgrad gewählt werden muß.

Ist σ^2 nicht bekannt, so kann es geschätzt werden, wenn für einen bestimmten Wert von x bzw. n mehrere Messungen von L vorliegen.

Will man die einzelnen Meßzeitpunkte unterschiedlich gewichten, etwa mit $w_i > 0$ für $i, \ldots, m$, so kann man dies in die Regressionsrechnung einbeziehen, indem man eine $(m \times m)$ − Gewichtsmatrix W definiert, die lediglich in der Hauptdiagonalen die Gewichte w_i enthält.

Als Lösung des gewichteten Regressionsproblems ergibt sich dann:

$$\hat{a} = (X^T W X)^{-1} X^T W L \qquad\qquad [5.2.2.1 - 10]$$

Da es sich im vorliegenden Anwendungsfall nicht um die Schätzung eines stationären Systems handelt, sondern die Systemparameter sich mit der Zeit verändern, muß das Regressionsverfahren adaptive Eigenschaften besitzen. Adaptionsfähigkeit könnte man zunächst dadurch erreichen, daß man lediglich immer die letzten m Messungen berücksichtigt (*begrenztes Gedächtnis* bzw. *gleitendes Fenster*). Darüberhinaus muß es auch schnell sein, da es ja die Systemidentifikation *on-line* und in Echtzeit durchführen muß. Für diesen Fall hat die moderne Regelungstheorie in den letzten drei Jahrzehnten Verfahren entwickelt, die ebenso auf dem Prinzip der *kleinsten Quadrate* basieren, jedoch die beteiligten Größen iterativ fortschreiben. Insbesondere kommen sie ohne aufwendige

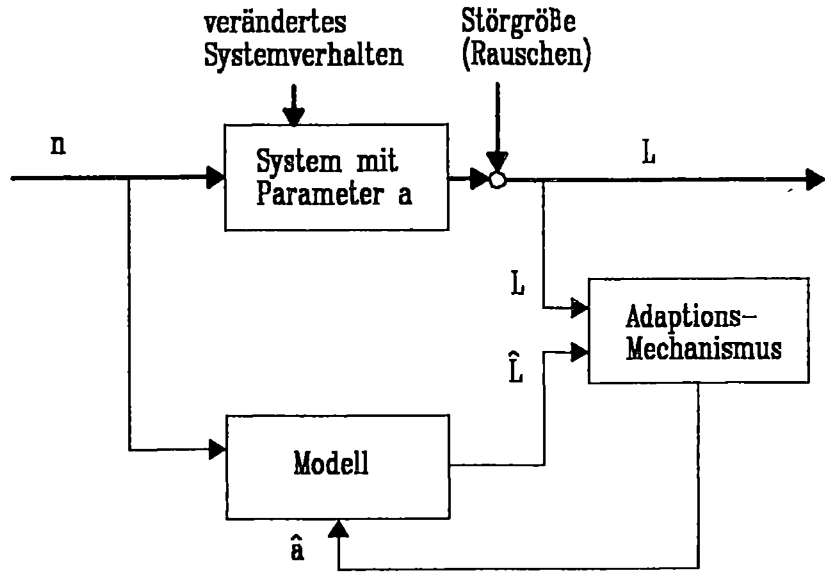

Abbildung 5.2.2.1-1: Prinzip der adaptiven Parameterschätzung

Matrixtransformationen aus [*Eyk*74, *May*79, *You*84] . Der prinzipielle Aufbau ist in Abbildung 5.2.2.1-1 dargestellt.

Die folgende Herleitung der rekursiven Berechnung ist [*Eyk*74] entnommen: Sei $\mathbf{X}_m$ die Matrix der vorangegangenen m Messungen der Eingangsgröße

$$\mathbf{X}_m = \begin{bmatrix} x_{01} & \cdot & \cdot & x_{g1} \\ \vdots & \vdots & \vdots & \vdots \\ x_{0m} & \cdot & \cdot & x_{gm} \end{bmatrix} \qquad [5.2.2.1 - 11]$$

und $\mathbf{X}_{m+1}$ die um die jüngste Messung x_{m+1} erweiterte Matrix

$$\mathbf{X}_{m+1} = \begin{bmatrix} \mathbf{X}_m \\ \mathbf{x}_{m+1}^T \end{bmatrix} \qquad [5.2.2.1 - 12]$$

Wir definieren als Kovarianzmatrix

$$\mathbf{P}_m^{-1} = \mathbf{X}_m^T \mathbf{X}_m \qquad [5.2.2.1 - 13]$$

und entsprechend

$$\mathbf{P}_{m+1}^{-1} = \mathbf{X}_{m+1}^T \mathbf{X}_{m+1} \qquad [5.2.2.1 - 14]$$

Nach einigen Umrechnungen ergibt sich für $\mathbf{P}_m$ folgende rekursive Schreibweise:

$$\mathbf{P}_{m+1} = \mathbf{P}_m - \mathbf{P}_m \mathbf{x}_{m+1} (\mathbf{x}_{m+1}^T \mathbf{P}_m \mathbf{x}_{m+1} + 1)^{-1} \mathbf{x}_{m+1}^T \mathbf{P}_m \qquad [5.2.2.1 - 15]$$

Setzt man

$$\gamma_m := (\mathbf{x}_{m+1}^T \mathbf{P}_m \mathbf{x}_{m+1} + 1)^{-1} \qquad [5.2.2.1 - 16]$$

so vereinfacht sich [5.2.2.1 − 15] zu

$$\mathbf{P}_{m+1} = \mathbf{P}_m - \gamma_m \mathbf{P}_m \mathbf{x}_{m+1} \mathbf{x}_{m+1}^T \mathbf{P}_m \qquad [5.2.2.1 - 17]$$

Mit [5.2.2.1 − 7] und [5.2.2.1 − 14] findet man als optimale Schätzung

$$\hat{\mathbf{a}}_m = \mathbf{P}_m \mathbf{X}_m^T \mathbf{L}_m \qquad [5.2.2.1 - 18]$$

bzw.

$$\hat{\mathbf{a}}_{m+1} = \mathbf{P}_{m+1} \mathbf{X}_{m+1}^T \mathbf{L}_{m+1} \qquad [5.2.2.1 - 19]$$

wobei L_m und L_{m+1} die Meßvektoren der Ausgangsgröße bis zum jeweiligen Zeitpunkt sind.

Substitution von [5.2.2.1 − 17] und [5.2.2.1 − 18] führt zu

$$\hat{a}_{m+1} = \hat{a}_m + \gamma_m\, P_m X_{m+1}\, (L_{m+1} - x^T_{m+1}\, \hat{a}_m) \qquad [5.2.2.1 - 20]$$

Mit [5.2.2.1 − 17] und [5.2.2.1 − 19] ist die iterative Fortschreibung der optimalen Schätzung definiert. Das Rechenschema ist in Abbildung 5.2.2.1-2 dargestellt. Zusätzlich kann in diesen iterativen Mechanismus eine Gewichtung eingeführt werden, die der Alterung der Meßwerte Rechnung trägt. Man wählt einen Alterungsfaktor α mit $0 < \alpha \leq 1$ und setzt

$$X^T_{m+1}\, X_{m+1} = (\alpha X_m)^T (\alpha X_m)\, x_{m+1}\, x^T_{m+1} \qquad [5.2.2.1 - 21]$$

bzw.

$$\alpha^{-1}\, P^{-1}_{m+1} = P^{-1}_m + x_{m+1}\, \alpha^{-2}\, x^T_{m+1} \qquad [5.2.2.1 - 22]$$

Setzt man $\rho = \alpha^2$, so werden [5.2.2.1 − 16] und [5.2.2.1 − 17] folgendermaßen modifiziert:

$$\gamma_m := (x^T_{m+1}\, P_m\, x_{m+1} + \rho)^{-1} \qquad [5.2.2.1 - 23]$$

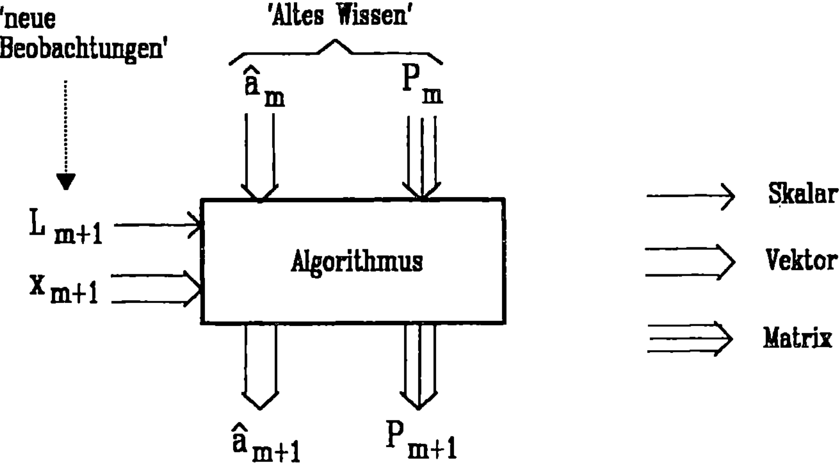

Abbildung 5.2.2.1-2: Schema der iterativen Schätzung

$$\mathbf{P}_{m+1} = \rho^{-1} (\mathbf{P}_m - \gamma_m \, \mathbf{P}_m \, \mathbf{x}_{m+1} \, \mathbf{x}_{m+1}^T \, \mathbf{P}_m) \qquad\qquad [5.2.2.1 - 24]$$

Die Gleichung [5.2.2.1 − 20] für die Fortschreibung des Schätzwertes bleibt formal erhalten, arbeitet jedoch mit dem modifizierten γ_m:

$$\hat{\mathbf{a}}_{m+1} = \hat{\mathbf{a}}_m + \gamma_m \, \mathbf{P}_m \, \mathbf{x}_{m+1} \, (L_{m+1} - \mathbf{x}_{m+1}^T \, \hat{\mathbf{a}}_m) \qquad\qquad [5.2.2.1 - 25]$$

Ist ein a-priori-Wissen über die Kovarianz der Meßwerte vorhanden, so kann die inverse Kovarianzmatrix $\mathbf{P}$ mit den entsprechenden Schätzwerten initialisiert werden. Fehlt ein solches Wissen, so kann man als Initialwert hohe Werte (z.B. 10^4) in die Hauptdiagonale von $\mathbf{P}$ eintragen, was der Annahme einer geringen Autokovarianz entspricht. Die Matrix konvergiert dann im Zuge der Rekursion rasch gegen wahren Wert. Zur Verbesserung der Konvergenz in dieser Einschwingphase kann auch mit einem dynamischem Alterungsfaktor α gearbeitet werden, der mit einem geringen Wert startet und durch eine exponentielle Glättung im Laufe der Zeit gegen den letztlich intendierten Wert konvergiert. Dadurch werden zu Beginn neue Meßwerte stärker gewichtet und so *'unsicheres'* Wissen schneller durch *'sicheres'* ersetzt [*You*84].

5.2.2.2 Linearer Ansatz

Beim linearen Ansatz betrachten wir Polynome vom Grad $g = 1$, also Modelle von der Form

$$L(n) = a_0 + a_1 n \qquad\qquad [5.2.2.2 - 1]$$

Die Ersetzung gemäß [5.2.2.1 − 3] führt dann zu

$$L = a_0 x_0 + a_1 x_1 \qquad\qquad [5.2.2.2 - 2]$$

mit

$$x_0 = 1 \quad \text{und} \quad x_1 = n$$

Wir approximieren dadurch die zu schätzende Kurve im Bereich des Arbeitspunktes durch eine Gerade (Abbildung 5.2.2.2-1). Die Information, die wir daraus für unser dynamisches Optimierungsproblem gewinnen können, besteht lediglich aus der Richtung, in der das gesuchte Optimum zu finden ist. Insofern ist der resultierende Regelmechanismus ähnlich dem Verfahren der inkrementellen Testschritte, hier allerdings auf verbesserter Informationsgrundlage.

Da wir uns lediglich für die Lage des Optimums interessieren, ist es ausreichend, die Steigung a_1 der Geraden auszuwerten. Darüberhinaus muß bei der Regelentscheidung berücksichtigt werden, ob im verangegangenen Regelintervall die aktuelle Obergrenze n'

tatsächlich erreicht wurde ($^{s}n(t) \cong n^{\cdot}(t)$). Dabei ist $^{s}n(t)$ der Schätzwert für die aktuelle Last $n(t)$.

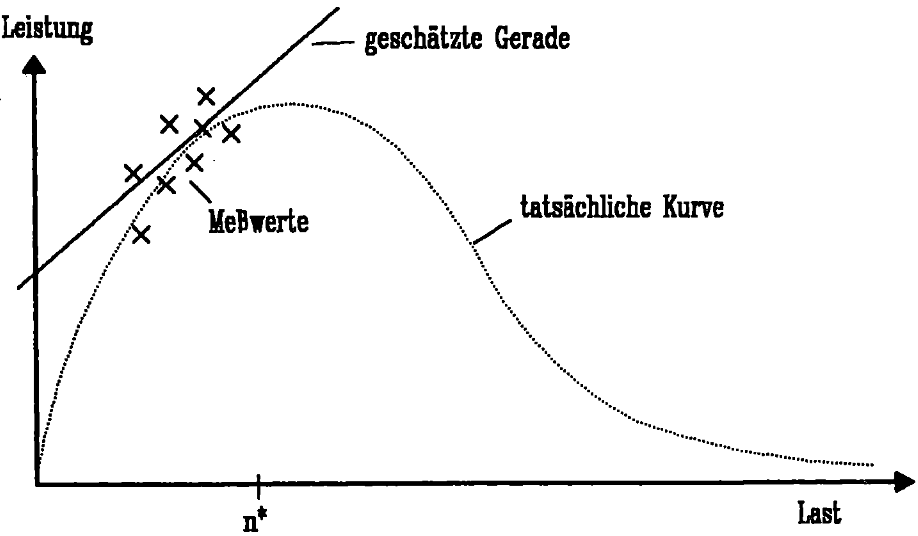

Abbildung 5.2.2.2-1: Approximation der Überlastkurve durch eine Gerade

Das Regelgesetz kann dann folgendermaßen formuliert werden:

$$n^*(t+1) = \begin{bmatrix} n^*(t) \text{ , falls } {}^{s}n(t) < n^*(t) \wedge a_1 \geq 0 \\ n^*(t) + 1 \text{ , falls } {}^{s}n(t) \cong n^*(t) \wedge a_1 \geq 0 \\ n^*(t) - 1 \text{ , falls } a_1 < 0 \end{bmatrix} \qquad [5.2.2.2 - 3]$$

Ergänzend können auch hier konstante Unter- und Obergrenzen eingefügt werden, um bei einem Versagen des Regelmechanismus den totalen Leistungszusammenbruch zu verhindern.

5.2.2.3 Quadratischer Ansatz

Beim quadratischen Ansatz macht man sich zunutze, daß die Überlastkurve vom unimodalen Typ ist. Die im mathematischen Sinne 'einfachste' unimodale Kurve ist das Polynom zweiten Grades, also die Parabel. Sie verfügt lediglich über drei freie Parameter, die sich leicht mittels der im Abschnitt 5.2.2.1 vorgestellten Verfahren schätzen lassen, wenn man eine Substitution gemäß [5.2.2.1 − 3] vornimmt. Der approximative Ansatz lautet also:

$$L = a_0 x_0 + a_1 x_1 + a_2 x_2 \qquad\qquad [5.2.2.3 - 1]$$

wobei

$$x_0 = 1, \quad x_1 = n \quad \text{und} \quad x_2 = n^2 \qquad\qquad [5.2.2.3 - 2]$$

gesetzt wurde. Abbildung 5.2.2.3-1 illustriert diesen Ansatz.

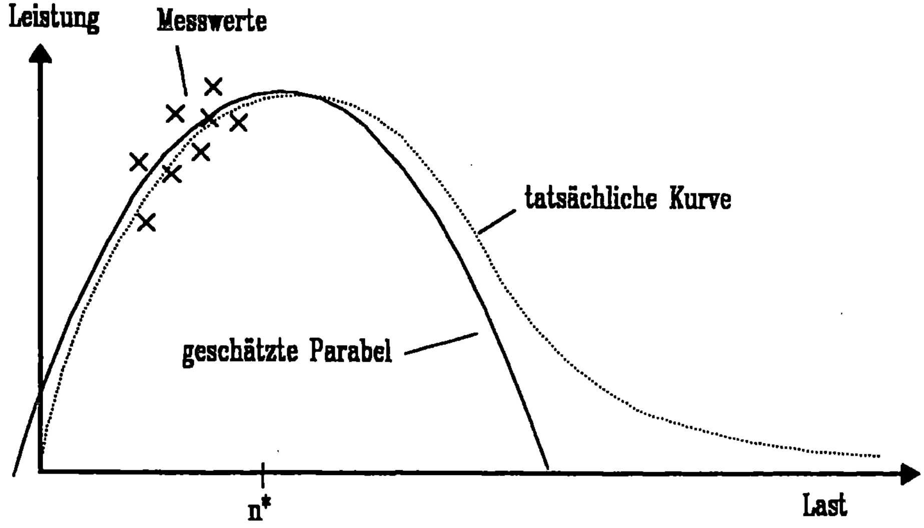

Abbildung 5.2.2.3-1: Approximation der Überlastkurve durch eine Parabel

Der Vorteil dieses Verfahrens liegt darin, daß man das Maximum nicht schrittweise 'suchen' muß, sondern direkt eine Schätzung für seine Lage erhält, indem man das Extremum der Parabel berechnet. Es muß lediglich Vorsorge für den Fall getroffen werden, daß das Schätzverfahren eine positiven Wert für den Koeffizienten des quadratischen Gliedes ermittelt, was bedeutet, daß eine nach 'oben' geöffnete Parabel gefunden wurde. In diesem Fall kann aber durch Auswertung der ersten Ableitung immer noch die Richtung ermittelt werden, in der das Maximum zu finden ist. In gleicher Weise ist zu verfahren, wenn infolge eines im Betrag kleinen Wertes von a_2 ($|a_2| < \varepsilon$) ein Schätzwert für das Maximum ermittelt wird, der außerhalb der plausiblen Grenzen liegt.

Ein Regelgesetz, das nach diesem Verfahren arbeitet, könnte folgendermaßen aussehen:

$$
n^*(t+1) = \begin{cases}
-\dfrac{a_1}{2a_2}, & \text{falls } a_2 < -\varepsilon \ \wedge \ a_1 > 0 \\[2ex]
n^*(t) + 1, & \text{falls } a_2 > -\varepsilon \ \wedge \ a_1 + 2\,a_2\,n^*(t) > 0 \\[2ex]
n^*(t) - 1, & \text{falls } a_2 > -\varepsilon \ \wedge \ a_1 + 2\,a_2\,n^*(t) \leq 0
\end{cases} \qquad [5.2.2.3-3]
$$

5.3 Adaptionsfähigkeit zweiter Stufe

Wir haben in der Diskussion der Regelalgorithmen teils implizit, teils explizit einige Parameter verwendet, die nicht Gegenstand eines Adaptionsmechanismus waren, sondern aufgrund vorhandenen a-priori-Wissens fest eingestellt werden mußten, nämlich:

- Intervallängen

- Alterungsfaktor

- minimale und maximale Obergrenze

Will man dem Regler auch in dieser Hinsicht Lernfähigkeit verleihen, so ist der eigentlichen Überlastregelung ein weiterer Regelkreis zu überlagern, der längerfristig das Verhalten des eingebetteten Reglers beobachtet und diese Parameter verändert, wenn sich der typische Lastbereich grundsätzlich verschiebt. Derartige Verschiebungen treten inbesondere bei Hardware-Erweiterungen, Installation neuer Programmsysteme oder neuer Versionen vorhandener Programmsysteme auf. Es ist grundsätzlich wünschenswert, wenn die Feinabstimmung (*Tuning*) von Mechanismen zur Leistungsregelung von diesen selbst vorgenommen wird und nicht der Bediener, der in der Regel nicht über das erforderliche Spezialwissen verfügt, eingreifen muß. Wenn dieses Thema hier auch nicht annähernd erschöpfend behandelt werden kann, so sollen doch einige Ideen nicht unerwähnt bleiben:

Der wesentliche Ausgangspunkt der Überlegungen ist der, daß im Falle einer *a-priori*-Bestimmung der Parameter Annahmen über die statistischen Eigenschaften des zugrundeliegenden stochastischen Prozesses getroffen werden. Es spricht nun viel dafür, anstelle einer solchen auf mehr oder weniger fundierten Annahmen beruhenden *a-priori-Schätzung* eine *a-posteriori-Schätzung* durchzuführen, die auf Messungen des tatsächlichen Verhaltens beruht und sich auf diese Weise auch den Verhaltensänderungen dynamisch anpassen kann.

- Intervallängen und Alterungsfaktor

Beide Parameter hängen eng zusammen, da sie die gesamte Informationsmenge bestimmen, die zur Schätzung der Leistungskurve herangezogen wird. Es ist jedoch nicht gleichgültig, wie sich diese Informationsmenge aus den beiden Faktoren zusammensetzt. Wie in Kapitel 4.4 geschildert, ist die Länge der Meßintervalle so zu wählen, daß hinreichend viele Elementarereignisse stattfinden, so daß die resultierende Meßgröße als normalverteilt angenommen werden kann. Das Meßintervall sollte daher ein Vielfaches der Zwischenereigniszeit betragen. Es darf jedoch auch nicht zu lang sein, damit einerseits die Reaktionsfähigkeit des Reglers nicht leidet, andererseits beispielsweise beim Einsatz von Regressionsverfahren hinreichend gestreute Meßwerte zustande kommen. (In den im Kapitel 6 beschriebenen Simulationen wurde mit Meßintervallen, die ungefähr das zehn- bis fünfzigfache der Zwischenereigniszeit betrugen, gute Ergebnisse erzielt.) Das gesamte zum Schätzen herangezogene Intervall, das evtl. mehrere Meßintervalle umfaßt und daher mehrere Meßwerte berücksichtigt, kann, abhängig von der jeweiligen Meßgröße, mit Hilfe der im Anhang A angegebenen Ansätze berechnet werden.

Beispiel 5.3-1:

Ergibt sich aus den Berechnungen (Anhang A) eine erforderliche Länge des Schätzintervalls von $^S\Delta = 50.000$ und ein Meßintervall aufgrund obiger Überlegungen von $^M\Delta = 10.000$ (z.B. bei einer Zwischenereigniszeit von $^E\Delta = 500$), so wären bei einer Gleichgewichtung der Meßintervalle 5 Meßwerte zu einer Schätzung mit entsprechender Genauigkeit erforderlich. Nun hatten wir jedoch insbesondere im Zusammenhang mit den Regressionsansätzen die Vorzüge des exponentiellen Gewichtens der Meßwerte kennengelernt. Bei exponentiellem Altern erhielte man die gleiche Informationsmenge, wenn man die auftretenden Meßwerte mit Faktor von $\alpha = 0.8$ gewichten würde, denn es gilt (vgl. Abbildung A-2):

$$\sum_{l=0}^{\infty} \alpha^l = \frac{1}{1 - \alpha} = \frac{1}{1 - 0.8} = 5$$

Auf diese Weise lassen sich also bei Kenntnis der statistischen Eigenschaften der zugrundeliegenden Ereignisfolge - und die können problemlos dynamisch ermittelt werden - Meß- und Schätzintervalle, sowie Alterungsfaktoren adaptiv anpassen.

- Minimale und maximale Obergrenze

Während die Wahl einer minimalen Obergrenze unkritisch ist (in Ermangelung eines besseren Wertes taugt auch $n_{min} = 1$), sollte die maximale Obergrenze so gewählt werden, daß eine Lage des wahren Optimums rechts von ihr ausgeschlossen werden kann. Dies kann leicht durch die Angabe eines genügend großen Wertes (z.B. $n_{max} = 10^{10}$) erreicht werden. Das zulässige Maximum hat jedoch den Zweck einer

Plausibilitätskontrolle der Ergebnisse des Regelmechanismus und kann diese Funktion nur erfüllen, wenn es hinreichend klein ist.

Um feststellen zu können, welche Entscheidungen des Reglers plausibel sind, also *'Ausreißer'* als solche zu erkennen, muß der Prüfmechanismus das Verhalten des Reglers längere Zeit beobachten und daraufhin einen Wert vorschlagen, der gerade rechts von dem 'normalen' Regelbereich liegt. Auch hier ist ein Ansatz zu wählen, der die statistischen Eigenschaften berücksichtigt:

Sei $\bar{n}$ die mittlere eingestellte Lastgrenze, $\sigma_{n\cdot}$ die dazugehörige Standardabweichung und n_{min} bzw. n_{max} die minimale bzw. maximale Obergrenze, so könnte deren adaptive Berechnung nach der Art der sogenannten 3σ-Regel erfolgen, die bei Annahme einer Normalverteilung besagt, daß ca. 99% der Werte innerhalb des Intervalls $(\bar{n} - 3\sigma_{n\cdot}, \bar{n} + 3\sigma_{n\cdot})$ liegen. Die minimale und maximale Obergrenze kann dann folgendermaßen bestimmt werden:

$$n_{min}(t) := \max\left(\bar{n}^*(t) - 3\,\sigma_{n\cdot}(t)\,,\,1\right)$$

$$n_{max}(t) := \bar{n}^*(t) + 3\,\sigma_{n\cdot}(t)$$

Verschiebt sich der Mittelwert der Stellgröße oder verändert sich seine Streuung, so paßt sich das Plausibilitätsintervall dynamisch an. Mittelwert und Standardabweichung sind natürlich dynamisch adaptiv zu ermitteln, d.h. mit gleitendem Mittel oder exponentiellem Altern.

Bei Einsatz der Parabelapproximation (Kap. 5.2.2.3) könnten auch die Nullstellen einer über ein entsprechend langes gleitendes Intervall geschätzten Parabel die Funktion solcher adaptiver Plausibilitätsgrenzen erfüllen.

Auch ein adaptiver Mechanismus zweiter Stufe verfügt also über Parameter, die fest eingestellt werden müssen. Insofern scheint sein Einsatz keinerlei Vorteile zu bringen, war es uns doch darum zu tun, von festen Parametereinstellungen unabhängig sein, um dadurch die selbstadaptiven Eigenschaften der Regelmechanismen zu verbessern. Dies ist jedoch nur scheinbar kein Gewinn, da die Parameter zweiter Stufe von größerer Allgemeinheit sind und daher eher die Chance besitzen, für die gesamte Lebensdauer des Systems angemessen eingestellt zu sein.

Während die hier vorgeschlagenen Ansätze für Adaptionsfähigkeit zweiter Stufe relativ konventionell sind, können natürlich noch nahezu beliebige weitergehende Anforderungen an die Lernfähigkeit und Selbständigkeit solcher Regelverfahren gestellt werden, z.B. die Fähigkeit, anhand eines geeigneten Gütemaßes eine Art *'Selbstdiagnose'* durchführen zu können, *'pathologische'* Zustände zu erkennen und zur *Therapie* neben Parameteränderungen sogar Modell- oder Algorithmenwechsel einzuleiten. Auf dieser Ebene, die einen weiteren überlagerten Regelkreis ausmachen könnte (*'Kaskadenregelung'*), ist auch ein Einsatz regelbasierender Systeme denkbar, den wir jedoch zukünftiger Forschung überlassen wollen.

6 Simulationsergebnisse

Simulationen sind bekanntlich gut geeignet, komplexe Vorgänge mit hohem Detailgrad zu modellieren. Sie erreichen dabei - sorgfältige Ausführung und Auswertung vorausgesetzt - eine hohe Genauigkeit und eignen sich daher besonders für Fälle, in denen ein ganz spezielles System mit ganz bestimmten Parametern untersucht werden soll. Will man dagegen Aussagen über das Verhalten einer gesamten Systemklasse über einen umfangreichen Parameterraum hinweg gewinnen, so ist dies mit Simulationen kaum oder nur mit erheblichem Aufwand zu bewerkstelligen, denn jede einzelne Simulation liefert im Prinzip nur einen einzigen Punkt im Parameterraum.

Die mathematische, analytische Modellierung dagegen, die das System durch Funktionen oder Gleichungssysteme beschreibt, verfügt in der Regel nicht über diese Detailtreue, weil sie, um überhaupt zu einem Modell zu gelangen, von vielen Eigenschaften des zu modellierenden Systems abstrahieren und Annahmen treffen muß, die häufig nur annähernd erfüllt sind. Dafür ist sie jedoch in der Lage, die qualitativen Zusammenhänge zwischen den beteiligten Größen oft in einem einzigen mathematischen Ausdruck zu beschreiben und dadurch grundsätzliche, essentielle Aussagen über das Verhalten eines Systems zu liefern.

Wir sind hier in dieser Arbeit in einer Situation, wo es eigentlich um solche grundsätzlichen Aussagen geht. Es interessiert uns nämlich nicht, wie ein bestimmter Regelmechanismus, eingebaut in ein Betriebssystem X auf einem Rechner Y, mit einem Benchmark Z zurechtkommt. Sondern wir möchten wissen, wie sich die verschiedenen Regelungsverfahren bei der Gesamtheit möglicher Überlastsituationen verhalten. Ideales Ergebnis wäre demnach ein mathematischer Ausdruck, der mit einem beliebigen das Überlastverhalten beschreibenden stochastischen Prozeß zu parametrisieren wäre. Die betrachteten Überlastsysteme besitzen jedoch drei Eigenschaften, die zusammengenommen ein derartiges Ergebnis nicht zustande kommen lassen:

- Stochastik

- Dynamik

- Nichtlinearität

Zusammen mit rückgekoppelten, adaptiven Regelmechanismen sind sie einer analytischen Gesamtbehandlung nicht zugänglich.

Um also überhaupt zu gewissen Aussagen über ihr Verhalten zu gelangen, muß auf Simulation zurückgegriffen werden. Dabei wollen wir uns jedoch auf charakteristische Situationen beschränken, die es dennoch ermöglichen, grundsätzlichere Aussagen zu machen.

6.1 Das Simulationsmodell

Wir gehen daher aus von einem System, das aus einer einzigen Station mit Überlastverhalten besteht. In Kapitel 3 haben wir ja gesehen, daß sich komplexe Warteschlangennetze oder Teile davon durch Norton's Theorem zu einer solchen Station zusammenfassen lassen, die bezüglich ihrer Flußeigenschaften (also z.B. Durchsatz) äquivalentes Verhalten zeigt.

Die Regelmechanismen sollen nun in der Lage sein, aufgrund von Messungen des Durchsatzes den Zugang zur Station so zu steuern, daß der maximale Durchsatz erreicht wird. Anstelle des Durchsatzes sind natürlich auch andere Leistungsgrößen wie Auslastungen, normalisierte Durchsätze oder komplexe zusammengesetzte Größen möglich, solange sie nur die geforderte Unimodalität bezüglich der Last aufweisen. Wir haben uns hier für den Durchsatz entschieden, da er

- bei den für diese Regelungsmechanismen in Frage kommenden Systemen als Leistungsgröße zu verwenden ist,

- einfach zu messen ist,

- die Wahl eines einfachen Simulationsmodells erlaubt,

- und aufgrund seiner stochastischen Eigenschaften den Regelmechanismen wenig gefällig ist und daher durchaus einen Härtetest für sie darstellt.

Die Grobstruktur des Simulationsmodells ist in Abbildung 6.1-1 aufgezeigt.

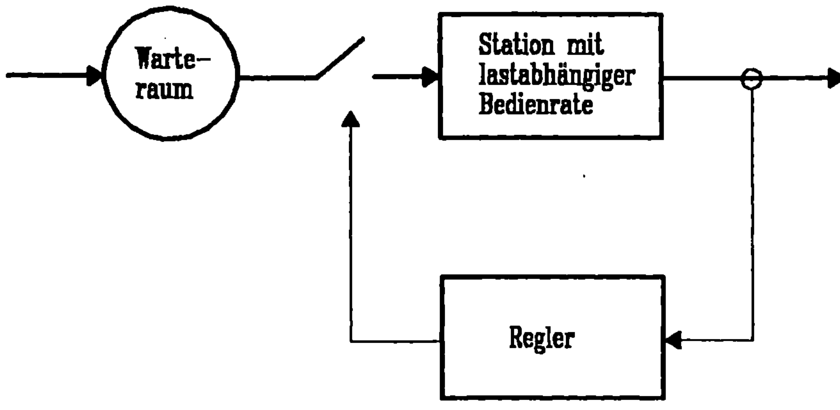

Abbildung 6.1-1: Grobstruktur des Simulationsmodells

Das Überlastverhalten der Station wird erreicht durch eine lastabhängige Bedienrate, die als Funktion von Last und Zeit vorgegeben werden kann. Zur Bewertung der in Kapitel 5 vorgeschlagenen Verfahren werden folgende charakteristische Situationen untersucht:

- Stationäres Verhalten

  Alle Systemparameter sind zeitinvariant. Insbesondere bleiben Lage und Höhe des Maximums unverändert.

- Dynamisches Verhalten

  Lage und Höhe des Optimums ändern sich mit der Zeit. Dabei können getrennt reine Lageänderungen und reine Höhenänderungen untersucht werden. (Ein weiterer Parameter könnte die 'Breite' des Optimums sein.) Um der Dynamik des Systems genüge zu tun, sind alle Veränderungen in folgenden beiden Modi zu untersuchen:

  - Sprungartige Änderung

  - Driftartige Änderung.

Das Hauptproblem für die Regelungsverfahren besteht darin, aus den starken Varianzen des Abgangsprozesses den Verlauf der Überlastkurve zu ermitteln, bzw. deren Maximum zu finden. Daß dies keine triviale Angelegenheit ist, mag folgendes Beispiel verdeutlichen:

Beispiel 6.1-1:

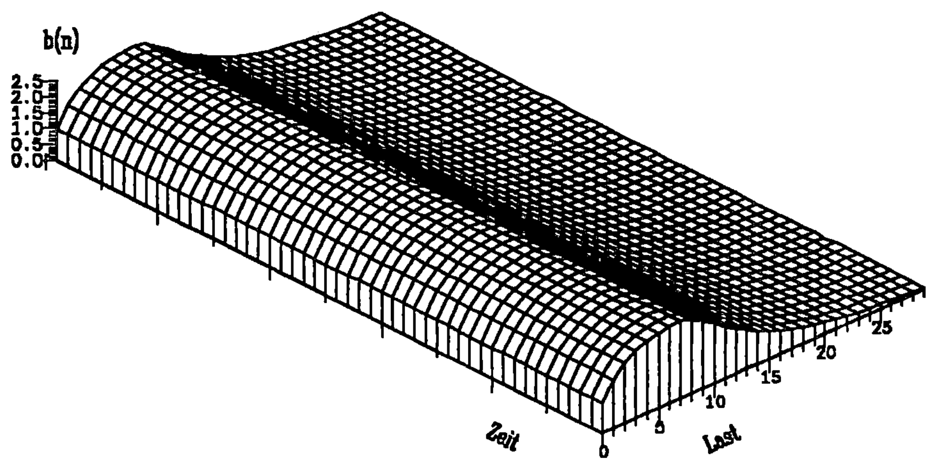

Abbildung 6.1-2: Lastabhängiger Beschleunigungsfaktor (stationär)

Die Station besitze eine Grundbedienzeit von $S = 300$, also eine Grundbedienrate von $\mu = 1/300$. Diese Bedienrate werde mit einem lastabhängigen Beschleunigungsfaktor $b(n)$ multipliziert, der zeitlich konstant und in Abbildung 6.1-2 aufgezeichnet ist. Er beginnt mit einem Wert von $b(1) = 1$ und nimmt sein Maximum von 2.5 für $n = 8$ an ($b(n_{opt}) = b(8) = 2.5$). Ein Ankunftstrom mit Poisson-Verteilung speist das System mit Aufträgen und sorgt für ständige Last.

Der Regler, der den Durchsatz an dieser Station mit einer Intervallänge von 10000 abtastet, hat dann folgendes Bild vorliegen (Abbildung 6.1-3):

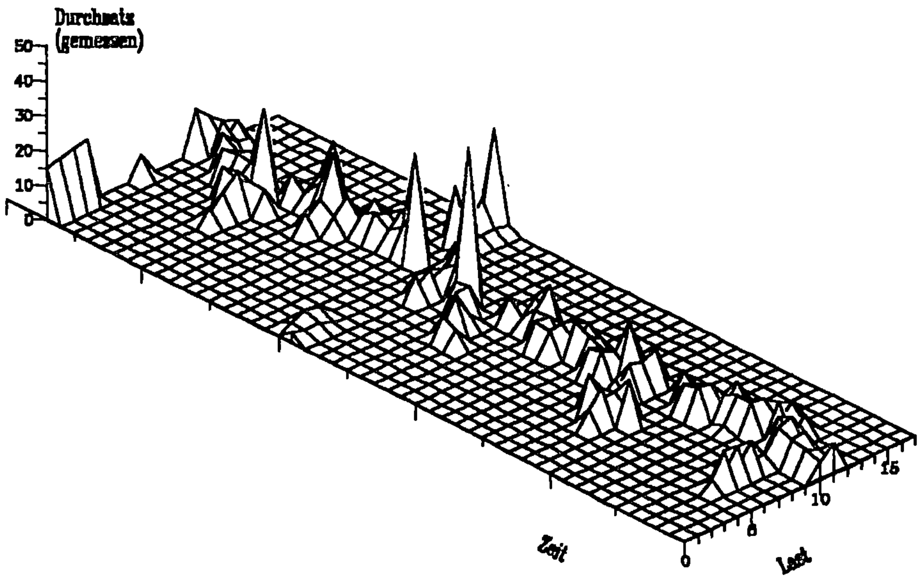

Abbildung 6.1-3: Gemessene Durchsätze als Informationsgrundlage für Regelentscheidungen.

Die Erhöhungen im Schaubild 6.1-3 bedeuten, daß im vorangegangenen Meßintervall der entsprechende Lastwert aufgetreten ist und geben den dafür gemessenen Durchsatz an. Man sieht, daß selbst in diesem stationären Fall mit einem im Vergleich zur Bedienzeit großen Abtastintervall starke Schwankungen des Abgangsprozesses vorliegen, die ein Erkennen der wahren zugrundeliegenden Überlastkurve schwierig werden läßt. Dabei ist noch anzumerken, daß die Bedienzeitverteilung mit einem Variationskoeffizienten von $c_v = 0.5$ gewählt wurde, d.h. die Varianz ist wesentlich kleiner als bei einer Exponentialverteilung, die ja einen Variationskoeffizienten von $c_v = 1$ besitzt und daher im vorliegenden Beispiel noch heftigere Spitzen hervorrufen würde.

Die Regelungsverfahren müssen also in wesentlich 'unwirtlicherem' Gelände arbeiten, als dies ihre Beschreibung im Kapitel 5 vielleicht nahegelegt haben mag.

Der Vollständigkeit halber soll hier am Simulationsmodell noch einmal gezeigt werden, was geschieht, wenn keinerlei Regelungsmechanismus die Last kontrolliert (Abbildung 6.1-4). Damit das Simulationsmodell nicht nach kurzer Zeit völlig zusammenbricht, mußte eine konstante Obergrenze von 30 vorgegeben werden. Es ist leicht erkennbar, daß das System nach kurzer Zeit (zwei Abtastintervalle) bereits die Obergrenze erreicht, für den Rest der Zeit mit nur geringer Leistung arbeitet und sich aus diesem Zustand nicht wieder erholt.

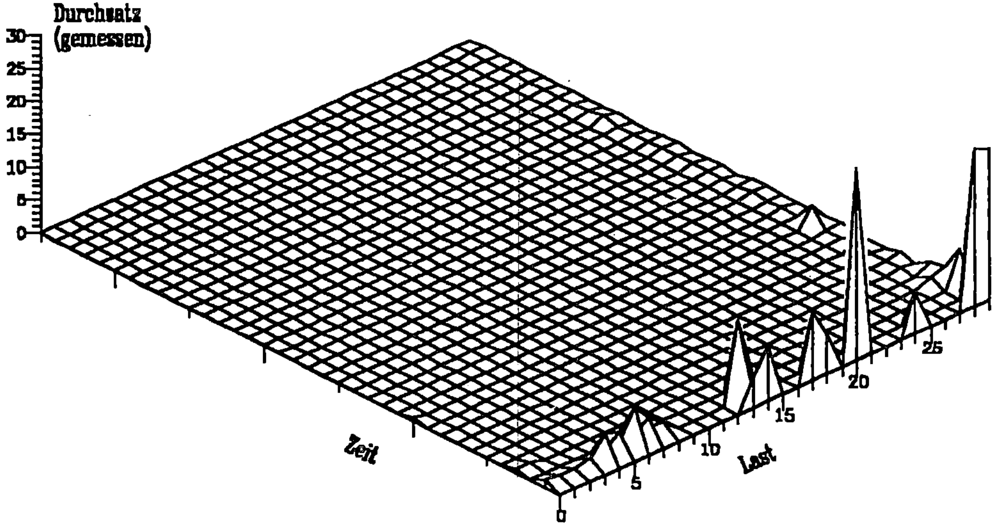

Abbildung 6.1-4: Gemessene Durchsätze bei einem System ohne Regelung

Wir untersuchen im folgenden die vier Algorithmen, die im Kapitel 5 beschrieben sind:

- Inkrementelle Testschritte

- Tripelverfahren

- Approximation durch Gerade

- Approximation durch Parabel

Darüberhinaus untersuchen wir den Fall einer (hypothetischen) optimalen Steuerung, die über vollständige Information verfügt. Alle Verfahren werden auf dasselbe Überlastsystem angewendet, das mit jeweils demselben Auftragsstrom gespeist wird.

Zur Stabilisierung der Testergebnisse wird jeder Testlauf fünf mal ausgeführt, wobei sich lediglich der Startwert des Zufallszahlengenerators ändert. Dadurch erhält man fünf unabhängige Realisierungen desselben stochastischen Prozesses. Als skalares Gütemaß verwenden wir den erreichten mittleren Durchsatz, für den wir 90%-Konfidenzintervalle angeben. Außerdem vergleichen wir den jeweils erreichten Durchsatz mit dem bei optimaler Steuerung maximal erreichbaren.

Das zugrundeliegende Modell und die Parameter sind wie im Beispiel 6.1-1, die Meßwerte, die alle 10.000 Zeiteinheiten erfaßt werden, altern mit einem Faktor 0.8. Die gesamte Simulationsdauer beträgt 2.000.000 Zeiteinheiten. (Für weitere Fragen des Abtastintervalls und des Alterungsfaktors siehe Anhang A.)

Es muß schon an dieser Stelle erwähnt werden, daß alle Verfahren mit - soweit das möglich ist - gleichen Parametern, also gleichem Abtastintervall und gleichem Alterungsfaktor gesteuert sind. Es wurde nicht versucht, für eine gegebene Testsituation und einen gegebenen Algorithmus die jeweils beste Parameterwahl zu treffen. Das bedeutet z.B., daß beim stationären Verhalten viel bessere Werte hätten erzielt werden können, wenn man keine Alterung der Meßwerte vorgenommen hätte. Diese Alterung ist jedoch für das dynamische Verhalten unabdingbar. Umgekehrt würde beim 'Sprungverhalten' eine stärkere Alterung der Meßwerte bessere Ergebnisse hervorbringen.

Damit die Schaubilder nicht zu unübersichtlich werden, sind jeweils nur zwei der fünf Trajektorien zusammen mit der optimalen Trajektorie abgetragen. Die Trajektorien zeigen die jeweils vom Regler eingestellten Obergrenzen $n^{\cdot}(t)$ für die Last.

Die Simulationen wurden mit dem *Research Queueing Package (RESQ)* von IBM auf einer IBM 4361 durchgeführt. *RESQ* erlaubt sowohl analytische als auch simulative Modellierung von Warteschlangensystemen [SC81, *IBM84a, IBM84b*]. Es verfügt über eine Vielzahl von Konzepten, die sehr weitgehende und detaillierte Modelle ermöglichen. Durch eine spezielle Beschreibungssprache kommt man in der Regel sehr rasch und auf komfortablem Weg zu einem lauffähigen Modell.

Was bei *RESQ* jedoch für unsere Zwecke fehlte, war ein Konzept für dynamisches Verhalten im weitesten Sinne. Zwar ist die Möglichkeit, Systemparameter als Funktion der abgelaufenen Simulationszeit zu definieren, vorhanden, jedoch bietet *RESQ* nur eine Auswertung am Ende eines Simulationslaufes in Form von Mittelwerten und auch höheren Momenten. Eine dynamische *Abtastung* der relevanten Größen und eine rückgekoppelte Einflußnahme auf Parameter des Systems sind konzeptuell nicht vorgesehen.

Glücklicherweise verfügt *RESQ* über eine zwar unkomfortable, doch simple und mächtige Möglichkeit, das Modell nach eigenen Erfordernissen nahezu beliebig zu erweitern: An allen Stellen, wo die Syntax der *RESQ*-Eingabesprache einen arithmetischen Ausdruck verlangt, kann man diesen durch einen Aufruf einer PL/1-Funktion mit dem festgelegten Namen USER ersetzen. In diese Funktion kann dann all das hineingepackt werden, was der *RESQ*-Anwender im Einzelfall vermissen mag. Dieser Mechanismus wurde benutzt, um sowohl das dynamische Verhalten des Systems, als auch die Meß-, Schätz- und Regelverfahren zu implementieren.

6.2 Dynamische Lage des Optimums

6.2.1 Driftartige Änderungen

In diesem Abschnitt untersuchen wir das Verhalten bei driftartiger Veränderung der Lage des Optimums, wobei dessen Funktionswert konstant bleibt. Die Drift ist durch eine sinusförmige Verlagerung realisiert, die nach einer kurzen Einschwingphase von 100.000 Zeiteinheiten beginnt und eine volle 2π-Periode durchläuft. Die dreidimensionale Kurve der lastabhängigen Bedienraten ist in Abbildung 6.2.1-1 dargestellt. Der wahre Optimalwert schwankt dabei zwischen $n_{opt} = 5$ und $n_{opt} = 13$. Alle sonstigen Parameter sind wie im Beispiel 6.1-1.

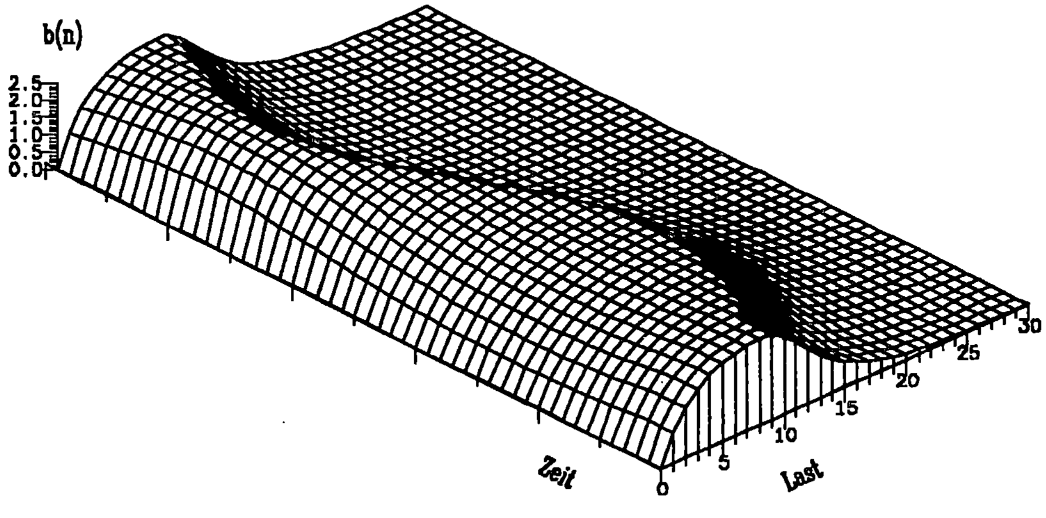

Abbildung 6.2.1-1: Lastabhängiger Beschleunigungsfaktor bei sinusförmiger Verlagerung des Optimums

106

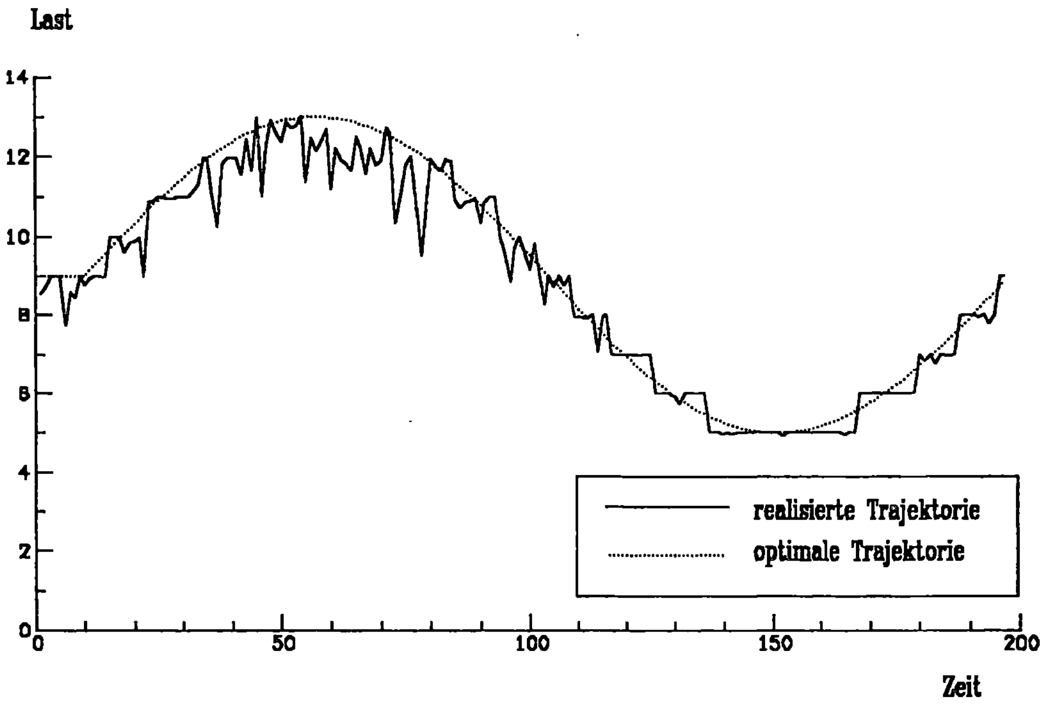

Optimale Regelung Erreichter Durchsatz (x 0.001)		
Mittelwert	8.2789	
90%-Konfidenzintervall	8.2452	8.3125
in Prozent vom Optimum	100.00	

Abbildung 6.2.1-2: Optimale Regelung (sinusförmige Lageänderung)

Erläuterung:

Die Abbildung 6.2.1-2 zeigt das Verhalten einer hypothetischen idealen Überlastkontrolle, die über *vollständige Information* in dem Sinne verfügt, daß sie den Verlauf der Überlastkurve (Abbildung 6.2.1-1) kennt und die Obergrenze $n^*(t)$ stets auf dem wahren optimalen Wert hält. Die hier erreichten Durchsatzwerte dienen als Referenz für die nachfolgenden praktikablen Verfahren. Im Unterschied zu den folgenden Abbildungen sind hier neben dieser optimalen Obergrenze $n^*(t)$ die tatsächlich aufgetretenen Lastwerte (als Mittelwerte in den Abtastintervallen) aufgezeichnet, um zu zeigen, daß auch bei starker Last durch die stochastische Natur des Ankunftsprozesses Abweichungen von der Obergrenze auftreten (durchgezogene Linie in Abbildung 6.2.1-2).

Inkrementelle Testschritte		
Erreichter Durchsatz (x 0.001)		
Mittelwert	7.8823	
90%-Konfidenzintervall	7.6806	8.0839
in Prozent vom Optimum	95.21	

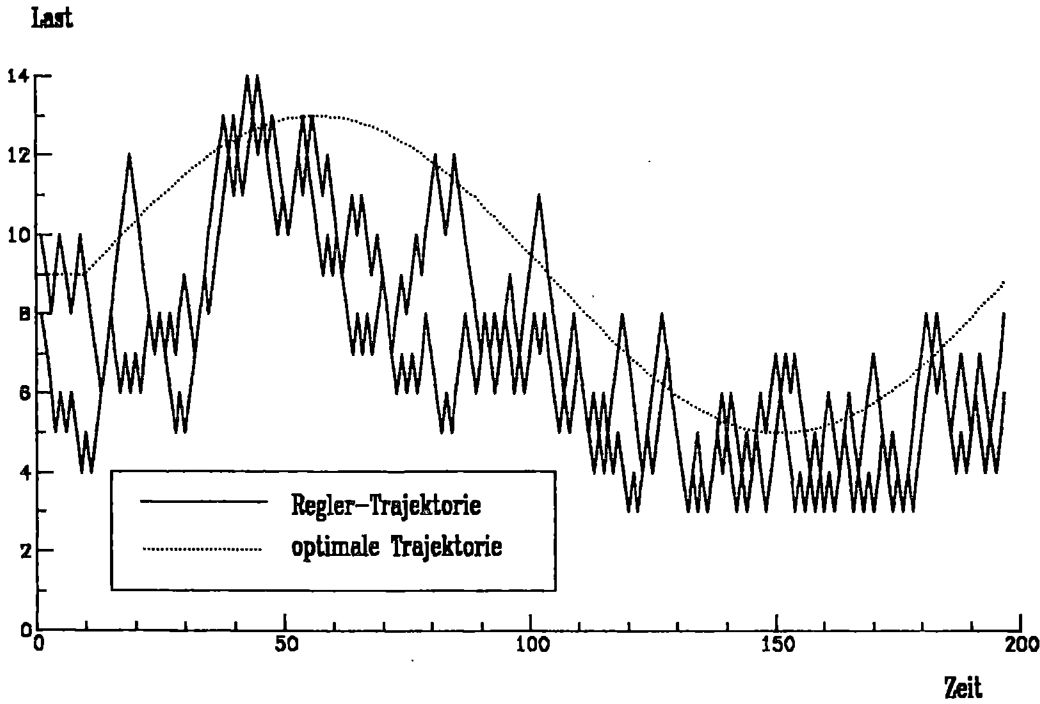

Abbildung 6.2.1-3: Inkrementelle Testschritte (sinusförmige Lageänderung)

Erläuterung:

Eine Lageänderung des Optimums wird vom Regler zwar zur Kenntnis genommen, jedoch sind die unsymmetrischen Abweichungen relativ stark. Daß der erzielte Durchsatz trotzdem 95% des maximal möglichen beträgt, liegt daran, daß sich die Regler-Trajektorien in einem Bereich bewegen, wo die Höhendifferenz zum Maximum gering ist (vgl. Abbildung 6.2.1). Jenseits des Optimums wird das dort stärkere Gefälle offenbar wahrgenommen, denn der Regler meidet diesen Bereich.

Tripel-Verfahren		
Erreichter Durchsatz (x 0.001)		
Mittelwert	7.8303	
90%-Konfidenzintervall	7.7279	7.9327
in Prozent vom Optimum	94.58	

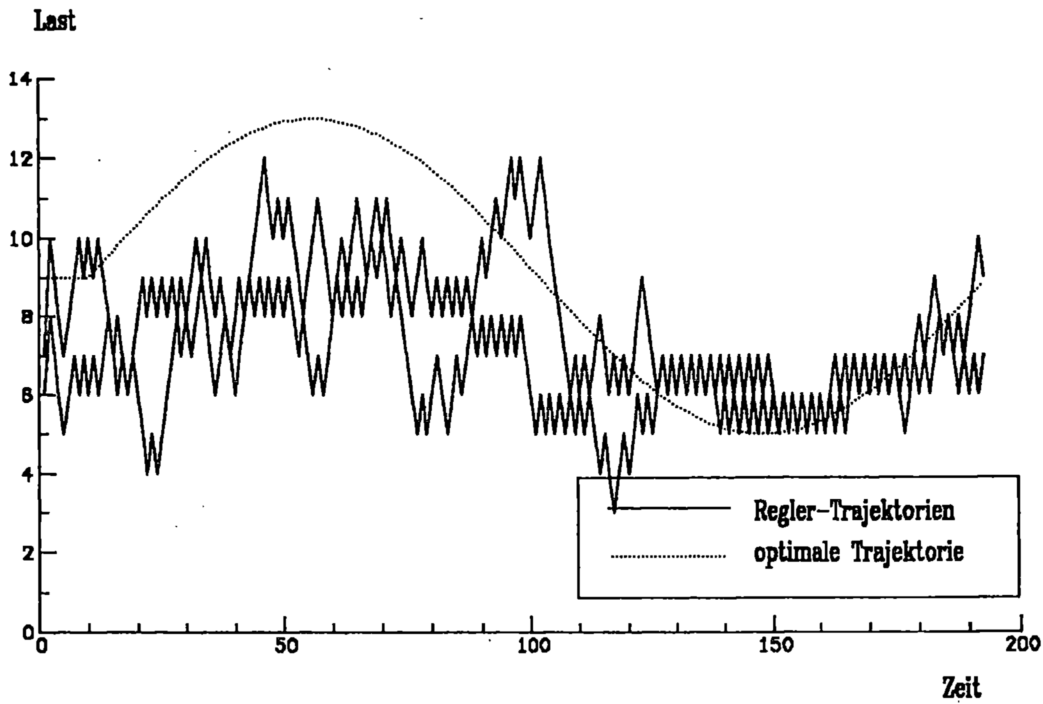

Abbildung 6.2.1-4: Tripel-Verfahren (sinusförmige Lageänderung)

Erläuterung:

Für das Tripel-Verfahren (Abbildung 6.2.1-4) gilt im wesentlichen das gleiche wie für die *Inkrementellen Testschritte*, allerdings ist ein Verfolgen des sinusförmigen Verlaufs hier nur bei gutem Willen festzustellen. Der erzielte Durchsatz ist daher auch etwas schlechter.

Approximation durch Gerade		
Erreichter Durchsatz (x 0.001)		
Mittelwert	7.8817	
90%-Konfidenzintervall	7.8343	7.9290
in Prozent vom Optimum	95.20	

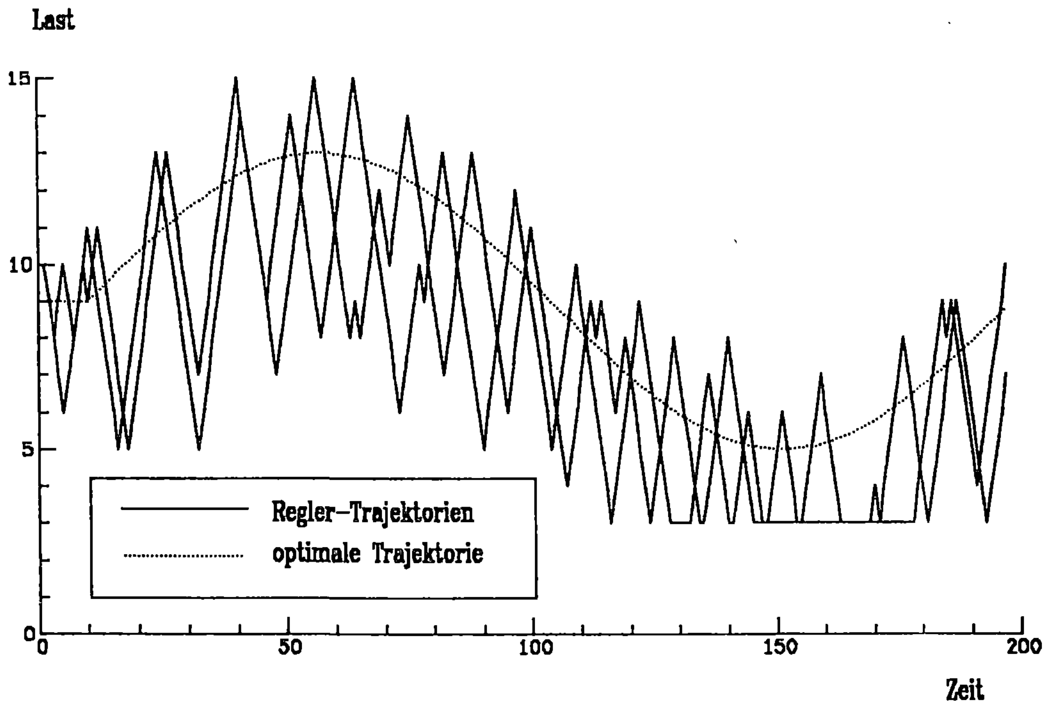

Abbildung 6.2.1-5: Approximation durch Gerade (sinusförmige Lageänderung)

Erläuterung:

Bei der *Approximation durch die Gerade* ist ein deutliches Verfolgen des Sinus-Verlaufs zu bemerken, jedoch mit den bereits aus dem stationären Verhalten bekannten weit ausholenden Schwankungen, die im Bereich des Tiefpunktes der Sinus-Schwingung sogar durch die gewählte Untergrenze von $n_{min} = 3$ beschnitten werden. Die starken Schwankungen führen dann auch zu dem mäßigen Ergebnis von 95.2%, das allerdings mit einem relativ schmalen Konfidenzintervall erreicht wurde, was auf eine gewisse Zuverlässigkeit hinweist.

110

<table>
<tr><td colspan="3" align="center">Approximation durch Parabel
Erreichter Durchsatz (x 0.001)</td></tr>
<tr><td>Mittelwert</td><td colspan="2" align="center">7.9921</td></tr>
<tr><td>90%-Konfidenzintervall</td><td align="center">7.9282</td><td align="center">8.0559</td></tr>
<tr><td>in Prozent vom Optimum</td><td colspan="2" align="center">96.54</td></tr>
</table>

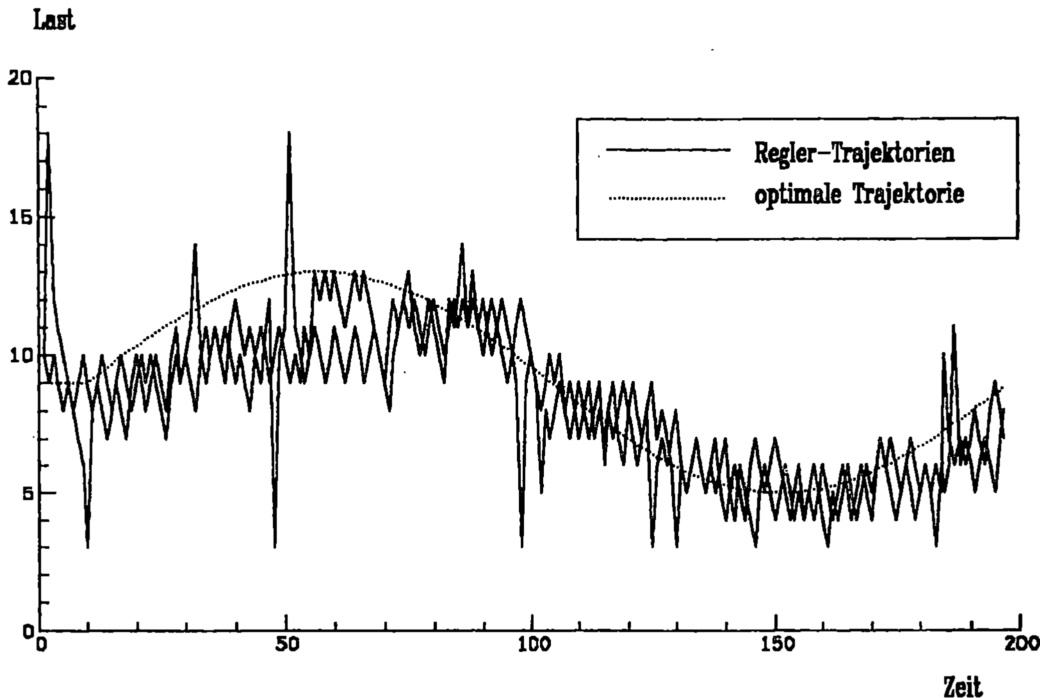

Abbildung 6.2.1-6: Approximation durch Parabel (sinusförmige Lageänderung)

Erläuterung:

Als signifikant bestes schneidet mit 96.5% bei kleinem Konfidenzintervall das Parabel-Verfahren ab. Interessant ist die Tatsache, daß das Verfahren dem absteigenden Sinus-Ast besser zu folgen vermag als dem aufsteigenden. Dies ist damit zu erklären, daß die unterliegende Kurve (Abbildung 6.2.1-1) keinen symmetrischen Buckel besitzt, sondern jenseits des Optimums jäher abfällt als diesseits. In den Überlastbereich zu geraten wird daher eher festgestellt als der Eintritt in den Unterlastbereich. Dieses Verhalten ist bei allen Verfahren festzustellen.

6.2.2 Sprungartige Änderungen

Im Gegensatz zu den driftartigen Änderungen des Kurvenverlaufs werden in diesen beiden Abschnitten die sprungartigen Änderungen untersucht. Die Parameter sind dieselben wie bei den sinusförmigen Variationen. Der Kurvenverlauf beginnt mit einer minimalen Lage des Optimums von $n_{opt} = 5$, springt dann im zweiten Drittel auf $n_{opt} = 13$, um für das letzte Drittel wieder auf den minimalen Wert zurückzuspringen (Abbildung 6.2.2.1-1). Die Höhe des Optimums ist dabei konstant bei $b(n_{opt}) = 2.5$.

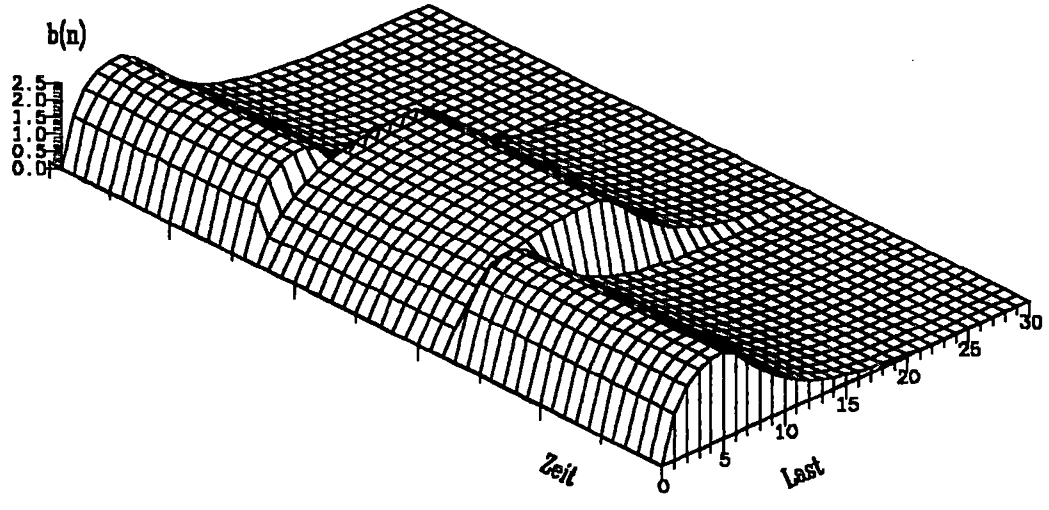

Abbildung 6.2.2-1: Lastabhängige Bedienraten bei sprungartiger Lageänderung des Optimums

Optimale Regelung Erreichter Durchsatz (x 0.001)		
Mittelwert	8.2726	
90%-Konfidenzintervall	8.2316	8.3137
in Prozent vom Optimum	100.00	

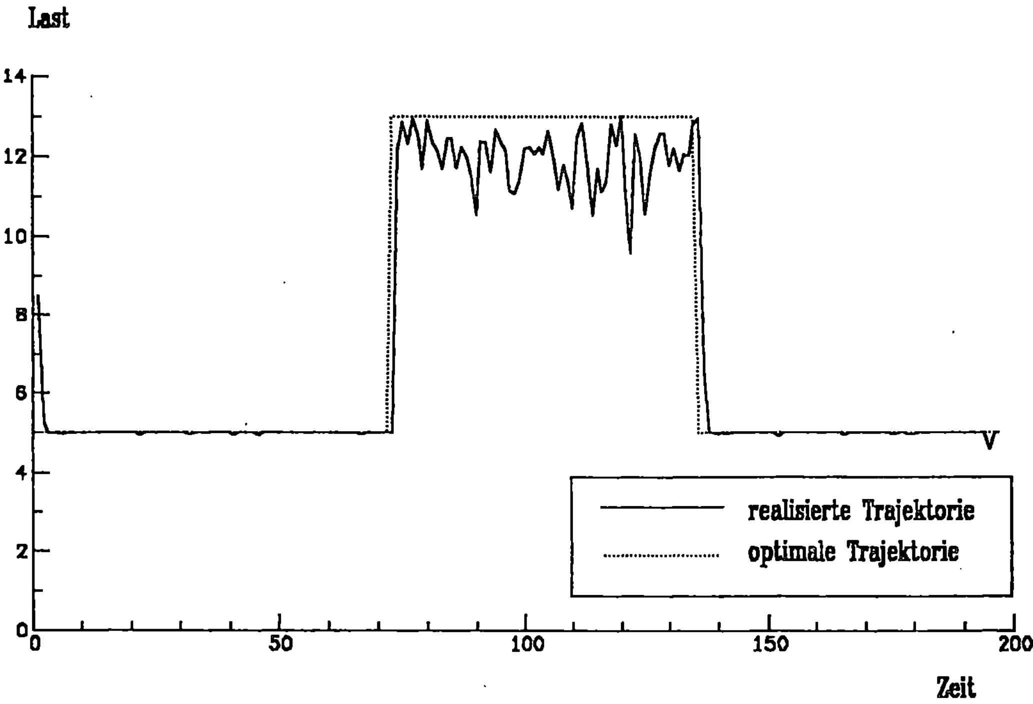

Abbildung 6.2.2-2: Optimale Regelung (sprungartige Lageänderung)

Erläuterung:

Zunächst zeigen wir wieder die optimale Regelung der Last. Die Abweichungen der tatsächlichen Last von der gesetzten Obergrenze im zweiten Drittel entstehen durch die dort vorhandene größere Leistungsfähigkeit der Station, die vom konstanten Ankunftsstrom nicht ganz ausgenutzt wird. Denn obwohl die Höhe des Optimums unverändert bleibt, ergibt sich das Leistungsvermögen der Station als der Erwartungswert der Bedienrate, integriert über alle möglichen Lastzustände. Man kann sich den Zusammenhang annähernd anschaulich machen, wenn man sich die Flächen unter den Kurven in Abbildung 6.2.2-1 betrachtet, die im mittleren Drittel größer sind.

Inkrementelle Testschritte Erreichter Durchsatz (x 0.001)		
Mittelwert	6.5913	
90%-Konfidenzintervall	5.6936	7.4890
in Prozent vom Optimum	79.68	

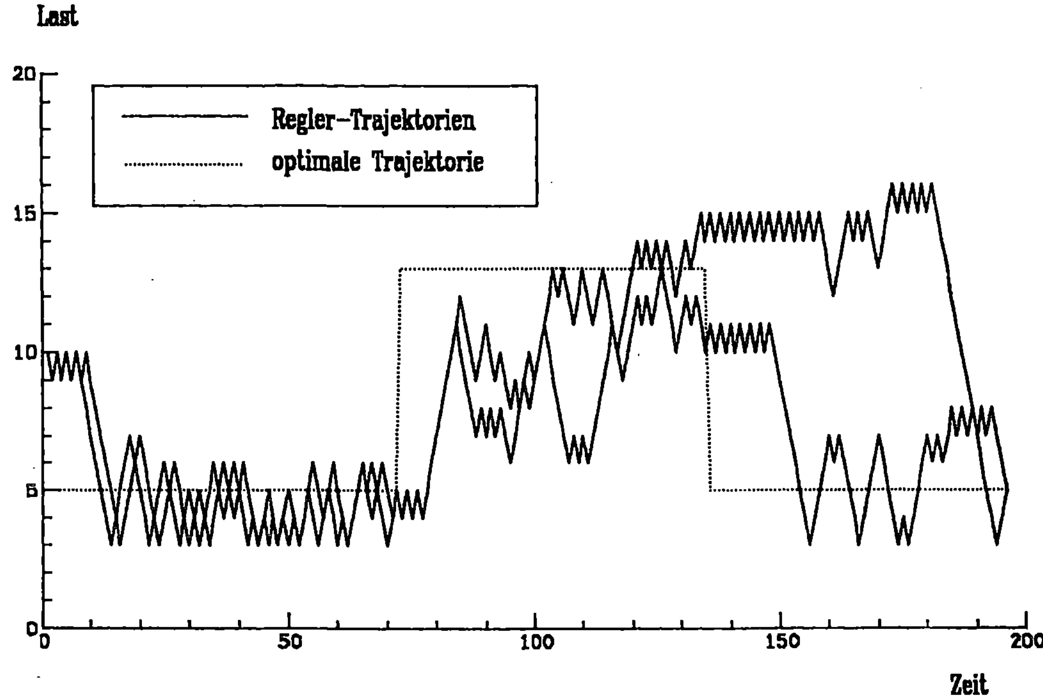

Abbildung 6.2.2-3: Inkrementelle Testschritte (sprungartige Lageänderung)

Erläuterung:

Während die eine hier aufgezeichnete Regler-Trajektorie dem Rechteckverlauf des
wahren Optimums ungefähr zu folgen vermag, zeigt die andere völliges Fehlverhalten.
Dieses weite Auseinanderfallen der verschiedenen Realisierungen desselben
stochastischen Prozesses drückt sich auch in dem großen Konfidenzintervall aus.

Tripel-Verfahren		
Erreichter Durchsatz (x 0.001)		
Mittelwert	6.8006	
90%-Konfidenzintervall	6.2523	7.3489
in Prozent vom Optimum	82.21	

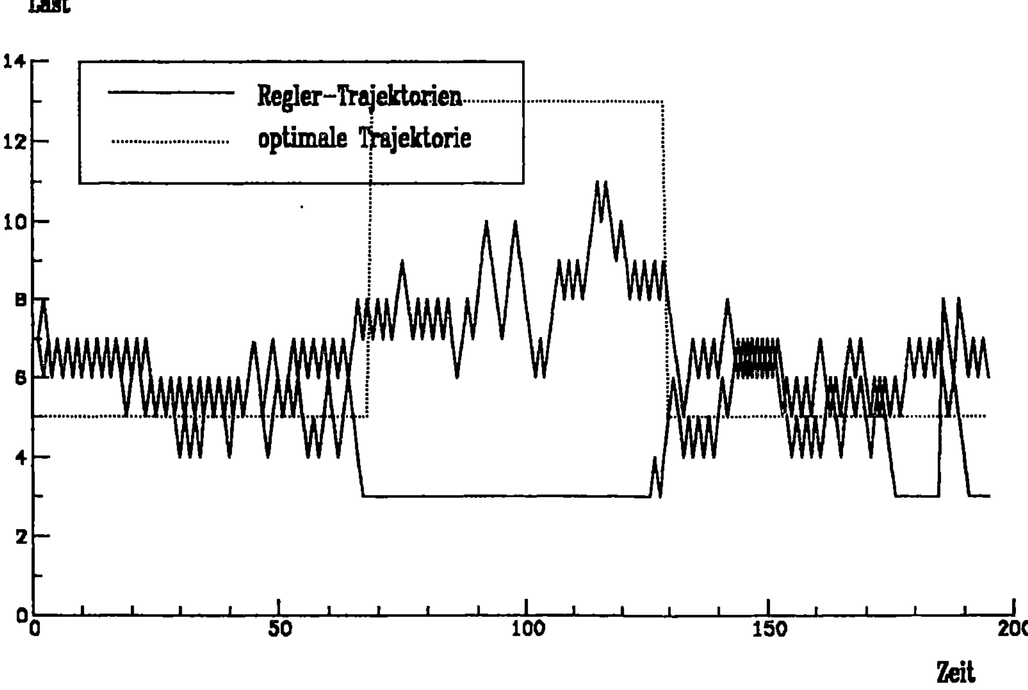

Abbildung 6.2.2-4: Tripel-Verfahren (sprungartige Lageänderung)

Erläuterung:

Das *Tripel-Verfahren* verhält sich ähnlich wie das der *inkrementellen Testschritte*, daß z.T. die Lageänderung des Optimums nicht erkannt wird. Beide Verfahren sind daher in diesem Beispiel als unzuverlässig einzustufen.

Approximation durch Gerade Erreichter Durchsatz (x 0.001)		
Mittelwert	7.2858	
90%-Konfidenzintervall	7.0303	7.5413
in Prozent vom Optimum	88.07	

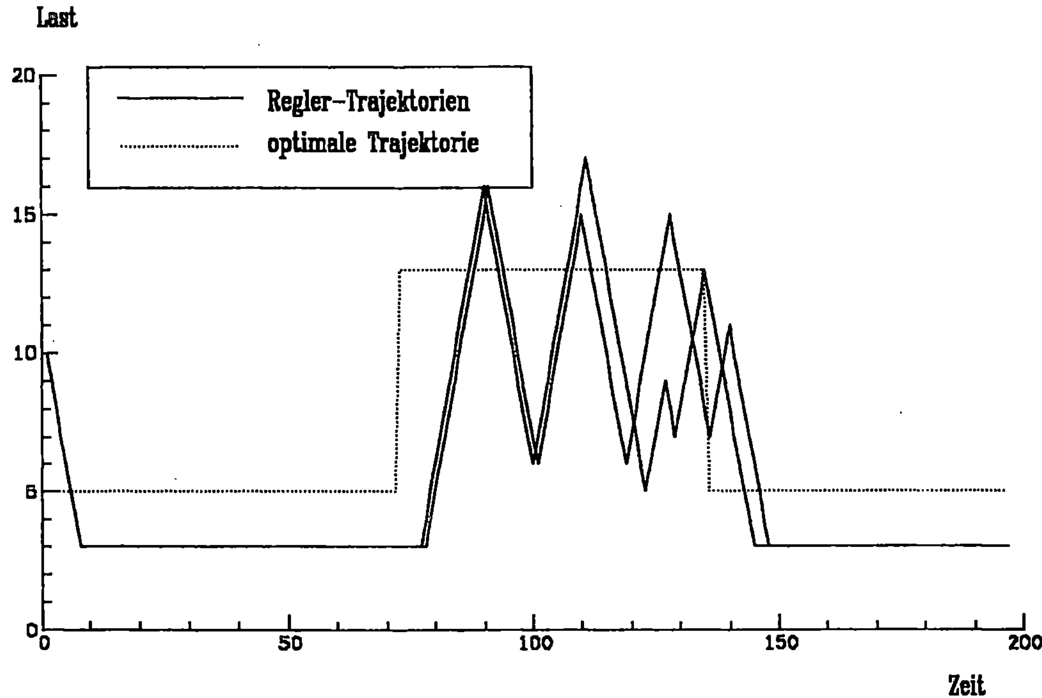

Abbildung 6.2.2-5: Approximation durch Gerade (sprungartige Lageänderung)

Erläuterung:

Dagegen verhält sich die *Approximation durch die Gerade* relativ stabil. Alle Realisierungen zeigten ähnliches und zumindest qualitativ richtiges Verhalten.

| Approximation durch Parabel | | |
Erreichter Durchsatz (x 0.001)		
Mittelwert	7.5297	
90%-Konfidenzintervall	7.4040	7.6553
in Prozent vom Optimum	91.02	

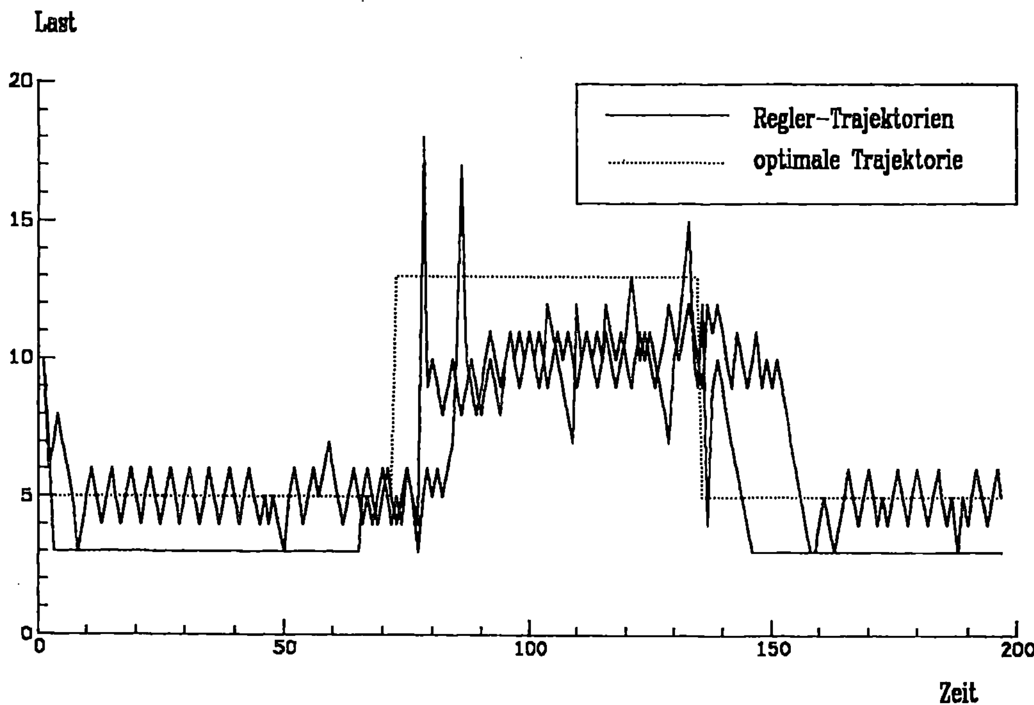

Abbildung 6.2.2-6: Approximation durch Parabel (sprungartige Lageänderung)

Erläuterung:

Als das stabilste Verfahren erweist sich wieder die *Approximation durch die Parabel.* Sie erzielt den besten Durchsatz bei kleinem Konfidenzintervall.

6.3 Konstante Lage des Optimums

6.3.1 Stationäres Verhalten

Stationäres Verhalten als Spezialfall dynamischen Verhaltens muß von den Regelalgorithmen gleichermaßen beherrscht werden. Hier hatte jedoch keines der Verfahren ernsthafte Probleme, allerdings unterschieden sie sich im Ausmaß ihrer Schwingung um den optimalen Wert. Die erzielten Durchsätze (in Prozent vom Optimum) lagen zwischen 95% (Approximation durch Gerade) und 98% (Approximation durch Parabel).

6.3.2 Niveauänderungen des Optimums

Interessant waren auch die Fälle, in denen die Lage des Optimums zwar konstant blieb, die Höhe sich jedoch dynamisch änderte. (Die Abbildung 6.3.2-1 zeigt die zugrundegelegten Bedienraten für die sprungartige Änderung.)

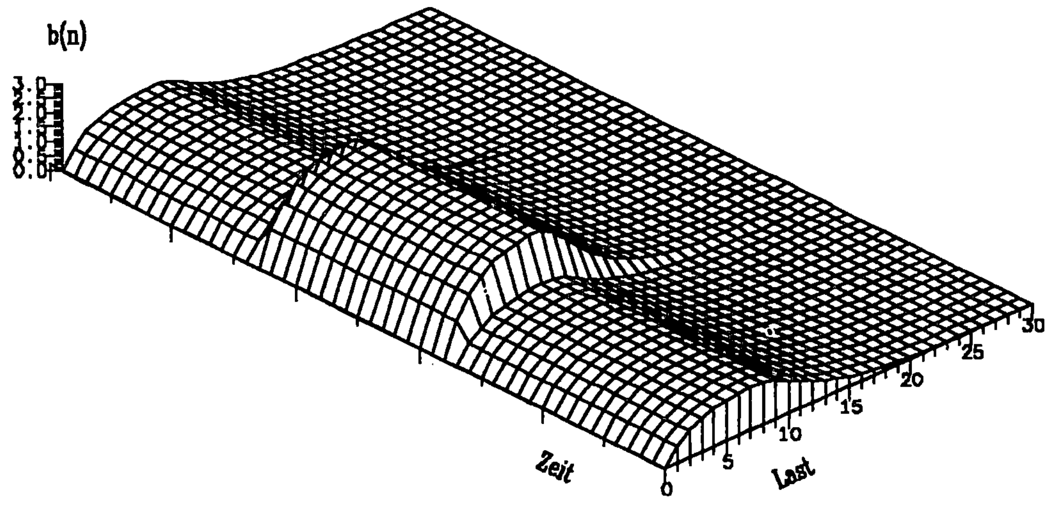

Abbildung 6.3.2-1: Lastabhängige Bedienraten bei sprungartiger Niveauänderung des Optimums.

Hier ging es darum festzustellen, ob sich die Regelalgorithmen durch die Niveauänderung auf eine falsche Fährte locken lassen. Dabei erwies sich das Tripel-

Verfahren sowohl bei der driftartigen als auch bei der sprungartigen Variante als unfähig zu erkennen, daß die sich ändernden Meßwerte lediglich auf eine allgemeine Höhenanhebung und nicht auf eine Optimumverlagerung zurückzuführen sind. Alle anderen Verfahren zeigten korrektes Verhalten in dem Sinne, daß sie nicht nach oben oder unten ausbrachen, sondern die Obergrenze weitgehend konstant hielten.

6.4 Nachbemerkungen

Die Simulationen sollten dazu dienen, das qualitative Verhalten der Regelalgorithmen anhand eines speziellen Systems zu demonstrieren. Die Ergebnisse sind, besonders in quantitativer Hinsicht, nicht allgemeingültig, sondern in hohem Maße abhängig von den Parametern der den Messungen zugrundeliegenden stochastischen Prozesse, insbesondere von deren zweiten Momenten. Es wäre ein leichtes gewesen, das Simulationsmodell und deren Parameter so auszusuchen, daß die Algorithmen exzellentes Verhalten zeigen. Es wurde jedoch absichtlich ein Modell gewählt, das die Grenzen der Leistungsfähigkeit der Verfahren deutlich macht und sie auf diese Weise besser charakterisiert.

Es hat sich dabei erwiesen, daß das aufwendigste Verfahren, die *Approximation durch die Parabel*, auch die besten Ergebnisse zeigt. In unproblematischen Fällen, also bei geringer Varianz der Meßwerte, kann jedoch auch das äußerst simple Verfahren der *inkrementellen Testschritte* ausreichend erfolgreich sein.

Gemeinsam ist allen Algorithmen, daß sie eine ständige Variation der Last benötigen, um überhaupt zu Schätzungen des Kurvenverlaufs zu gelangen. Ist diese Variation durch den Ankunftstrom nicht gegeben - etwa bei ständigem Erreichen der Lastobergrenze -, so muß der Regelmechanismus künstlich für diese Variation sorgen. Das in den Abbildungen zu beobachtende 'nervöse' Verhalten ist daher probleminhärent und unvermeidbar.

Es mag darüberhinaus aufgefallen sein, daß zumindest optisch z.T. erhebliche Abweichungen der Regler-Trajektorien von der optimalen Trajektorie aufgetreten sind. Diese Abweichungen sind jedoch kaum leistungsmindernd, da sie weitgehend im Bereich des flachen Buckels der unterliegenden Lastkurve verblieben, weshalb auch die erzielten Gütewerte in der Größenordnung von 90% des Optimums liegen.

7 Realisierungsaspekte

7.1 Überlastkontrolle als Aufgabe der Betriebsmittelverwaltung

In den vorangegangenen Kapiteln wurde das Überlastverhalten beschrieben und modelliert sowie Regelverfahren zu seiner Verhinderung entwickelt. Diese quantitative und algorithmische Sichtweise auf das Überlast-Regelproblem soll nun ergänzt werden um einen architektonischen Aspekt, also um Überlegungen, wie die Struktur einer Realisierung solcher Verfahren sinnvollerweise aussehen könnte.

Eine derartige Betrachtung des Problems führt zur Verwendung des Begriffsapparates der Betriebssysteme, speziell der Betriebsmittelverwaltung: Lasteinheiten als Aktivitätsträger der dynamischen Abläufe können angesehen werden als Prozesse im Sinne der Betriebssysteme, und die Stationen, die Überlastverhalten zeigen und deren Zugang kontrolliert werden muß, sind als Betriebsmittel aufzufassen. Der Begriff des Betriebsmittels umfaßt dabei sowohl physische Komponenten wie z.B. Prozessoren, Speicher oder Übertragungswege, als auch logische Elemente wie Datenstrukturen oder Programme. Ebenso können Mengen von Betriebsmitteln zu einem einzigen Betriebsmittel höherer Stufe zusammengefaßt werden, wenn dies aus organisatorischen Gründen notwendig oder sinnvoll ist.

Im vorliegenden Fall der Behandlung des Überlastproblems interessieren wir uns für sogenannte *teilbare* Betriebsmittel, also solche, die von mehreren Prozessen gleichzeitig belegt und benutzt werden können. Dabei ist es auf dieser Betrachtungsebene ohne Belang, ob es sich um eine räumliche, eine zeitliche oder sonstige Teilung handelt. Die Zahl der gemeinsamen Nutzer soll dann die *Last* bilden und es möge eine *Leistungsgröße* existieren, die als Funktion der Last das typische Überlastverhalten zeigt.

Zur Verwaltung von Betriebsmitteln müssen Programmkomponenten bereitgestellt werden, die eine ordnungsgemäße und effiziente Benutzung durch die Prozesse gewährleisten. Betrachtet man Abbildung 7.1-1, so können mit den beiden Pfeilen zwei Vorgänge identifiziert werden, die man als *Zugang* und *Abgang* bezeichnen kann. Wir wollen uns hier jedoch der im Bereich der Betriebsmittelverwaltung üblichen Sprechweise anschließen, die die Begriffe *Belegung* und *Freigabe* verwendet, auch wenn durch den jeweiligen Übergang eine Belegung oder Freigabe im strengen Sinne nicht immer verbunden sein muß. So kann ein Zugang zum Betriebsmittel auf dieser Ebene lediglich eine notwendige Voraussetzung für die Teilnahme am Wettbewerb um Betriebsmittel einer tieferliegenden Ebene der Hierarchie sein. Eine derartige Zugangskontrolle ist dann sinnvoll, wenn bereits die Teilnahme am Wettbewerb einen Aufwand verursacht, der zu Überlast führen kann.

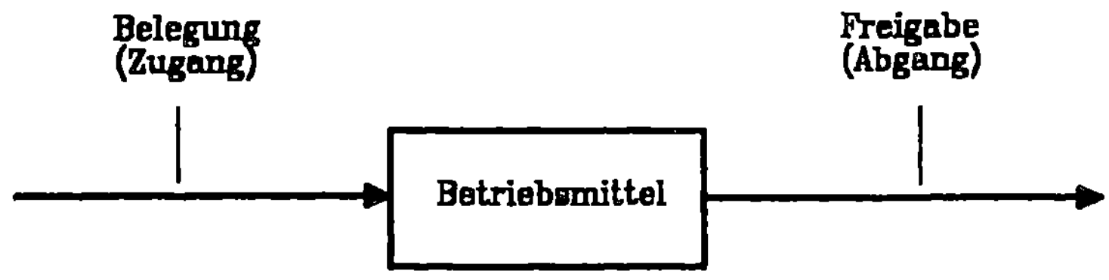

Abbildung 7.1-1: Benutzung eines unbegrenzten teilbaren Betriebsmittels (schematisch)

Hat das teilbare Betriebsmittel von Natur aus begrenzte Kapazität oder will man - wie im vorliegenden Fall - die Kapazität aus Effizienzgründen künstlich begrenzen, so muß nicht jeder Belegungswunsch sofort zu einer Belegung führen. Vielmehr muß die dafür zuständige Instanz die Belegung von einem Prädikat abhängig machen und den anfordernden Prozeß, falls das Prädikat nicht erfüllt ist, abweisen oder aufstauen (Abbildung 7.1-2).

Es sind dann drei Vorgänge zu unterscheiden, nämlich Anforderung, Belegung und Freigabe, auch wenn in konkreten Realisierungen Anforderung und Belegung wegen ihres engen funktionalen Zusammenhangs häufig in einer Instanz zusammengefaßt sind. Diese drei Vorgänge sind im Zusammenhang mit dynamischer Lastkontrolle bedeutsam, da sie die elementaren Ereignisse darstellen und somit die Grundlage jeglicher Messung bilden (vgl. Kap. 4.4). Die Grundoperationen der Betriebsmittelverwaltung fallen also mit den elementaren Meßpunkten einer Lastregelung zusammen.

Die Vielfalt möglicher Betriebsmittel sowie die Vielfalt möglicher Benutzungssituationen spiegelt sich in einem großen Spektrum verschiedenartiger Ausprägungen der Grundfunktionen *Belegen* und *Freigeben* wider [*Wet*84] . Dieses Spektrum bleibt auch unter Einsatz einer Überlastkontrolle erhalten. Es findet lediglich eine Erweiterung der zur Verwaltung erforderlichen Datenstrukturen und der Programmodule um spezifische Meß- und Regelkomponenten statt. Es ist daher für unsere Zwecke völlig ausreichend, *eine* der möglichen Varianten der Betriebsmittelverwaltung herauszugreifen und an ihrem Beispiel die Probleme und Alternativen der Realisierung von Meß- und Regelungsmechanismen zu diskutieren.

Wir verwenden dazu eine an MODULA-2 [*Wir*85] angelehnte Formulierung. Dabei werden einige Datentypen als bereits an anderer Stelle definiert vorausgesetzt. Es soll ausdrücklich darauf hingewiesen werden, daß die nachfolgenden Beispiel-Programmstücke lediglich skizziert sind, daß sie also auch an den ausformulierten Stellen der strengen syntaktischen und insbesondere semantischen Analyse eines maschinellen Übersetzers nicht immer standhalten. Dem menschlichen Leser jedoch dürfte es keine Mühe bereiten, die Zusammenhänge, auf die es hier ankommt, nachzuvollziehen.

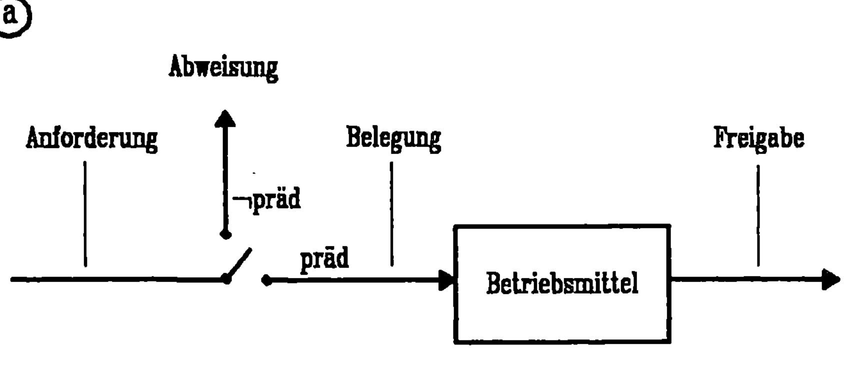

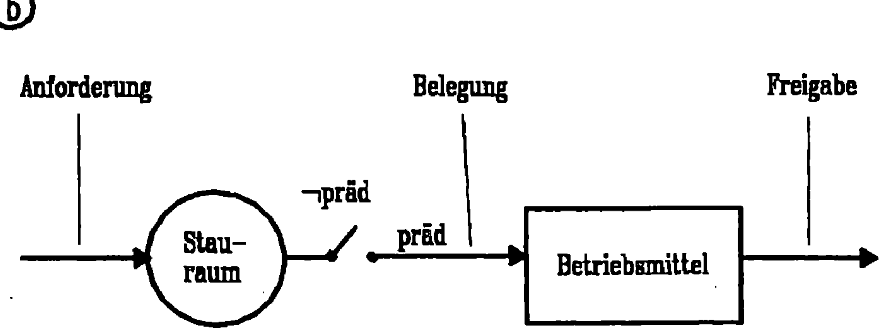

Abbildung 7.1-2: Begrenztes teilbares Betriebsmittel mit Abweisung (a) bzw. Aufstauen (b) (schematisch).

Als Grundmodell einer Betriebsmittelverwaltung mit Überlastkontrolle und Aufstauen wählen wir eine einfache prozedurale Ausprägung. Man hat sich dabei vorzustellen, daß der Prozeß, der das Betriebsmittel belegen möchte, dieses selbst durch Prozeduraufruf anfordert und auch Belegung und Freigabe auf diesem Weg selbst vornimmt.

Beispiel 7.1-1: Betriebsmittelverwaltung mit Stauraum

```
module bm_stau;
    export belegen, freigeben;
    import .......;
    var .......;

procedure präd: boolean;
    { Auswertung des Belegungsprädikats };

procedure belegen;
    begin
    while not präd do
        begin
        { ... blockierendes Warten ... }
    end;
```

```
      { ... Belegung ... }
    end;

  procedure freigeben;
    begin
    { ... Freigabe ... }
    if { Stauraum nicht leer }
       then { einen wartenden Prozeß deblockieren }
    end;

  begin
  { ... Initialisierung ... }
  end bm_stau;
```

Das Betriebsmittel ist demnach durch einen Datentyp repräsentiert, der aus einer Datenstruktur und darauf gemeinsam zugreifenden Operatoren besteht. Die Prozedur *belegen*, die für den Zugang zum Betriebsmittel verantwortlich ist, blockiert den aufrufenden Prozeß, falls das Belegungsprädikat nicht erfüllt ist. Andernfalls wird die Belegung vorgenommen. Die Prozedur *freigeben* führt die zur Freigabe erforderlichen Aktionen durch und deblockiert einen der wartenden Prozesse, um ihm Gelegenheit zu geben, sich wieder um das Betriebsmittel zu bewerben. Dabei haben wir hier vorausgesetzt, daß infolge einer Freigabe das Belegungsprädikat nur für einen Prozeß erfüllbar geworden ist.

Die potentiell gleichzeitige Benutzung dieser Prozeduren durch mehrere Prozesse macht es erforderlich, den Zugriff auf die Verwaltungsdaten als kritischen Abschnitt zu realisieren. Wir sind hier davon ausgegangen, daß es sich dabei ohnehin um Teile des Betriebssystemkerns handelt, der als ganzer einen kritischen Abschnitt darstellt. Spezielle Sperroperationen sind daher verzichtbar.

Im Falle einer Abweisung (Abbildung 7.1-2a) wird kein Stauraum benötigt; dafür muß der anfordernde Prozeß darüber informiert werden, ob sein Belegungsversuch erfolgreich war oder nicht. Wir werden uns im folgenden jedoch auf den Fall des Aufstauens als die interessantere Variante beschränken.

Die spezifischen Komponenten, die im Falle einer dynamischen Überlastkontrolle hinzukommen, kann man funktional in folgende Aufgaben einteilen:

- Erfassen der Elementarereignisse

  Je nach Art der Meßgröße müssen Zeitpunkte für Anforderung, Belegung und Freigabe festgehalten werden.

- Bildung von Meßgrößen

  Zur Erfassung von Zeitgrößen wie z.B. der Bedienzeit müssen Differenzen der entsprechenden Zeitpunkte gebildet werden.

- Schätzen der Meßgrößen

  Mithilfe statistischer Verfahren muß der wahre Wert der Meßgröße (Parameter des
  Modells) aufgrund der aufgetretenen Werte bestimmt werden.

- Bestimmen der Lastobergrenze

  Durch Anwendung des jeweiligen Regelgesetzes muß mittels der aktuellen
  Schätzwerte die (optimale) Lastgrenze gesetzt werden.

- Adaptives 'Nachfahren' von Reglerparametern

  Darüberhinaus kann es geboten sein, längerfristig die Angemessenheit gewisser Parameter der Überlastkontrolle wie z.B. Alterungsfaktor oder zulässiges Maximum
  der vom Regler bestimmten Lastobergrenze zu überwachen und ggf. neu einzustel-
  len (vgl. Kapitel 5.3).

Die ersten drei Punkte dieser Aufzählung betreffen ausschließlich das Erfassen von
Meßgrößen. Dieser Vorgang ist in Rechensystemen von zentraler Bedeutung und nicht
an irgendwelche Regelungsmechanismen gebunden. Vielmehr ist ein Überlastregler lediglich einer von vielen potentiellen Nutzern dieser Dienstleistung. Meßdaten werden
z.B. benötigt für Abrechnungszwecke, zur Analyse von Programmsystemen oder lediglich zur Anzeige relevanter Größen für den Bediener. Meßkomponenten können daher
als gemeinsame Quelle für Auswertungen verschiedenartigster Intention dienen. Es er-
scheint daher angemessen, die Messung von Leistungsgrößen zunächst losgelöst von
ihrer Verwendung in Regelmechanismen zu behandeln.

Wir werden also im folgenden klären, wie die einzelnen Aufgaben in die Verwaltungskomponenten zu integrieren sind, wobei wir im Kapitel 7.2 uns zunächst der *Meß*problematik zuwenden und dann im Kapitel 7.3 Implementierungsaspekte der
Überlast*regelung* diskutieren.

7.2 Einbettung von Meßoperationen

Aufgrund der im vorigen Kapitel beschriebenen Struktur der Betriebsmittelverwaltung
sind wir in der Lage, genau drei Ereignisse wahrzunehmen: Anforderung, Belegung und
Freigabe (Abbildung 7.2-1).

Diese Ereignisse müssen nun in geeigneter Weise festgehalten werden, um daraus die jeweils relevanten Größen zu berechnen. Zum Festhalten dieser Elementarereignisse
benötigen wir eine Uhr, deren Auflösung im Hinblick auf die Zeitstruktur der zu messenden Ereignisse hoch genug. Eine solche Uhr ist bei Rechensystemen in der Regel
vorhanden.

Das weitere Vorgehen bei der Messung ist nun von der Intention abhängig. So kann
man beispielsweise auf eine Differenzierung der Arten der Ereignisse verzichten, wenn

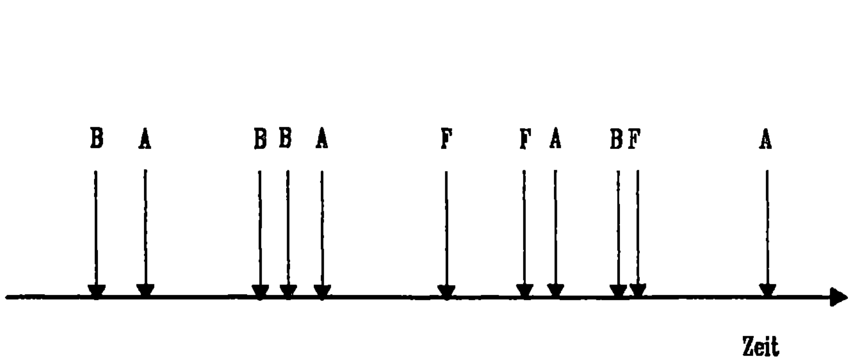

Abbildung 7.2-1: Die aus Betriebsmitteloperationen resultierende Ereignisfolge.

man lediglich daran interessiert ist, die Größenordung der Ereignisfrequenz zu ermitteln, um damit z.B. Meßintervallängen festzulegen. Meistens wird man jedoch die Elementarereignisse qualifiziert erfassen wollen.

Jede Messung setzt bereits ein Modell des zu messenden Systems voraus, denn strenggenommen ist schon die Zuordnung einer Größe zu einem realen System ein Akt der Modellbildung. Im vorliegenden Fall der Messung von leistungsrelevanten Größen in Rechensystemen handelt es sich in der Regel um Warteschlangenmodelle, die üblicherweise durch stochastische Prozesse beschrieben sind.[2]

Man ist daher meist nicht an Einzelereignissen interessiert, sondern eher an den Parametern des zugrundeliegenden Modells.

Eine solche Abstraktion vom Einzelfall hin zum Modell erreicht man durch verschiedene Arten der Mittelwertbildung, denn die Mittelwerte sind erwartungstreue Schätzungen für den jeweiligen Modellparameter, den man mit der Meßgröße assoziiert. Mittelwerte setzen jedoch bereits Größen voraus. Wir müssen also zunächst unser Grundmaterial, die Ereignisse, zu Größen verarbeiten. Die Elementaroperationen, die uns dies ermöglichen, sind:

---

[2] Wir verwenden hier den Begriff *Prozeß* in zweierlei Bedeutung: Zum einen als Strukturelement der Programmierung, wie er sich vor allem im Bereich der Betriebssysteme manifestiert hat, zum andern als *stochastischer Prozeß*, also als Folge von Zufallsgrößen. So können die Betriebsmitteloperationen, die von den Betriebssystemprozessen ausgeführt werden, in ihrer zeitlichen Abfolge als stochastischer Prozeß modelliert werden. Die jeweilige Bedeutung des Begriffs geht aus dem Kontext hervor.

- Differenzbildung (der Zeiten zwischen den Ereignissen)

- Zählen (der Ereignisse)

Im ersten Fall gelangen wir zu *Zeitgrößen*, im zweiten zu *Zählgrößen*.

Das Zählen und Differenzbilden kann zunächst für jede Ereignisart getrennt erfolgen. Dadurch erhält man bereits Maße wie z.B. die *Zwischenankunftszeit* als Kehrwert der *Ankunftsrate*. Es ist jedoch auch sinnvoll, Differenzbildung zwischen verschiedenartigen Ereigniszeitpunkten vorzunehmen. Man gelangt dann zu Größen wie

- *Wartezeit* als Differenz zwischen Anforderung und Belegung,

- *Bedienzeit* als Differenz zwischen Belegung und Freigabe oder

- *Antwortzeit* als die Dauer von der Anforderung bis zur Freigabe.

Durch geeignete Differenzenbildung zwischen Zählgrößen können *Zustandsgrößen* erhalten werden. So ergibt

- die Differenz zwischen Anforderungen und Belegungen die Anzahl der wartenden Prozesse,

- die Differenz zwischen Belegungen und Freigaben die Anzahl der aktiven Prozesse (Last) und

- die Differenz zwischen den Anforderungen und Freigaben die Anzahl der im Bereich des Betriebsmittels sich aufhaltenden Prozesse.

Diese Differenzbildung zweier Zählgrößen kann dabei so gestaltet werden, daß die Differenzgröße unmittelbar erfaßt und fortgeschrieben wird. Im Falle der Last bedeutet dies, daß die Lastgröße bei einem Belegungsereignis inkrementiert, bei einer Freigabe dekrementiert wird.

Für diese Elementargrößen können wir dann Mittelwerte bilden, indem wir im Falle der Differenzbildung die mittlere Zwischenereigniszeit, im Falle des Zählens die mittlere Anzahl der Ereignisse pro Zeitintervall (Rate) bestimmen. An dieser Stelle ist zu bemerken, daß diese beiden Mittelwerte reziprok zueinander sind, sich also auseinander berechnen lassen. Die beiden Elementaroperationen sind also in gewisser Weise *dual* zueinander, und diese Dualität kann man sich beim Messen zunutze machen.

Die Mittelwertbildung setzt außerdem voraus, daß ein Akkumulieren von Werten durchgeführt wird. Dieses Akkumulieren ist eine verallgemeinerte Form des Zählens, bei der die Inkremente unterschiedlich groß sein können.

Neben der 'klassischen' Mittelwertbildung zur Schätzung von Modellgrößen, die zunächst akkumuliert und dann dividiert, gibt es auch die schon in Kapitel 4.4 erwähnten Varianten des gleitenden Mittels oder des exponentiellen Glättens, die den Vorzug besitzen, bei jedem neu auftretenden Ereignis einen aktualisierten Wert zu liefern.

Insgesamt sind also für Meßzwecke die folgenden Operationen vorzusehen:

```
module meßwerkzeuge;
    export zeit, uhrzeit, intervallmessen, zwischenzeit,
        akkumulieren, mitteln, glätten;

    type zeit = cardinal;

    procedure uhrzeit: zeit;
        uhrzeit: = { Zeitablesen }

    procedure intervallmessen(var länge: zeit; beginn : zeit);
        begin
        länge : = uhrzeit - beginn
        end;

    procedure zwischenzeit (var zwzeit, letzt: zeit);
        begin
        zwzeit : = uhrzeit - letzt;
        letzt : = uhrzeit
        end;

    procedure akkumulieren(var summe:real; inkr,gewicht:real);
        begin
        summe : = summe + inkr*gewicht
        end;

    procedure mitteln(var mittel:real; summe,divisor:  real);
        begin
        mittel : = summe / divisor;
        end;

    procedure glätten(var schätz: real; mess,fakt:real);
    { exp. Glätten mit Glättungsfaktor fakt }
        begin
        schätz: = (1-fakt)*schätz + fakt*mess
        end;

    end meßwerkzeuge;
```

Wir werden im folgenden zeigen, wie diese Operationen in die Komponenten der Betriebsmittelverwaltung einzubauen sind.

7.2.1 Elementargrößen

Wir gehen zunächst davon aus, daß die zu ermittelnde Meßgröße direkt aus der Auswertung der Meßereignisse gewonnen wird und diese Meßereignisse sich auf genau ein Betriebsmittel beziehen. Eine derartige Größe wollen wir *Elementargröße* nennen.

7.2.1.1 Synchrone Auswertung

Darüber hinaus wollen wir der Tatsache Rechnung tragen, daß ein neuer Meßwert genau dann entsteht, wenn ein entsprechendes Ereignis eingetreten ist. Eine Auswertung, die jeweils zu diesen Ereignis-Zeitpunkten (bzw. unmittelbar darauf) stattfindet, wollen wir *synchron* nennen. Als Beispiel zeigen wir die Erfassung des Durchsatzes:

Beispiel 7.2.1.1-1: Messung des Durchsatzes.

```
module durchsatz_bm_sy;
   export belegen, freigeben, durchsatz;
   import .......;
   from meßwerkzeuge
      import zeit, uhrzeit, zwischenzeit, glätten;
   var ........;
      letztfreig, zwzeit: zeit;
      durchsatz,alpha: real;

   procedure präd: boolean;
      { Auswertung des Belegungsprädikats };

   procedure belegen;
      begin
      while not präd do
         begin
          { blockierendes Warten };
         end;
       { ... Belegung ... }
      end

   procedure freigeben;
      begin
      zwischenzeit(zwzeit,letztfreig);
      glätten(durchsatz,1/zwzeit,alpha);
       { ... Freigabe ... }
      if not  { Stauraum leer }
         then { einen wartenden Prozeß deblockieren }
      end;

   begin
    { ... Initialisierung ... }
    end durchsatz_bm_sy;
```

Bei dieser Vorgehensweise wird der Durchsatz als Kehrwert der Zwischenabgangszeit bei jedem Abgang aktualisiert. Dabei bietet es sich an, neue Meßwerte sofort zur Verbesserung des aktuellen Schätzwertes zu verwenden. Daher eignen sich Verfahren zur inkrementellen Fortschreibung des Schätzwertes wie etwa die *exponentielle Glättung* besonders für synchrone Auswertungen der Meßereignisse.

Will man andere Meßgrößen erfassen, so sind z.T. weitere Einlagerungen in die Komponente *belegen* erforderlich. So schlägt sich zum Beispiel bei der *Bedienzeit* - als die Aufenthaltszeit des Prozesses in der Station - die Art der Benutzung des Betriebsmittels auf die erforderlichen Meßoperationen nieder. Bei der Bedienzeit muß offensichtlich die

Differenz zwischen dem Freigabe- und dem Belegungszeitpunkt gebildet werden. Handelt es sich dabei um ein sogenanntes *Einzelbetriebsmittel*, das also nur jeweils von einem Prozeß belegt werden kann, so ist die Bedienzeitmessung trivial.

Bei *teilbaren* Betriebsmitteln, und darum handelt es sich ja bei der Überlastproblematik häufig, tritt jedoch das Problem auf, eine Freigabe der dazugehörigen Belegung zuzuordnen. Können bei der Benutzung des Betriebsmittels keine Überholvorgänge stattfinden, so können die Belegungszeitpunkte in einer FIFO-Datenstruktur *(first-in-first-out)* abgelegt werden, von wo sie dann bei der Freigabe wiederum herausgeholt werden, um die Zeitdifferenz zu bilden.

Können jedoch Überholvorgänge stattfinden, so ist es erforderlich festzuhalten, welcher Prozeß einen Belege- oder Freigabevorgang vollzogen hat. Nur so können Belegungen und Freigaben einander richtig zugeordnet werden. Die Messung muß also prozeßindividuell erfolgen. Dafür sind dann beim Betriebsmittel geeignete Datenstrukturen vorzusehen, z.B. eine Komponente *Aktivraum*, die symmetrisch zum *Stauraum* die auf dem Betriebsmittel aktiven Prozesse mit ihren Belegungszeitpunkten enthält.

7.2.1.2 Asynchrone Auswertung

Eine Fortschreibung der Meßwerte ist im Falle der synchronen Auswertung abhängig vom Eintritt eines Elementarereignisses, z.B. ist eine Fortschreibung der Bedienzeit immer nur möglich zum Zeitpunkt einer Freigabe. Die Aktualität der Meßwerte ist somit abhängig von der Zeitstruktur der darunterliegenden Ereignisfolge. Wenn also beispielsweise eine Phase starker Benutzung eines Betriebsmittels gefolgt wird von einer 'Leerphase' ohne jegliche Freigabevorgänge, so enthält die Meßgröße einen u.U. völlig veralteten Wert. In dieser Situation entsteht der Wunsch, zu beliebigen Zeitpunkten eine Aktualisierung durchführen zu können, unabhängig davon, ob ein Ereignis stattgefunden hat oder nicht, also die Aktualisierung der Meßgröße von dem Auftreten von Meßereignissen weitgehend zu entkoppeln.

Eine derartige Meßwertermittlung, die nicht oder nur zufällig mit den Elementarereignissen koinzidiert, wollen wir *asynchron* nennen. In diesem Fall kann man von einer *Abtastung* sprechen, da die Initiative zur Bildung der Meßgröße nicht mehr von der zu erfassenden Ereignisfolge ausgeht, sondern von einer weiteren Instanz in der Rolle eines unabhängigen Beobachters. Im einfachsten Fall werden wir eine Auswertung in festen Intervallen vornehmen wollen. Da es sich dabei um einen periodischen Vorgang handelt, eignet sich eine Realisierung als zyklischer Prozeß. Die allgemeine Vorgehensweise ist die, daß in die Belege- und Freigabeoperationen lediglich Kumulationsvorgänge eingebettet sind, während die eigentliche Bildung der Meßgröße erst zu den Auswertzeitpunkten durch den eigens dafür geschaffenen Auswertprozeß erfolgt.

Als Beispiel greifen wir die Ermittlung des Durchsatzes wieder auf (vgl. Beispiel 7.2.1.1-1) und formulieren die Auswertung in einem zyklischen Prozeß. Dabei können wir uns die oben erwähnte Dualität von Zwischenzeitermittlung und Ereigniszählung zunutze machen, da in der Regel Inkrementierbefehle weniger aufwendig sind als die Bildung von Zwischenzeiten. Außerdem lassen wir die Annahme fallen, daß es sich bei den Belege-

und Freigabeoperationen um Kernaufrufe handelt, wodurch explizit Sperroperationen zur Sicherung der kritischen Abschnitte erforderlich werden:

Beispiel 7.2.1.2-1: Messung des Durchsatzes (asynchrone Realisierung mit speziellem Auswertprozeß).

```
module durchsatz_bm_asy;
    export belegen, freigeben, durchsatz;
    import ........, sleep,
            sperre, sperren, lösen;
    from meßwerkzeuge import .......;
    var sp: sperre;
        last, anzfreig : cardinal;
        letzt_auswert, zwzeit, auswertintervall: zeit;
        aktdurchsatz, durchsatz,alpha : real;

    procedure belegen;

        |


    procedure freigeben;
        begin

            |

        sperren(sp);
        anzfreig : = anzfreig + 1;
        lösen(sp);

            |

        end;

    process auswerten;
        loop
            begin
            sleep(auswertintervall);
            sperren(sp);
            zwischenzeit(zwzeit,letz_auswert);
            mitteln(aktdurchsatz,anzfreig,zwzeit);
            glätten(durchsatz,aktdurchdatz,alpha);
            anzfreig : = 0;
            lösen(sp);
            end;

    begin
    { ... Initialisierung ... }
    end durchsatz_bm_asy;
```

In die Prozedur *freigeben* ist also lediglich eine Zählung der Freigaben integriert, während die Bildung der Größe 'Durchsatz' (durch *'mitteln'*) und die darauffolgende Glättung dem Auswertprozeß obliegt. Obwohl die Mittelwertbildung bereits einen glättenden Einfluß auf die Meßgröße hat, kann ein zusätzliches exponentielles Glätten zur Steuerung des Einflusses der Vorgeschichte angebracht sein.

Will man statt des Durchsatzes die Bedienzeit ermitteln, so bildet man bei einem teilbaren Betriebsmittel das Integral der Last über die Zeit (Abbildung 7.2.1.2-1).

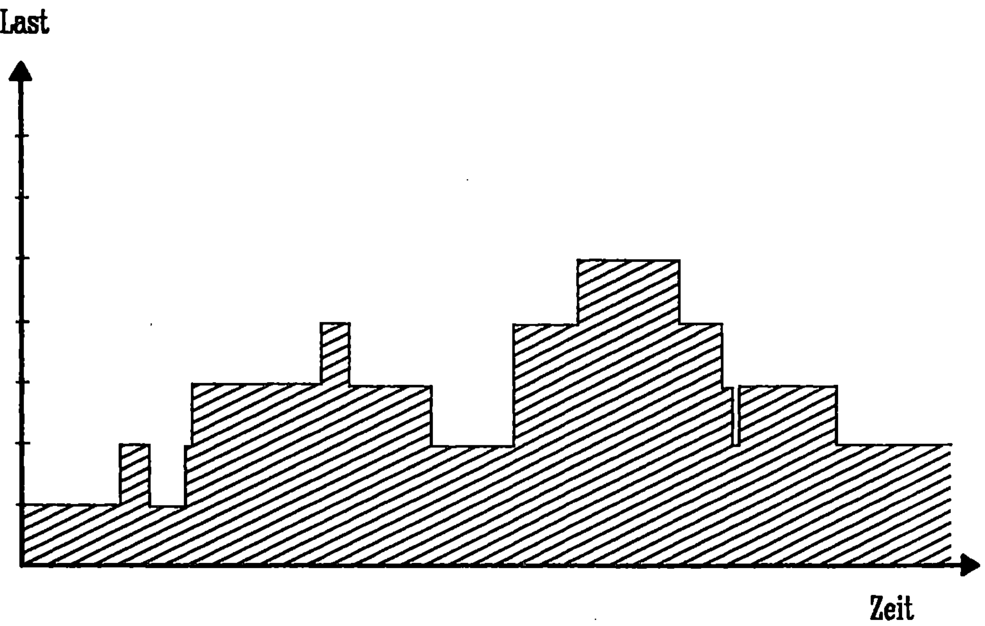

Abbildung 7.2.1.2-1: Akkumulierte Bedienzeit als Integral der Last über die Zeit.

Daraus kann dann die mittlere Bedienzeit gebildet werden, indem man das Integral durch die Anzahl der Abgänge während des Meßintervalls dividiert (Prozedur *mitteln*). Das Integral kann gleichzeitig dazu herangezogen werden, die mittlere Anzahl der Prozesse zu berechnen, indem der Wert des Integrals durch die Meßdauer dividiert wird. (Eine ausführliche Beschreibung der Verrechnung derartiger Größen bietet die Literatur über die *Verkehrsanalyse* (engl.: *Operational Analysis*), z.B. [*Buz*76,*Buz*78, *DB*78,*Kow*82].)

Beispiel 7.2.1.2-2: Messung der Bedienzeit durch Ermittlung des Integrals der Last über der Zeit. (Asynchrone Realisierung mit speziellem Auswertprozeß).

```
module bedienzeit_bm_asy;
    export belegen, freigeben, bedienzeit;
    import ........, sleep,
        sperre, sperren, lösen;
    from meßwerkzeuge import .......;
    var sp: sperre;
        last, anzfreig : cardinal;
        letzt, zwzeit, auswertintervall: zeit;
        lastintegral, aktbedienzeit, bedienzeit: zeit;
```

```
procedure belegen;
  begin

     |
     |

    sperren(sp);
    zwischenzeit(zwzeit,letzt);
    akkumulieren(lastintegral,zwzeit,last);
    last := last+1;
    lösen(sp);

     |
     |

  end;

procedure freigeben;
  begin

     |
     |

    sperren(sp);
    zwischenzeit(zwzeit,letzt);
    akkumulieren(lastintegral,zwzeit,last);
    last := last-1;
    anzfreig := anzfreig+1;
    lösen(sp);

     |
     |

  end;

process auswerten;
  loop
    begin
    sleep(auswertintervall);
    sperren(sp);
    if anzfreig>0 then
      begin
      mitteln(aktbedienzeit, lastintegral, anzfreig);
      glätten(bedienzeit, aktbedienzeit, alpha)
      end;
    lastintegral := 0;
    anzfreig := 0;
    lösen(sp)
    end;

begin
{ ... Initialisierung ... }
end bedienzeit_bm_asy;
```

Es muß also bei jeder Änderung der Last eine Fortschreibung des Last-Bedienzeit-Integrals stattfinden, wobei zu beachten ist, daß dies vor der Laständerung zu erfolgen hat.

Hier treten nun spezielle Probleme asynchroner Auswertung auf, die wir anhand der Abbildung 7.2.1.2-2 erläutern möchten:

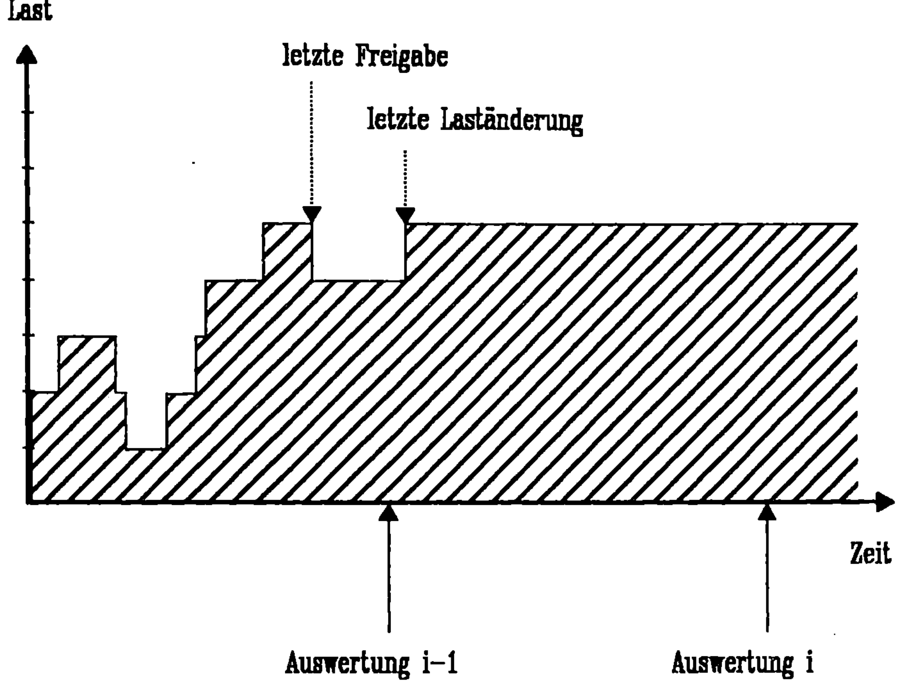

Abbildung 7.2.1.2-2: Mögliche Situation bei asynchroner Auswertung des Last-Integrals.

- Mangelnde Aktualität infolge ereignisorientierer Fortschreibung

  Die Variable *lastintegral* wird im obigen Beispiel immer nur dann aktualisiert, wenn eine Laständerung stattgefunden hat. Der Auswertprozeß, der dieses Datum zur Berechnung heranzieht, kann jedoch zu beliebigen Zeitpunkten aufgerufen werden, so daß die Belegtzeit einen u.U. hoffnungslos veralteten Wert enthält. In Abbildung 7.2.1.2-2 ist ein solcher Fall dargestellt, wo kurz nach der vorangegangenen Auswertung die letzte Laständerung und damit die letzte Fortschreibung des Lastintegrals vorgenommen wurde. Dies kann nur hingenommen werden, wenn Belegungs- und Freigabevorgänge um Größenordnungen häufiger stattfinden als Auswertungen. Im allgemeinen Fall ist diese Lösung jedoch, wie die Abbildung 7.2.1.2-2 zeigt, unbefriedigend, und es muß Abhilfe geschaffen werden, indem man bei jeder Auswertung eine Aktualisierung der erforderlichen Größen erzwingt, d.h. für Beispiel 7.2.1.2-2 eine Fortschreibung des Lastintegrals innerhalb des Auswertprozesses.

- Fehlen meßrelevanter Ereignisse

  Mit dieser erzwungenen Aktualisierung hat man zwar das Lastintegral auf dem neuesten Stand, jedoch kann man trotzdem zum Zeitpunkt *i* keine neue Bedienzeit ermitteln, weil inzwischen keine Freigabe stattgefunden hat. Dieser Fall mußte im Beispiel 7.2.1.2-2 auch explizit abgefangen werden, um eine potentielle Division durch 0 zu verhindern. Eine Betrachtung der Abbildung 7.2.1.2-2 läßt jedoch den

Schluß zu, daß sich in diesem Fall tatsächlich die mittlere Bedienzeit vergrößert hat, obwohl infolge fehlender Freigaben keine Auswertung stattfinden kann. Um nun trotzdem zu einem aktualisierten Meßwert zu gelangen, kann man in solchen Situationen als Kunstgriff das letzte Intervall, in dem noch Freigaben stattgefunden haben, in die Auswertung einbeziehen. Programmtechnisch bedeutet dies, sich den Stand der Akkumulationsvariablen zu merken, um in nachfolgenden Intervallen, in denen keine Freigabevorgänge zu verzeichnen sind, darauf zurückgreifen zu können. Diese Vorgehensweise läuft praktisch darauf hinaus, das Auswertungsintervall so weit in die Vergangenheit zu verlängern, daß mindestens ein Freigabevorgang stattgefunden hat. Darüberhinaus darf im Falle der Bedienzeit-Messung eine Fortschreibung ja nur vorgenommen werden, wenn tatsächlich Bedienung stattgefunden hat. Dies kann mithilfe des Lastintegrals abgeprüft werden.

Mit diesen Überlegungen ergibt sich für den Prozeß *auswerten* aus Beispiel 7.2.1.2-2 folgendende Modifikation:

```
process auswerten;
   loop
      begin
      sleep(auswertintervall);
      sperren(sp);
      zwischenzeit(zwzeit,letzt);
      akkumulieren(lastintegral,zwzeit,last);
      If lastintegral > 0 then
         begin
         If anzfreig > 0 then
            begin
            anzfreig_alt : = anzfreig;
            lastintegral_alt : = lastintegral
            end
         else
            begin
            anzfreig : = anzfreig_alt;
            lastintegral_alt : = lastintegral_alt + lastintegral;
            lastintegral : = lastintegral_alt
            end;
         mitteln(aktbedienzeit, lastintegral, anzfreig);
         glätten(bedienzeit, aktbedienzeit, alpha);
         lastintegral: = 0;
         anzfreig : = 0
         end;
      lösen(sp);
      end;
```

Diese Einschränkung der asynchronen Aktualisierbarkeit von Meßgrößen infolge fehlender Ereignisse gilt nicht grundsätzlich, sondern ist von der Art der Meßgröße abhängig. Wollen wir beispielsweise statt der Bedienzeit die mittlere Anzahl der Prozesse im Betriebsmittel (mittlere Last) bestimmen, so ist zu jedem beliebigen Zeitpunkt eine Aktualiserung möglich: Wir greifen dabei wieder auf das Beispiel 7.2.1.2-2 zurück und modifizieren den Auswertprozeß so, daß er mithilfe des Lastintegrals die mittlere Last aktualisiert:

```
process auswerten_mittlast;
   loop
      begin
      sleep(auswertintervall);
      sperren(sp);
      zwischenzeit(zwzeit,letzt);
      akkumulieren(lastintegral,zwzeit,last);
      if lastintegral > 0 then
         begin
         zwischenzeit(zwzeit_auswert,letzt_auswert);
         mitteln(aktmittlast, lastintegral, zwzeit_auswert);
         glätten(mittlast, aktmittlast, alpha);
         lastintegral := 0;
         end;
      lösen(sp);
      end;
```

Dieser Unterschied zwischen den beiden Größen *Last* und *Bedienzeit* bezüglich ihrer asynchronen Auswertbarkeit ist einfach zu begründen: Die *Last* ist vom Charakter her eine *Zustandsgröße* und der Zustand kann in unserem Modell potentiell zu jedem Zeitpunkt ermittelt werden. Dagegen ist die *Bedienzeit* eine *Zeitgröße*, die, wie bereits dargelegt, erst durch Differenzbildung zwischen entsprechenden Ereignissen gebildet wird. Nur zum Zeitpunkt dieses Ereignisses entsteht ein neuer Meßwert und bezieht sich bereits auf die Vergangenheit. Treten keine Ereignisse ein, so kann kein Meßwert ermittelt werden. Dieser grundsätzliche Unterschied trifft auch auf alle anderen Zeitgrößen (z.B. Durchsatz) und Zustandsgrößen (z.B. Auslastung) zu und wird lediglich durch die Verwendung relativ langer Beobachtungsintervalle und die damit verbundene Mittelung gemildert.

7.2.2 Zusammengesetzte Größen

Obwohl man durch die Elementargrößen, die durch einfache Differenzbildungen oder Zählungen entstehen, bereits aussagekräftige Maße erhält, ist es häufig sinnvoll, mehrere dieser Größen zueinander in Beziehung zu setzen, sie also zur Bildung komplexerer Größen zu verknüpfen.

Die Möglichkeiten dafür sind vielfältig. Grundsätzlich können wir unterscheiden:

- Nach der Art der Meßgröße:

  - *homogene* Zusammensetzung, bei der gleichartige Größen,

  - *heterogene* Zusammensetzung, bei der verschiedenartige Größen verknüpft werden.

- Nach dem Ort, wo die Meßgrößen entstehen:

  - *lokale* Zusammensetzung, bei der Größen von ein und demselben Betriebsmittel,

■ *globale* Zusammensetzung, bei der Größen verschiedener Betriebsmittel verknüpft werden.

Wir wollen diese Zusammensetzung durch zwei Beispiele illustrieren:

● *Power*

Grundsätzlich besteht bei der Optimierung von Leistungsmaßen in Rechensystemen der Konflikt, einerseits eine hohe Auslastung und damit einen hohen Durchsatz zu erzielen, andererseits kurze Antwortzeiten zu gewährleisten. Diese Zielsetzung ist konträr. Eine Möglichkeit, diesem Dilemma zu entkommen, besteht darin, eine aus beiden Größen kombinierte Leistungsgröße zu bilden, die beide Ziele angemessen berücksichtigt. So wurde speziell für den Bereich der Rechnernetze das Maß *'Power'* vorgeschlagen, das definiert ist als der Quotient aus Durchsatz und Antwortzeit [*Kle*78] . Bei einem M | M | 1-System ergibt sich folgender Zusammenhang zwischen Auslastung ρ, Antwortzeit und 'Power':

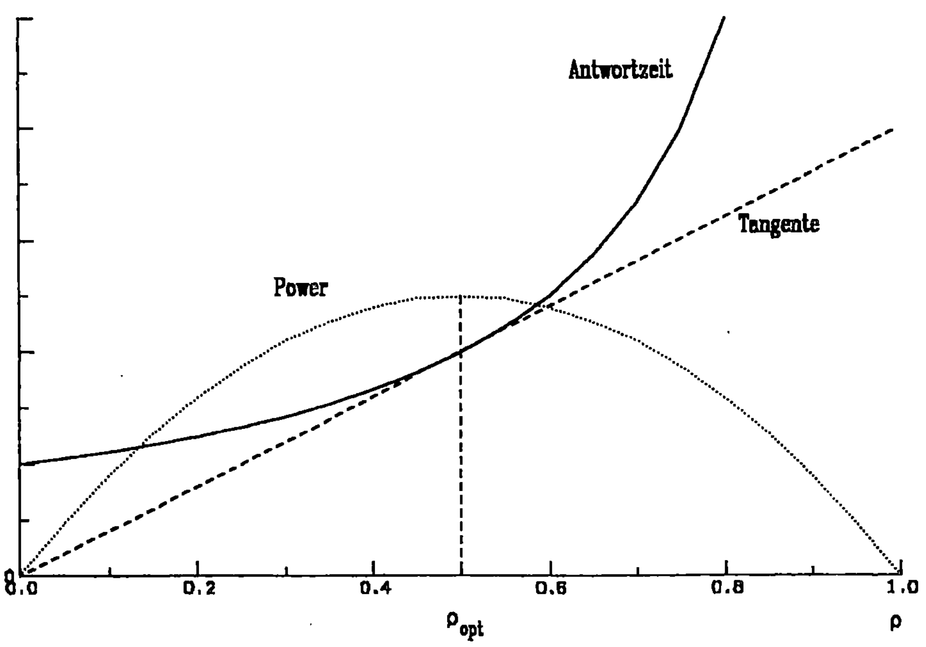

Abbildung 7.2.2-1: 'Power' eines Systems als Quotient aus Durchsatz und Antwortzeit

Beim M | M | 1-System hat die Power-Funktion ihr Maximum am 'Knie' der Antwortzeitfunktion bei $\rho = 0.5$. Dieses Maß kann übrigens auch zur Definition von Überlast verwendet werden, wenn man den Überlast-Begriff etwas weiter fassen und das Antwortzeitverhalten mitberücksichtigen will. Die 'Power' ist nach obiger Begriffsbildung ein Beispiel für eine lokal und heterogen zusammengesetzte Meßgröße.

- *Dilatation*

In Kapitel 3 haben wir Fälle *globaler Lastabhängigkeit* behandelt, bei denen das
Verhalten einzelner Betriebsmittel in einem Netz abhängig war von der Gesamtlast
im Netz. In diesem Fall muß ein globales Leistungsmaß aus Meßdaten der Einzelstationen gewonnen werden, die durch Übertragungswege, Prozessoren, oder Zwischenknoten repräsentiert sein können. Zur Erinnerung sei noch einmal das
Strukturbild aufgezeigt (Abbildung 7.2.2-2).

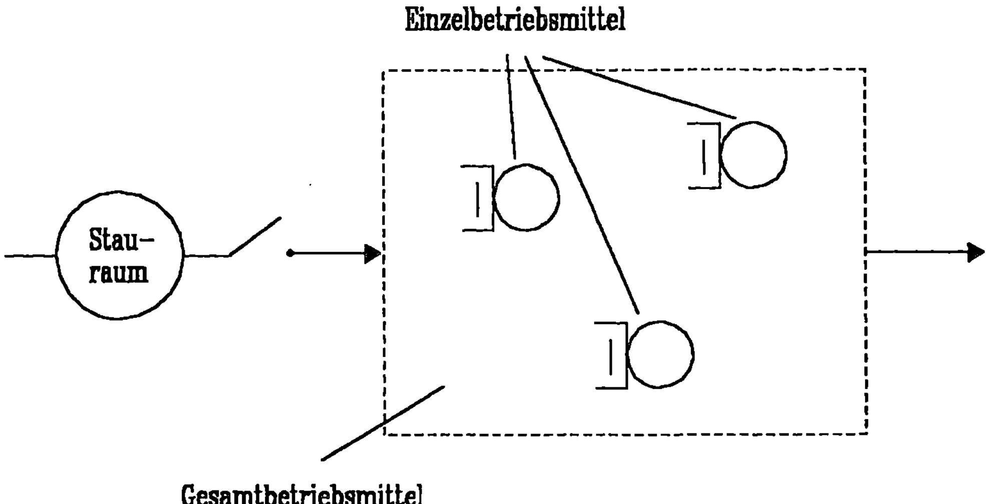

**Abbildung 7.2.2-2: Gesamtbetriebsmittel, bestehend aus einem Netz von global
lastabhängigen Einzelbetriebmitteln.**

Als Leistungsmaß für das Gesamtnetz kann beispielsweise die Summe der Auslastungen der Einzelstationen verwendet werden. Im Falle des virtuellen Speichers,
wo das Gesamtnetz den Hauptspeicher darstellt und die Einzelstationen aus den
Zentral- und Ein/Ausgabeprozessoren gebildet werden, wurde diese Größe als
Dilatation bezeichnet [*BL78a*], da sie ein Maß für die Erweiterung des Systems durch
Parallelarbeit ausdrückt. Die *Dilatation* ist ein Beispiel für eine global und homogen
zusammengesetzte Größe.

Bei der Zusammensetzung von einfacheren Größen zu komplexeren treten nun einige
Fragen auf, die unabhängig sind von der Art der Zusammensetzung. Zunächst ist zu
klären, ob lediglich die entstehende Verbundgröße von Interesse ist oder ob auch die

Elementargrößen als solche, also unabhängig von ihrer Verknüpfung, weiterverwendet werden. Für die Verbundgröße ist es von Bedeutung, daß ihre Konstituenten insofern auf gleiche Weise entstanden sind, daß sie z.B. sich auf dasselbe Meßintervall beziehen und im Falle der Glättung die gleiche Vorgeschichte berücksichtigen. Dies kann bei lokalen Zusammensetzungen leicht erreicht werden. Handelt es sich jedoch um globale Kombinationen, bei denen u.U. unabhängige Instanzen ihren Beitrag liefern, so ist dies nicht immer zu erreichen. Wir werden im folgenden daher insbesondere auf die Probleme eingehen, die sich im Zusammenhang mit global zusammengesetzten Größen ergeben.

Für die Auswertung global zusammengesetzter Größen gibt es zwei alternative Vorgehensweisen: Entweder geht die Initiative von den lokalen Instanzen aus, die kooperativ, aber unabhängig voneinander die globale Größe zusammensetzen und fortschreiben, oder eine globale Instanz sammelt bei den lokalen Betriebsmitteln die Teilgrößen und bildet selbst die Verbundgröße (Abbildung 7.2.2-3). Wir wollen die beiden Alternativen kurz diskutieren.

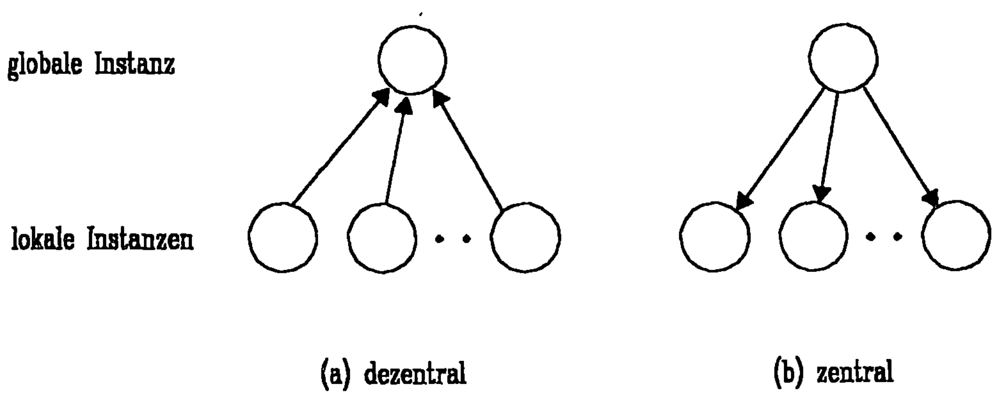

Abbildung 7.2.2-3: Alternativen bei der Bildung global zusammengesetzter Meßwerte.

7.2.2.1 Dezentrale Auswertung

Eine dezentrale Fortschreibung wird dadurch erreicht, daß die lokalen Instanzen jeweils ihren lokalen Meßwert erfassen und ihn in die globale Größe dadurch einbringen, daß sie ihren vorangegangenen Beitrag durch den aktuellen ersetzen.

Die lokale Auswertung wird zwar periodisch vorgenommen, jedoch mit lokalen und damit u.U. sehr unterschiedlichen Auswertintervallen. Damit ist auch die Aktualität der lokalen Beiträge zur Gesamtgröße unterschiedlich. Dies kann wünschenswert sein, wenn auch die Meßereignisse jeweils an den lokalen Betriebsmitteln stark unterschiedliche Frequenz aufweisen. Möchte man jedoch eine 'Homogenisierung' der globalen Meßwertfortschreibung erreichen, so kann das Auswertintervall für alle lokalen Stationen global vorgegeben und eine Synchronisation erzwungen werden. Damit gilt jedoch für alle lokalen Stationen dasselbe Intervall und es ist unangemessen, für jede einen eigenen Auswertprozeß vorzusehen, denn alle diese Prozesse würden jeweils zum selben Zeitpunkt aktiviert werden. Stattdessen sollte in diesem Fall die Auswertung von einem dem globalen Betriebsmittel zugeordneten Prozeß erfolgen. Die Existenz eines solchen globalen Betriebsmittels wird durch die Bildung der globalen Größe konstituiert.

Als Nachteil der obigen Lösung (Beispiel 7.2.2.1-1) muß außerdem angesehen werden, daß durch die dezentrale Zusammenfassung lokaler zu globalen Größen die in der Regel gewünschte Unabhängigkeit der Ebenen einer solchen Hierarchie reduziert wird. Die globale Struktur wird durch diese Vorgehensweise in gewisser Weise lokal präjudiziert. Insbesondere ist auch der Fall zu berücksichtigen, daß eine lokale Größe in verschiedene globale Meßgrößen eingeht, die unabhängig voneinander und mit unterschiedlichen Abtastintervallen erfaßt werden. In all diesen Fällen ist eine globale oder zentrale Auswertung die angemessene Lösung.

7.2.2.2 Zentrale Auswertung

Unter zentraler Auswertung soll im Zusammenhang mit zusammengesetzten Meßgrößen verstanden werden, daß die Bildung der Verbundgröße durch eine übergeordnete, globale Instanz erfolgt. Auch hier stellt sich wieder die Frage nach der Arbeitsteilung lokaler und globaler Instanzen und der damit verbundenen Abhängigkeiten.

Die eine Lösung besteht darin, daß bereits lokal eine 'fertige' Meßgröße gebildet zur globalen Weiterverwendung zur Verfügung gestellt wird. 'Fertig' soll hier bedeuten, daß sie in gewisser Weise bereits aufbereitet ist, daß also z.B. eine Glättung bereits stattgefunden hat. Der Vorteil dieser Lösung besteht darin, daß eine vollständige Entkopplung zwischen der Bildung der Größe und ihrer Nutzung zu verschiedensten Zwecken besteht. Außerdem kann bei der Glättung oder vergleichbaren Verfahren zur Filterung stochastischer Schwankungen die jeweilige lokale Struktur des zugrundeliegenden stochastischen Prozesses am besten berücksichtigt werden. So kann beispielsweise der Parameter des Glättungsvorgangs so gewählt werden, daß die entstehende Größe mit vorgegebenem Konfidenzintervall angegeben werden kann.

Was aus einem Blickwinkel als Vorteil gilt, muß aus anderer Sicht als Nachteil gewertet werden. So kann die Unabhängigkeit von lokaler Meßwertbildung und globaler Zusammensetzung zu komplexeren Größen dazu führen, daß Elementargrößen verschiedener statistischer Bearbeitung und damit evtl. verschiedener Aktualität kombiniert werden. Es ist beispielsweise zu berücksichtigen, daß arithmetische Operatoren (zur Bildung der komplexen Größe) und der Glättungsoperator in der Regel nicht vertauschbar sind. Dies gilt sogar dann, wenn jeweils derselbe Glättungsparameter verwendet wird.

Derartige Überlegungen legen eine Realisierung nahe, bei der in den lokalen Instanzen lediglich eine 'Roherfassung' der Meßdaten in Form von Akkumulationsvorgängen stattfindet, deren Auswertung dann höheren Instanzen vorbehalten bleibt. Dabei muß beachtet werden, daß mehrere unabhängige Instanzen auf die Rohdaten zugreifen können.

Der Auswertprozeß greift dann nur lesend auf die lokalen Daten zu, wodurch keine Störung mit anderen Auswertprozessen entsteht (Abb. 7.2.2.2-1).

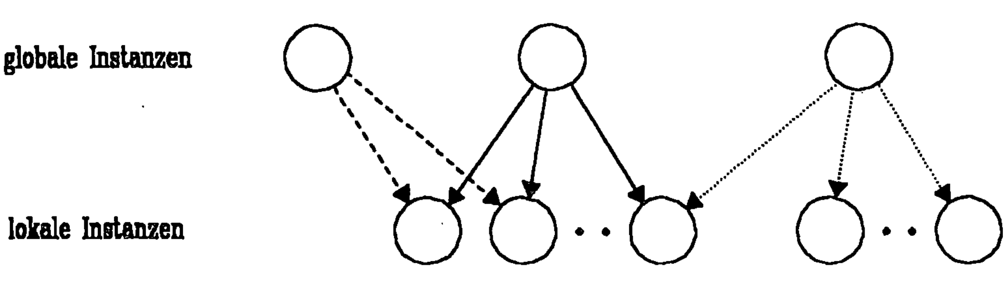

Abbildung 7.2.2.2-1: Mehrere unabhängige Instanzen greifen auf lokale Meßwerte zu.

7.3 Einbettung von Regelungsoperationen

Wir haben bisher lediglich erörtert, wie Meßoperationen in die Betriebsmittelverwaltung zu integrieren sind. Die Regelungsmechanismen zur Vermeidung von Überlast liefen ja darauf hinaus, bei Erkennen einer Überlastsituation ankommende Aufträge aufzustauen oder abzuweisen. Nachdem die relevanten Größen mittels der im vorigen Kapitel 7.2 beschriebenen Operationen vorliegen, kann durch Anwendung der Regelgesetze das Prädikat, das den Zugang zum Betriebsmittel steuert, entsprechend präzisiert werden. Eine Überlastregelung wird also dynamisch eine optimale Obergrenze ermitteln und die aktuelle Last damit vergleichen. Die weiter oben (Kapitel 7.1) erwähnte Prozedur *präd* realisiert also den Schalter zur Überlastkontrolle.

Bei der Frage, wie nun die Mechanismen zur dynamischen Verstellung der Obergrenze eingebaut werden können, ergeben sich mehrere mögliche Ausprägungen, die sich im wesentlichen an den gleichen Kriterien orientieren wie die Meßoperationen, nämlich vor allem an der Zeitstruktur. Wir können daher wieder unterscheiden in eine *synchrone* und eine *asynchrone* Einbettung der Regelungsoperationen.

7.3.1 Synchrone Einbettung

Wir wollen unter synchroner Einbettung eine Anordnung verstehen, die mit dem Auftreten eines neuen Meßwertes eine Aktualisierung der optimalen Obergrenze vornimmt.

Dazu greifen wir das Beispiel 7.2.1.1-2 wieder auf, bei dem der lastabhängige Durchsatz ermittelt wurde. Eine Integration der Überlastregelung gemäß dem *Tripel-Verfahren* kann dann folgendermaßen formuliert werden:

Beispiel 7.3.1-1: Überlastregelung mit Tripel-Verfahren.

```
module tripel_bm;
    export belegen, freigeben;
    import ......;
    from meßwerkzeuge import ........;
    const maxobergrenze = ...;
    var last, obergrenze: cardinal;
        letztfreig, zwzeit: zeit;
        durchsatz: array [0..maxobergrenze] of real;
        alpha: real;

    procedure präd: boolean
        begin
        präd := last < obergrenze
        end;

    procedure belegen;
        begin
        while not  präd
          begin
          { ... blockierendes Warten ... }
          end;
          last := last+1;
          { ... Belegung ... }
        end;

    procedure freigeben;
        begin
        zwischenzeit(zwzeit,letztfreig);
        glätten(durchsatz(last),1/zwzeit,alpha);
        tripel_regeln(obergrenze,maxobergrenze,durchsatz);
        last := last-1;
        { ... evtl. weitere Aktionen ... }
        while ( not { Stauraum leer } & präd)
            do
```

```
        { einen wartenden Prozeß deblockieren }
    end;

  begin
    { ... Initialisierung ... }
  end tripel_bm;
```

Die Prozedur *tripel_regeln* kann dann folgendermaßen aussehen (vgl. Kapitel 5.1.2):

```
   procedure tripel_regeln(var og,maxog:real;
                         leistung: array [0..maxog] of real);
   begin
   If (leistung[og-2] < = leistung[og]
              and leistung[og-1] < = leistung[og])
       then og : = og + 1
       else og : = og-1;
   if og < 2 then og: = 2;
   If og > maxog then.og: = maxog
     end;
```

Würde man diesen Regelvorgang in die Komponente *belegen* integrieren, z.B. vor die Auswertung des Überlastprädikats, so würde - bei mehreren Ankünften hintereinander ohne zwischenzeitlichen Abgang - der Regler aufgerufen, ohne daß ein neuer Schätzwert für die Leistung zur Verfügung steht. Dies bedeutete zum einen unnötigen Aufwand, zum anderen würde der Regelmechanismus verfälscht, dessen Arbeitsweise darauf beruht, daß bei jedem Regelschritt ein neuer Schätzwert vorliegt. Allgemein ist also darauf zu achten, den Regler frühestens dann aufzurufen, wenn sich eine seiner Eingabegrößen geändert hat. Da dies im vorliegenden Fall lediglich der *Durchsatz* sein kann, ist ein Regleraufruf bei jeder Aktualisierung des Durchsatzes sinnvoll.

7.3.2 Asynchrone Einbettung

Gelegentlich ist es jedoch erforderlich, daß die Aktualisierung der Obergrenze in vorgegeben Intervallen stattfindet. Es liegt dann eine zeitliche Entkopplung von Messung und Regelung vor, die wir als *asynchrone Einbettung* bezeichnen wollen. Da jedoch nach wie vor gilt, daß ein Regleraufruf nur dann sinnvoll ist, wenn sich seine Eingabegrößen geändert haben, sollte diese Entkopplung nur dann stattfinden, wenn das Meßintervall kleiner ist als das Regelintervall. Andernfalls muß beim Regleraufruf eine Meßwertaktualisierung explizit erzwungen werden. Im folgenden Beispiel zeigen wir eine Variante, bei der die Bildung der Meßgröße zwar asynchron zu den Meßereignissen erfolgt, jedoch synchron zum Regleraufruf. Wir wählen dabei als Regelmechanismus das in Kapitel 5.2.2.3 beschriebene Verfahren der Approximation durch die Parabel, bei dem aufgrund von Meßwerten die Parameter der Parabel zu schätzen sind, die wiederum die Berechnung des einzustellenden Optimums liefert. Da Meßwertermittlung, Parameterschätzung und Reglereingriff zu unterschiedlichen Zeitpunkten stattfinden können, bietet sich eine auch programmtechnische Entkopplung an (vgl. Kap. 4.4), wie das folgende Beispiel 7.3.2-1 zeigt:

Beispiel 7.3.2-1: Überlastregelung mit Parabel- Approximation (Teilfunktionen als Prozesse realisiert).

```
module parabel_bm;

    procedure belegen;

    procedure freigeben;

    process auswerten;
        loop
            begin
            sleep(auswertintervall);
            sperren(sp);
                { Meßgröße bilden }
            lösen(sp)
            end;

    process schätzen;
        loop
            begin
            sleep(schätzintervall);
            sperren(sp);
                { Modellparameter schätzen }
            lösen(sp)
            end;

    process regeln;
        loop
            begin
            sleep(regelintervall);
            sperren(sp);
            obergrenze: =  { neu errechnetes Optimum }
            lösen(sp)
            end;

begin
{ ... Initialisierung ... }
end parabel_bm;
```

7.3.3 Wirkungsweise des Reglereingriffs

Die Eingriffsweise des Reglers war - soweit bisher beschrieben - insofern indirckt und in gewissem Sinne passiv, als lediglich die zulässige Obergrenze verändert wurde. Wird bei Vollast (*last = obergrenze*) die Obergrenze durch den Regler reduziert, so stellt sich die tatsächliche Last erst nach u.U. mehreren Freigaben auf den neuen Maximalwert ein. Umgekehrt werden bei einer Erhöhung der Obergrenze, die asynchron bezüglich Belegung und Freigabe erfolgt, nicht sofort weitere Prozesse nachgezogen. Will man eine derartige verzögerte Wirkungsweise des Reglers vermeiden, so muß man Mechanismen vorsehen, die es dem Regler ermöglichen, die tatsächliche Last gemäß der neuen Obergrenze unmittelbar zu beeinflussen.

Ein Nachziehen bei festgestellter Unterlast kann einfach dadurch erreicht werden, daß Regleraufruf und Belegung synchronisiert werden. Dies kann einerseits dadurch geschehen, daß der Regleraufruf jeweils in die Belegungs- und Freigabekomponente integriert wird. Dadurch ist natürlich die Häufigkeit des Regleraufrufs gekoppelt mit der Häufigkeit der Belegungen und Freigaben. Will man das Regelintervall unabhängig von der Belegungsfrequenz des Betriebsmittels halten, so ist der umgekehrte Weg zu wählen, daß der Regler selbst Belegungen vornehmen oder sie zumindest initiieren kann.

Eine neue Qualität erhält die Betriebsmittelverwaltung, wenn auch eine Reduktion der Obergrenze sich unmittelbar auf die tatsächliche Last auswirken soll. Dann müssen Prozesse *verdrängt* werden. Dazu ist es zunächst erforderlich, die zur Zeit das Betriebsmittel benutzenden Prozesse zu kennen, wofür geeignete Datenstrukturen unterhalten werden müssen.

Die Verdrängungshandlung selbst kann natürlich, abhängig von der Art des Betriebsmittels, äußerst komplex werden. Das Spektrum reicht vom einfachen Abbrechen über das Retten des aktuellen Bearbeitungszustandes bis zum vollständigen Rücksetzen der bisherigen Wirkung des Prozesses. Wir formulieren als letztes Beispiel (7.3.3-1) eine Überlastregelung durch die *Parabel-Approximation*, wie sie z.B. zur Regelung des Multiprogramminggrades am virtuellen Speicher verwendet werden kann. Diesmal ist eine unmittelbare Einwirkung des Reglers auf die Last vorgesehen:

Beispiel 7.3.3-1: Überlastregelung mit Verdrängung (Alle Teilfunktionen der Regelung in einem einzigen Prozeß realisiert).

```
module parabel_bm_verdr;

    procedure präd: boolean;

    procedure belegen;

    procedure freigeben;

    process regeln;
       loop
         begin
         sleep(regelintervall);
         sperren(sp);
             { Bilden der Meßgröße }
             { Schätzen der Parameter }
         obergrenze : = { neu errechnetes Optimum }
         if präd
            then
               while ( not { Stauraum leer } & präd)
               do
                  begin
                  { einen wartenden Prozeß aufnehmen }
                  { ... Belegungshandlung ... }
                  last: = last + 1
                  end;
            else
               while (not { Aktivraum leer } & not präd)
               do
```

```
            begin
            { Kandidat zur Verdrängung auswählen }
            { ... Verdrängungshandlung ... }
            last: = last-1
            end;
        lösen(sp)
        end;

    begin
    { ... Initialisierung ... }
    end parabel_bm_verdr;
```

7.4 Nachbemerkungen

Mit diesen Beispielen wurde versucht, einen Einblick in die Realisierungsmöglichkeiten
von Regelkomponenten zur Überlastvermeidung zu geben. Die Variationen betrafen vor
allem die verschiedenen Grade zeitlicher Entkopplung zwischen
Belegungs/Freigabeoperationen, Meßgrößengewinnung, Parameterschätzung und
Reglereingriff. Als Rahmen wurde eine einfache Variante der Betriebsmittelverwaltung
gewählt, um den Hauptaspekt klar auf die Gestaltung der Meß- und Regelmechanismen
legen zu können. Die vorgeschlagenen Einbettungen sind mutatis mutandis auch auf
andere Varianten der Betriebsmittelverwaltung zu übertragen.

Die Tatsache, daß die Meßstellen, um hinreichend genaue Daten zu liefern, tief in die
Verwaltungskomponenten einzulagern sind, macht ein nachträgliches Aufsetzen von
Meßkomponenten schwierig, wenn nicht unmöglich. Die Qualität einer Regelung steht
und fällt mit der Güte der Meßdaten, auf denen sie beruht. Es muß daher nachdrücklich
der Wunsch ausgesprochen werden, daß bereits beim Entwurf von Systemen oder
Komponenten, sei es in Hard- oder Software, geeignete Meßmöglichkeiten vorgesehen
werden. Dies trifft insbesondere für den Hardware-Bereich zu, wo sich infolge wachsender Integrationsdichte interessante Meßpunkte immer weiter in die Bausteine hinein-
verlagern. Es wäre daher sehr vorteilhaft, wenn Meßoperationen explizit dem
Befehlssatz hinzugefügt würden.

Die Einfachheit der notwendigen Elementaroperationen, wie sie z.B. im Modul
Meßwerkzeuge formuliert sind, macht es möglich, sie - verdrahtet oder mikroprogram-
miert - einerseits für Messungen auf beliebigen höheren Ebenen zur Verfügung zu stellen, andererseits sie - wo das sinnvoll ist - im internen Ablauf bereits so zu benutzen, daß
z.B. in einem speziellen Register jederzeit lesbar die aktuelle Auslastung der Komponente
angezeigt wird.

Im Zusammenhang mit der Auslastung ist noch ein anderer Aspekt erwähnenswert. Wir
hatten im Kapitel 2.2 Einzelbetriebsmittel betrachtet, deren Bedienzeit sich aus einem
Nutzanteil und einem Verwaltungsanteil zusammensetzt. Eine effiziente
Überlastregelung ist häufig von der Möglichkeit einer solchen Aufspaltung abhängig.

Wir können auf diese Aufspaltung hier nicht näher eingehen, denn was nun der Nutzarbeit und was dem Verwaltungsaufwand zuzuschlagen ist, kann letztlich nur im Einzelfall entschieden werden. Die häufig in Betriebssystemen vorgefundene und apparativ unterstützte Aufteilung in zwei Zustände *(Kern/Nichtkern, Supervisormode/Usermode)* oder mehr (*P1* bis *P4* im *BS2000*) werden der gewünschten Unterscheidung meist nicht gerecht, zumal viele Verwaltungsvorgänge, da sie unkritisch sind, im normalen Benutzermodus ablaufen.

Auch in Rechnernetzen reicht es nicht aus, beispielsweise Datenpakete der Nutzinformation und Quittungspakete der Verwaltung zuzuschlagen, da erstens Datenpakete grundsätzlich auch Verwaltungsinformation enthalten und zweitens die Einteilung in Nutz- oder Verwaltungsinformation ebenenspezifisch zu sehen ist, d.h. Verwaltungsdaten auf Ebene n werden zu Nutzdaten auf Ebene k < n.

Da die hier untersuchten Effekte ausschließlich auf lastabhängigem Verwaltungsaufwand beruhen, kann als grobes Kriterium verwendet werden, daß jene Tätigkeiten als *'Overhead'* zu interpretieren sind, die aus der gemeinsamen Nutzung von Betriebsmitteln resultieren. Dazu gehören insbesondere solche Vorgänge, die eine Virtualisierung bzw. einen Multiplexbetrieb von Betriebsmitteln bewirken.

Zusammengefaßt wäre also die Forderung aufzustellen, daß Komponenten von Rechensystemen in dem Maße, wie sie es aufgrund ihrer verfügbaren 'Intelligenz' vermögen, selbst über ihre derzeitige Last- und Leistungssituationen Auskunft geben. Diese Meßwerte könnten dann entlang der vertikalen Schichtung (im Sinne einer *'benutzt'*-Relation) nach 'oben' weitergereicht, dort jeweils zu komplexeren Größen kombiniert und weiterverarbeitet werden, so daß auf jeder Ebene spezifische Meßgrößen für spezifische Regelungsmechanismen zur Verfügung stehen.

8 Zusammenfassung und Ausblick

Die rasante Entwicklung auf dem Hardwaresektor, die gegenwärtig zu immer schnelleren Prozessoren und größeren Speichern bei gleichzeitig sinkenden Preisen führt, mag manchen auf den Gedanken kommen lassen, die Leistungsproblematik in Rechensystemen verliere zunehmend an Bedeutung und werde in wenigen Jahren obsolet geworden sein. In der Tat hat die Hardware-Entwicklung Einfluß auf die Probleme, mit denen man sich im Bereich der Rechnermodellierung beschäftigt. Jedoch wirkt sich dieser Einfluß meist nur so aus, daß sich Dimensionen verschieben oder daß alte Fragestellungen sich auf neue Bereiche verlagern. Rechenkapazität oder - wie man heute besser sagt: - Kapazität zur Informationsverarbeitung bleibt immer endlich und der Bedarf an Informationsverarbeitung wächst mindestens in gleichem Maße wie das Angebot.

So bleibt auch die Überlastproblematik aktuell, auch wenn sie ihren Schwerpunkt seit der Mitte der siebziger Jahre in die Richtung der Rechnernetze und der verteilten Systeme verlagert hat. Auch die Theorie der Warteschlangen hat in diesem Zusammenhang nichts von ihrer Bedeutung eingebüßt, sie ist im Gegenteil wichtiger denn je, zumal die zu modellierenden Systeme ständig an Komplexität zunehmen und daher bereits zu ihrem Entwurf mächtige und zuverlässige Modellierungswerkzeuge eingesetzt werden müssen.

In diesem Zusammenhang ist auch die vorliegende Arbeit zu sehen. Sie ist nicht einem singulären Punkt im zeitlichen und räumlichen Koordinatensystem der Probleme gewidmet, sondern versteht sich als Beitrag zu einer Überlastproblematik, wie sie immer vorzufinden sein wird.

Es wurde versucht, das Entstehen von Überlastsituationen anhand gerade aktueller Probleme zu erläutern, um das Spektrum möglicher Anwendungsgebiete aufzuzeigen. Das Verhalten von Systemen mit derartigen Eigenschaften wurde dann im Rahmen der Theorie der stationären Warteschlangennetze untersucht, wobei Maßnahmen zur Überlastkontrolle gleich in die Analyse einbezogen wurden. Dabei konnte insbesondere nachgewiesen werden, daß lokale Optimierungen nur dann mit Sicherheit zu einer globalen Leistungssteigerung führen, wenn sie *überall* dort vorgenommen werden, wo Überlastverhalten vorliegt.

Es wurde jedoch nicht übersehen, daß Überlasteffekte vor allem auch durch dynamische Lastspitzen hervorgerufen werden, deren Auftreten häufig nicht vorhersagbar ist. Dies führte zur Behandlung des Problems der Überlast*regelung* im rückgekoppelten Wirkkreis mit selbstadaptiven Eigenschaften. Hier wurden einige Verfahren entwickelt, die in ihrem algorithmischen Aufwand und ihrer Leistungsfähigkeit eine gewisse Bandbreite darstellen, um verschiedenen Anforderungen auf diesem Gebiet gerecht zu werden. Bei der simulativen Erprobung der Verfahren stellte sich heraus, daß man trotz schwierigen

Systemverhaltens durch geeignete, auch dynamisch veränderbare Parametrisierung gute Kompromisse zwischen den beiden 'polaren' Eigenschaften *Stabilität* und *Reagibilität* finden kann.

Im Abschnitt 5.3 wurde bereits angedeutet, daß eine Erweiterung der Lernfähigkeit der Regelmechanismen durchaus möglich ist. Dabei ist in erster Linie an übergeordnete Regelkreise (*Kaskaden-Regelung*) zu denken, die nicht nur zur adaptiven Verstellung der Parameter der bereits adaptiven Regelalgorithmen fähig sind, sondern über diesen quantitativen Aspekt hinaus in der Lage sind, sogar selbsttätig zu Modellen des zu regelnden Systems zu gelangen. Fernziel weiterer Forschungstätigkeit auf diesem Gebiet sind also Systeme, die nicht nur parameteradaptiv, sondern modell- und strukturadaptiv arbeiten. Derartige Untersuchungen lassen jedoch den Bereich der reinen Überlastregelung weit hinter sich und sind bereits der allgemeinen Systemtheorie zuzuordnen.

Was die hier vorgestellten Regelmechanismen betrifft, so ist eine weitere Verfeinerung zwar grundsätzlich möglich, scheint jedoch sinnvollerweise dem einzelnen Anwendungsfall vorbehalten, wenn detaillierteres Wissen über die Systemstruktur vorliegt. Ebenso dem konkreten Anwendungsfall überlassen bleibt die feinere Ausgestaltung der Programmstücke, die in Kapitel 7 die Realisierungsaspekte einer Überlastregelung beleuchteten.

Insgesamt stellt sich die Arbeit mit ihrer Vorgehensweise in gute Informatik-Tradition - sofern man bei einer so jungen Disziplin schon von Tradition sprechen kann -, indem sie in einem analytischen Teil das Überlastphänomen beschreibt, untersucht und zergliedert, um dann im weiteren Verlauf die in der Analyse gewonnen Erkenntnisse konstruktiv umzusetzen.

Natürlich gibt es einige Punkte, die man unter diesem Thema noch hätte behandeln können. So hätte man, wie das sonst üblich ist, verschiedene Auftragsklassen vorsehen können. Allerdings trägt dies zur reinen Überlastproblematik wenig bei, sondern führt eher zu einem *Allokationsproblem*, wie die vorhandene Kapazität optimal auf die Klassen aufgeteilt wird, bzw. wie Last am besten in einem Netz verteilt werden kann. Diese ohne Zweifel relevanten Fragen sind jedoch zu komplex und eigenständig, um hier noch subsumiert zu werden und verdienen daher dedizierte Untersuchungen.

Ein weiteres, vermutlich noch wichtigeres Problem, das im vorangegangenen Kapitel über Realisierungsaspekte lediglich kurz angesprochen wurde, ist das der *verteilten Kontrolle*. Wir sind hier etwas idealisierend davon ausgegangen, daß

- Zugang zum System zentral gesteuert werden kann,

- Information über die aktuelle Leistung des Systems zentral zur Verfügung steht.

Dies ist jedoch, denkt man an Rechnernetze, nicht immer der Fall. Obwohl in Einzelfällen Lösungen existieren - das in dieser Arbeit vorgestellte Optimalitätstheorem gehört dazu -, ist es eine im allgemeinen noch ungelöste, wenn auch hochinteressante Frage, wie lokale, weitgehend autonome Kontrollinstanzen zu einem globalen Optimum gelangen können. Auf diesem Felde dürften ebenfalls wichtige Weiterentwicklungen der

Überlastkontrolle zu finden sein, wie Kleinrock in [*Kle85*] anmerkt. Im selben Artikel weist er darauf hin, daß eine *mikroskopische* Betrachtungsweise mit hohem Detailgrad nicht zu einem *grundsätzlichen* Verständnis komplexer verteilter Systeme führt. Was seiner Meinung nach benötigt wird, ist eine eher *makroskopische* Theorie, die in ihrer Bedeutung dem vergleichbar wäre, was die Thermodynamik für die Physik leistet.

In diesem Sinne einer eher makroskopischen Sichtweise, die von internen Details weitgehend abstrahiert, war es das Anliegen der vorliegenden Arbeit, zu einem grundsätzlicheren Verständnis des Überlastverhaltens und seiner Verhinderung in komplexen Rechensystemen beizutragen.

Literatur

AD85   Agrawal,R.; Dewitt,D.J.:
Integrated Concurrency Control and Recovery
Mechanisms: Design and Performance Evaluation.
ACM TODS, Vol.10, No.4, December 1985, S.529-564.

AG74   Arnold,C.R.; Gagliardi,U.O.:
A State-Space Formulation of the Resource Allocation Problem in Computer Operating Systems.
Proc. 8th. Asilomar Conf. on Circuits, Systems, and Computers, 1974, S.713-722.

AL79   Almes,G.T.; Lazowska,E.D.:
The Behaviour of Ethernet-Like Computer Communication Systems.
Proc. 7th Symp. on Operating Systems Principles, ACM, 1979, S.66-81.

Ara77   Arato,M.:
Statistical Sequential Methods for Utilization in Performance Analysis.
in Beilner, Gelenbe (ed.):
Measuring, Modelling and Performance Evaluation of Computer Systems.
North Holland Publ. Comp., 1977, S. 287-303.

Arn75   Arnold,C.R.:
A control-theoretic approach to memory management.
Proc. 9th Asilomar Conference on Circuits, Systems, and Computers, Pacific Grove, California, 1975, S. 514-521.

AS80   Arthurs,E.; Stuck,B.W.:
Controlling Overload in a Digital System.
SIAM J.Alg.Disc.Meth. Vol.1, No.2, June 1980, S.232-250.

As86   van As,H.R.:
Transient Queueing Analysis of a Two-Level Global Congestion Control Mechanism.
Comp.Netw. and Perf.Eval. 1986, North-Holland Publ.Comp., Amsterdam, 1986, S.423-435.

BCCS84   Baiocchi,C.; Capelo,A.; Comincioli,V.; Serazzi,G.:
A Mathematical Model for Transient Analysis of Computer Systems.
Performance Evaluation 3 (1984), S. 247-264.

BCMP75   Baskett,F.; Chandy,K.M.; Muntz,R.R.; Palacios,F.G.:
Open, Closed and Mixed Networks of Queues with Different Classes of Customers.
JACM 22, No.2, April 1975, S. 248-260.

Bel67   Bellman,R.:
Dynamische Programmierung und selbstanpassende Regelprozesse.
Oldenbourg Verlag, München, Wien, 1967.

BG84   Bronshtein,O.; Gertsbakh,I.B.:
An Open Exponential Queueing Network with Limited Waiting Spaces and Losses:
A Method of Approximate Analysis.
Performance Evaluation 4, 1084, S.31-43.

BGLP74   Badel,M.; Gelenbe,E.; Leroudier,J.; Potier,D.:
Adaptive Optimization of a Time-Sharing System's Performance.
Proc. of the IEEE, Vol.63, No.6, June 1974, S. 958-965.

BI82   Balsamo,S.; Iazeolla,G.:
An Extension of Norton's Theorem for Queueing Networks.
IEEE TOSE, Vol.SE-8, No.4, July 1982, S.298-305.

BJ76   Box,G.E.P.; Jenkins,G.M.:
Time Series Analysis: forecasting and control.
Holden-Day, San Francisco, 1976.

BK69   Belady,L.A.; Kuehner,C.J.:
Dynamic Space-Sharing in Computer Systems.
CACM 12, No.3, Mai 1969, S.282-288.

BL78a   Badel,M.; Leroudier,J.:
Optimal Multiprogramming: Principles and Implementation.
Rapport IRIA-Laboria, 78150 Le Chesnay (France), Jan. 1978.

BL78b   Badel,M.; Leroudier,J.:
Adaptive Multiprogramming Systems Can Exist.
in: Ferrari,D.(ed.): Performance of Computer Installations.
North-Holland Publ.Comp.,1978, S.115-135

Bla76   Blake,R.P.:
Tuning an Operating System for General Purpose Use.
in: Computer Performance Evaluation,
London, 1976, S. 303-322.

Bla82   Blake,R.:
Optimal Control of Thrashing.
Proc. ACM SIGMETRICS Conf. on Meas. and Mod. of Comp. Syst., 1982, Seattle.
publ. in: ACM Perf. Eval. Rev. Vol.11, No.4, S. 1-10.

BN79   Bhat,U.N.; Nance,R.E.:
An Evaluation of CPU Efficiency Under Dynamic Quantum Allocation.
JACM Vol.26, No.4, Oktober 1979, S.761-778.

Bol76   Boltjanski,W.G.:
Optimale Steuerung Diskreter Systeme.
Akad. Verlagsgesellschaft Geist & Portig KG, Leipzig, 1976.

Bon84 Bondi,A.E.:
Modelling the Effect of Local Area Network Contention on the Performance of Host Computers.
in: Gelenbe,E.(ed.): Performance 84, North-Holland Publ.Comp., Amsterdam, 1984, S.303-318.

BR76 Blevins,P.R.; Ramamoorthy,C.V.:
Aspects of a Dynamically Adaptive Operating System.
IEEE Trans. on Comp. Vol.C-25, No.7, Juli 1976, S. 713-725.

Bra74 Brandwajn,A.:
A Model of a Time Sharing Virtual Memory System Solved Using Equivalence and Decomposition Methods.
Acta Informatica 4, 1974, S.11-47.

Bra76 Brandwajn,A.:
A Model of a Virtual Memory System.
Acta Informatica 6, 1976, S.365-386.

Bra77 Brandwajn,A.:
A Queueing Model of Multiprogrammed Computer Systems under Full Load Conditions.
JACM Vol.24, No.2, April 1977, S.222-240.

Bra85 Brandwajn,A.:
Equivalence and Decomposition in Queueing Systems - A Unified Approach.
Performance Evaluation 5, 1985, S.175-186.

Bun72 Bunt,R.B.; Hume,J.N.P.:
Self-Regulating Operating Systems.
INFOR Journal Vol.10, No.3, Ottawa, Oktober 1972, S. 232-239.

Buz73 Buzen,J.P.:
Computational Algorithms for Closed Queueing Networks with Exponential Servers.
CACM 16, No.9, Sept. 1973, S.527-531.

Buz76 Buzen,J.P.:
Fundamental Operational Laws of Computer System Performance.
Acta Informatica 7, 1976, S.167-182.

Buz78 Buzen,J.P.:
Operational Analysis: An Alternative to Stochastic Modeling.
in: Ferrari,D.(ed.): Performance of Computer Installations.
North-Holland Publ.Comp., 1978, S.175-194.

CF86 Calzarossa,M.; Ferrari,D.:
A Sensitivity Study of the Clustering Approach to Workload Modeling.
Performance Evaluation 6, 1986, S.25-33.

CFH81 Chu,W.W.; Fayolle,G.; Hibbits,D.G.:
An Analysis of a Tandem Queueing System for Flow Control in Computer Networks.
IEEE TOCVol.C-30, No.5, Mai 1981, S.318-324.

CGM77   Crabill,T.B.; Gross,D.; Magazine,M.J.:
A Classified Bibliography of Research on Optimal Design and Control of Queues.
Operations Research Vol.25, No.2, März 1977, S.219-232.

CGS85   Calzarossa,M.; Gelenbe,E.; Serazzi,G.:
The Deterministic Flows Model: Parameter Estimation.
in: Beilner,H.(ed.): Messung, Modellierung und Bewertung von Rechensystemen.
Informatik-Fachberichte Band 110, Springer, Berlin, Heidelberg, New York, 1985,
S.317-331.

CHW75   Chandy,K.M.; Herzog,U.; Woo,L.:
Parametric Analysis of Queueing Networks.
IBM J.Res.Develop., Jan. 1975, S.36-42.

CM83   Chandy,K.M.; Martin,A.J.:
A Characterization of Product-Form Queueing Networks.
JACM Vol.30, No.2, April 1983, S.286-299.

CO72   Chu,W.W.; Opderbeck,H.:
The Page Fault Frequency Replacement Algorithm.
Proc. AFIPS FJCC, 1972, S.597-609.

Cou75   Courtois,P.J.:
Decomposability, Instabilities, and Saturation in Multiprogramming Systems.
CACM 18, No.7, Juli 1975, S. 371-377.

Cou77   Courtois,P.J.:
Decomposability.
Academic Press, New York, San Francisco, London, 1977.

Cre79   Cremer,M.:
Der Verkehrsfluß auf Schnellstraßen.
Fachberichte Messen, Steuern, Regeln Nr.3
Springer, Berlin, Heidelberg, New York, 1979.

Dav71   Davies,D.W.:
The Principle of Congestion Control in Packet Switching Networks.
Proc. of the 2nd ACM-IEEE Symp. on Problem of the Optimization of Data
Communication
Palo Alto, California, Oktober 1971, S.46-49.

Dav72   Davies,D.W.:
The Control of Congestion in Packet Switching Networks.
IEEE Trans. on Comm. Vol.COM-20, No.6, Juni 1972, S.546-550.

DB78   Denning,P.J.; Buzen,J.P.:
The Operational Analysis of Queueing Network Models.
ACM Comp. Surv. Vol.10, No. 3, Sept. 1978, S. 225-261.

Den68a   Denning,P.J.:
Thrashing: Its Causes and Prevention.
Proc. AFIPS FJCC 33, 1968, S.915-922.

Den68b   Denning,P.J.:
The Working Set Model for Program Behaviour.
CACM Vol.11, No.4, Mai 1968, S.323-333.

Den80a   Denning,P.J.:
Working Sets Past and Present.
IEEE Trans. on Softw. Eng., Vol.SE-6, No.1, Jan. 1980, S.64-84.

Den80b   Denning, P.J.:
A Tale of two Islands.
ACM SIGMETRICS PER Vol.9, No.4, Winter 1980, S.7-10.

DG84   Dowdy,L.W.; Gordon,K.D.:
Algorithms for Nonintegral Degrees of Multiprogramming in Closed Queueing Networks.
Performance Evaluation 4, Januar 1984, S.19-29.

DKLPS76   Denning,P.J.; Kahn,K.C.; Leroudier,J.; Potier,D; Suri,R.:
Optimal Multiprogramming.
Acta Informatica 7, 1976, S.197-216.

DS81   Draper,N.R.; Smith,H.:
Applied Regression Analysis.
Second Edition
John Wiley & Sons, New York, 1981.

EF78   El-Fattah,Y.M.; Foulard,C.:
Learning Systems: Decision, Simulation, and Control.
Springer-Verlag, Berlin, Heidelberg, New York, 1978.

ELZ86   Eager,D.L.; Lazowska,E.D.; Zahorjan,J.:
Adaptive Load Sharing in Homogeneous Distributed Systems.
IEEE TOSE, Vol.SE-12, No.5, Mai 1986, S.662-675.

Emm72   Emmons,H.:
The Optimal Admission Policy to a Multiserver Queue with Finite Horizon.
J.Appl.Prob. Vol.9, 1972, PP.103-116.

ES83   Eager,D.L.; Sevcik,K.C.:
Performance Bound Hierarchies for Queueing Networks.
ACM TOCS Vol.1, No.2, Mai 1983, S.99-115.

Eyk74   Eykhoff,P.:
System Identification.
John Wiley & Sons, London, New York, Sydney, Toronto, 1974.

Fro82   Fromme,G.:
Einsatz eines Mikrorechners als selbstoptimierender Regler für Strecken mit abschnittsweise konstanten Parametern.
Regelungstechnik 30, Nr.6, Juni 1982, S.189-197.

FSZ83   Ferrari,D.; Serazzi.G.; Zeigner,A.:
Measurement and Tuning of Computer Systems.
Prentice Hall, Englewood Cliffs, 1983.

GD80   Gordon,K.D.; Dowdy,L.W.:
The Impact of Certain Parameter Estimation Errors in Queueing Network Models.
ACM Performance Evaluation Review 9, Mai 1980, S.3-9.

GK76   Gelenbe,E.; Kurinckx,A.:
Random Injection Control of Multiprogramming in Virtual Memory.
in: Gelenbe,E.(ed.): Modelling and Performance Evaluation of Comp.Syst., North-Holland Publ. Comp., 1976, S.143-170.

GK82   Gerla,M.; Kleinrock,L.:
Flow Control Protocols.
in: Green,P.E.jr. (ed.):
Computer Network Architectures and Protocols.
Plenum Press, New York, London, 1982, S.361-412.

GM80   Gelenbe,E.; Mitrani,I.:
Analysis and Synthesis of Computer Systems.
Academic Press, London, 1980.

GN67   Gordon,W.J.; Newell,G.F.:
Closed Queueing Networks with Exponential Servers.
Op.Res. 15, No.2, April 1967, S.254-265.

Här79   Härder,T.:
Die Einbettung eines Datenbanksystems in eine Betriebssystemumgebung.
in: Niedereichholz,J. (ed.):
Datenbanktechnologie.
Teubner-Verlag, Stuttgart, 1979, S.9-24.

Haj84   Hajek,B.:
Optimal Control of Two Interacting Service Stations.
IEEE TOAC, Vol.AC-29, No.6, Juni 1984, S.491-499.

Hei79   Heiß,H.-U.:
Prozeßorienierte Regelung in Multiprogramming-Systemen.
Diplomarbeit, Fakultät für Informatik, Universität Karlsruhe, 1979.

Hei85   Heiss,H.-U.:
A Proof of the Optimality of Overload Control in Closed BCMP-Networks.
Interner Bericht Nr.7, Juni 1985, Universität Karlsruhe, Fakultät für Informatik.

Heu82   Heuser,H.:
Lehrbuch der Analysis, Teil 1
B. G. Teubner, Stuttgart, 2. Auflage, 1982.

HMT79   Hine,J.H.; Mitrani,I.; Tsur,S.:
The Control of Response Time in Multi-Class Systems by Memory Allocation.
CACM Vol.22, No.7, Juli 1979, S.415-424.

HO86   Hammond,J.L.; O'Reilly,P.J.P.:
Performance Analysis of Local Computer Networks.
Addison Wesley, Reading, Mass., 1986.

Ho87   Ho,Y.-C.:
Performance Evaluation and Perturbation Analysis of Discrete Event Dynamic Systems.
IEEE TOAC, Vol.AC-32, No.7, July 1987, S.563-572.

HT85   Heiß,H.-U.; Totzauer,G.:
Optimizing Utilization Under Response Time Constraints.
Computing Vol.35, No.1, Januar 1985, S.1-12.

IBM84a   Research Queueing Package, Version 2
CMS User's Guide.
IBM Form No. SB11-5899-0, First Edition 1984.

IBM84b   Research Queueing Package, Version 2
Introduction and Examples.
IBM Form No. GB11-5969-0, First Edition 1984.

Jac63   Jackson,J.R.:
Jobshop-Like Queueing Systems.
Manage. Sci. Vol.10, No.1, 1963, S.131-142.

Jai78a   Jain,R.K.:
Control Theoretic Formulation of Operating Systems Resource Management Policies.
Ph.D. Thesis, Harvard University, Cambridge,
Massachusetts, Mai 1978.

Jai78b   Jain,R.K.:
Control-theoretic approach to computer systems performance improvement.
in: Weatherbee,J.E.(ed.):
14th Meeting of the Compter Performance Evaluation Users Group (PEUG), Oktober 1978, S.93-100.

Jai79   Jain, A.K.:
A Guideline to Statistical Approaches in Computer Performance Evaluation Studies.
ACM Perf. Eval. Rev., 1979, S. 63-77.

Jai82   Jaiswal,N.K.:
Performance Evaluation Studies for Time-Sharing Computer Systems.
Perf.Eval. 2, 1982, S.223-236.

JV87   Jessen,E.; Valk,R.:
Rechensysteme
Springer-Verlag, Berlin, Heidelberg, New York, 1987.

Kam86   Kameda,H.:
Effects of Job Loading Policies for Multiprogramming Systems in Processing a Job Stream.
ACM TOCS Vol.4, No.1. Februar 1986, S.71-106.

Kam81   Kamoun,F.:
A Drop and Throttle Flow Control Policy for Computer Networks.
IEEE TOC Vol.Com-29, No.4, April 1981, S.444-452.

Ker81   Kermani,P.:
Analysis of a Feedback Scheme for Congestion Control in Computer Networks.
in: Pujolle,G.(ed.):
Performance of Data Communication Systems.
North-Holland Publ.Comp., Amsterdam, 1981, S.331-345.

KKT78   Kritzinger,P.S.; Krzesinski,A.E.; Teunissen,P.:
Design of a Control System for a Time-Sharing Computer System.
in: Ferrari,D. (ed.): Performance of Computer Installations., North-Holland Publ.
Comp., 1978, S.103-114.

Kle75   Kleinrock,L.:
Queueing Systems.
Volume I: Theory
John Wiley and Sons, New York, 1975.

Kle76   Kleinrock,L.:
Queueing Systems.
Volume II: Computer Application
John Wiley and Sons, New York, 1976.

Kle78   Kleinrock,L.:
On Flow Control in Computer Networks.
IEEE Proc. Int. Conf. Commun., Juni 1978, S.27.2.1-27.2.5

Kle85   Kleinrock,L.:
Distributed Systems.
CACM Vol.28, No.11, November 1985, S.1200-1213.

Kob74a   Kobayashi,H.:
Application of the Diffusion Approximation to Queueing Networks I: Equilibrium
Queue Distributions.
JACM Vol.21, No.2, April 1974, S.316-328.

Kob74b   Kobayashi,H.:
Application of the Diffusion Approximation to Queueing Networks II:
Nonequilibrium Distributions and Applications to Computer Modeling.
JACM Vol.21, No.3, Juli 1974, S.459-469.

Kob78   Kobayashi,H.:
Modeling and Analysis: An Introduction to System Performance Evaluation
Methodology.
Addison-Wesley, Reading, Massachusatts, 1978.

Kot78   Kotiah,T.C.T.:
Approximate Transient Analysis of Some Queueing Systems.
Op.Res. Vol.26, No.2, März/April 1978, S.333-346.

Kow82   Kowalk,W.:
Verkehrsanalyse in endlichen Zeiträumen.
Informatik-Fachberichte Band 55, Springer, Berlin, Heidelberg, New York, 1982.

Kri84   Kriz,J.:
Throughput Bounds for Closed Queueing Networks.
Perf.Eval.4, 1982, S.1-10

KS79   Kienzle,M.G.; Sevcik,K.C.:
Survey of Analytic Queueing Network Models of Computer Systems.
ACM Conf. on Sim., Meas. and Mod. of Comp.Syst., 1979, S.113-129.

KWK82   Kritzinger,P.S.; van Wyk,S.; Krzesinski,A.E.:
A Generalisation of Norton's Theorem for Multiclass Queueing Networks.
Perf.Eval. 2, 1982, S.98-107.

Lam77   Lam,S.S.:
Queueing Networks with Population Size Constraints.
IBM J.Res.Dev., Juli 1977, S.370-378.

Lav83   Lavenberg,S.S. (ed.) :
Computer Performance Modeling Handbook.
Academic Press, New York, London, 1983.

LCTL82   Lipski,L.; Chee-Min,H.L.; Tchranipour,A.; van de Liefvoort,A.:
On the Asymptotic Behaviour of Time-Sharing Systems.
CACM Vol.25, No.10, Oktober 1982, S.707-714.

LG82   Lachmann,K.-H.; Goedecke,W.:
Ein parameteradaptiver Regler für nichtlineare Prozesse.
Regelungstechnik 30, Nr.6, Juni 1982, S.197-206.

LP74   Lynch,H.W.; Page,J.B.:
The OS/VS2 Release 2 System Resource Manager.
IBM Syst.J. No.4, 1974, S.274-291.

LZGS84   Lazowska,E.D.; Zahorjan,J.; Graham,G.S.; Sevcik,K.C.:
Quantitative System Performance.
Prentice-Hall, Englewood Cliffs, New Jersey, 1984.

Man73   Man, F.T.:
Optimal Control of Time-Varying Queueing Systems.
Management Science Vol.19, No.4, Juli 1973, S.1249-1256.

May79   Maybeck,P.S.:
Stochastic Models, Estimation and Control.
Volume 1, 2 and 3.
Academic Press, New York, 1979, 1982 and 1982.

MB76a   Madison,A.W.; Batson,A.P.:
Characteristics of Program Localities.
CACM 19, No.5, Mai 1976, S. 285-294.

MB76b   Metcalfe,R.M.; Boggs,D.R.:
Ethernet: Distributed Packet Switching for Local Computer Networks.
CACM Vol.19, No.7, Juli 1976, S.395-404.

Mor79   Morrison,J.A.:
Two Discrete-Time Queues in Tandem.
IEEE TOC, Vol.Com-27, No.3, März 1979, S.563-573.

Mun78   Muntz,R.R.:
Queueing Networks: A Critique of the State of the Art and Directions for the Future.
ACM Comp.Surv., Vol.10, No.3, September 1978, S.353-359.

Nel84   Nelson,R.:
The Stochastic Cusp, Swallowtail, and Hyperbolic Umbilic Catastrophes as Manifest in a Simple Communication Model.
in:Gelenbe,E.(ed.):
Performance 84, North-Holland Publ.Comp., Amsterdam, 1984, S.207-225.

Nel84b   Nelson,R.:
Stochastic Catastrophe Theory in Computer Performance Modelling.
IBM Research Report RC 10406 (#46517)
Yorktown Heights, 1984.

Neu75   Neumann,K.:
Operations Research Verfahren. Band I.
Carl Hanser Verlag, München, Wien, 1975.

Neu85   Neuts,M.:
A Queueing Model for a Storage Buffer in Which the Arrival Rate is Controlled by a Switch with a Random Delay.
Perf.Eval. Vol.5, 1985, S.243-256.

New68   Newell,G.F.:
Queues with Time-Dependent Arrival Rates I, II and III.
J.Appl.Prob., Vol.5, 1968, S.436-451 and 579-606.

NION79   Nishigaki,T.; Ikeda,C.; Ohmachi,K.; Noguchi,K.:
An Experiment on General Resource Manager in Multiprogrammed Computer Systems.
Journ. of Information Processing Vol.1, No.4, 1979, S.187-192.

Niu79   Niu,S.-C.:
A Single Server Queueing Loss Model with Heterogeneous Arrival and Service.
Op.Res., Vol.27, 1979, S.585-593.

OKN86   Onozato,Y.; Katayama,K.; Noguchi,S.:
An Analytical Method of Thrashing Phenomena of Retransmit Model in Computer Networks.
Comp.Netw. and Perf.Eval. 1986, North-Holland Publ.Comp., Amsterdam, 1986, S.389-398.

Pap84   Papageorgiou, M.:
Multilayer Control System Design Applied to Freeway Traffic.
IEEE TOAC, Vol.AC-29, No.6, Juni 1984, S.482-490.

Pea84   Pearl, J.:
Heuristics. Intelligent Search Strategies for Computer Problem Solving.
Addison Wesley, Reading, Massachusatts, 1984

Rei80   Reiner,D.S.:
A Method for Adaptive Performance Improvement of Operating Systems.
Ph.D. Thesis, Univ. of Wisconsin-Madison,
Dep. of Comp.Sciences, 1980

Rei81   Reiser,M.:
Mean-Value Analysis and Convolution Method for Queue- Dependent Servers in
Closed Queueing Networks.
Perf.Eval. 1, 1981, S.7-18.

Rei82   Reiser,M.:
Performance Evaluation of Data Communication Systems.
Proc. IEEE Vol.70, No.2, Februar 1982, S.171-196.

Rei85   Reiser,M.:
Communication-System Models Embedded in the OSI Reference Model, a Survey
in: Computer Networking and Performance Evaluation
Proceedings of the IFIP WG 7.3 International Seminar,
Tokyo, 18.-20 September 1985.
North Holland Publ. Comp., Amsterdam ,1986, S.85-111.

RK75   Reiser,M.; Kobayashi,H.:
Horner's Rule for the Evaluation of General Closed Queueing Networks.
CACM Col.18, No.10, Oktober 1975, S.592-593.

RK77   Ramamoorty,C.V.; Kobayashi,M.:
Adaptive Control of Complex Computer Systems.
Performance Modeling and Prediction, Infotech State of the Art Report, Infotech International Ltd, London, 1977.

RL80   Reiser,M.; Lavenberg,S.S.:
Mean-Value Analysis of Closed Multichain Queueing Networks.
JACM Vol.27, S.313-322.

RL85   Robertazzi,T.G.; Lazar,A.A.:
On the Modeling and Optimal Flow Control of the Jacksonian Network.
Perf. Eval. 5, 1985, S.29-43.

Rob81   Robinson,E.A.:
Time Series Analysis and Applications.
Goose Pond Press, Houston, 1981.

RP81   Reiner,D.; Pinkerton,T.:
A Method for Adaptive Performance Improvement of Operating Systems.
ACM SIGMETRICS, PER Vol.10, No.3, September 1981, S.2-10.

Sar77   Saridis,G.N.:
Self-Organizing Control of Stochastic Systems.
New York, 1977.

Sau83   Sauer,C.H.:
Computational Algorithms for State-Dependent Queueing Networks.
ACM TOCS Vol.1, No.1, Februar 1983, S.67-92.

Sau80   Saunders,P.T.:
An Introduction to Catastrophe Theory.
Cambridge University Press, Cambridge, 1980.

SC81   Sauer,C.S.; Chandy,K.M.:
Computer Systems Performance Modeling.
Prentice Hall, Englewood Cliffs, New Jersey, 1981.

Sch82a   Schmidt,B.:
Informatik und allgemeine Modelltheorie - eine Einführung.
Angew. Informatik 1982, No.1,
Jan. 1982, S. 35-42.

Sch82b   Schmidt,B.:
Die Bestimmung von Konfidenzintervallen in der Simulation stochastischer zeitdiskreter Systeme.
Elektr. Rechenanlagen 24, Heft 3, 1982, S.118-124.

Sch79   Schwetman,H.D.:
Hybrid Simulation Models of Computer Systems.
CACM Vol.21, No.9, September 1979, S.718-723.

Ser81   Serazzi,G.:
The Dynamic Behavior of Computer Systems.
in: Ferrari,D.; Spadoni,M. (eds.):
Experimental Computer Performance and Evaluation.
North-Holland Publ. Comp.,1981,S.127-163.

Sho80   Shore,J.E.:
The Lazy Repairman and Other Models: Performance Collaps Due to Overhead in Simple, Single-Server Queueing Systems.
Proc. Int. Symp. on Comp. Perf. Mod., Meas., and Eval., ACM SIGMETRICS, Mai 1980, S.217-224.

Sif85   Siffling,G.:
persönliche Kommunikation
Universität Karlsruhe, Institut für Regelungs- und Steuerungssysteme, 1985.

Smi78   Smith,A.J.:
Bibliography on Paging and Related Topics.
ACM Oper.Syst.Rev., Oktober 1978, S.39-56.

Smi80   Smith,A.J.:
Multiprogramming and Memory Contention.
Software - Pract.&Exper. Vol.10, 1980, S.531-552.

ST85   Schätter,A.; Totzauer,G.:
Aufteilung von Rechenkapazität durch Steuerung von Durchsätzen.
in: Beilner,H.(ed.): Messung, Modellierung und Bewertung von Rechensystemen.
Informatik-Fachberichte Band 110, Springer, Berlin, Heidelberg, New York, 1985,
S.375-389.

Ste69   Stegmüller,W.:
Teleologie, Funktionalanalyse und Selbstregulation.
Springer-Verlag, Berlin, Heidelberg, New York, 1969.

Ste82   Stein,D.M.:
Modelling Storage Organizations: A Dynamic Approach.
Performance Evaluation 2, 1982, S.81-97.

Sto81   Stonebraker,M.:
Operating Systems Support for Database Management.
CACM 24, No.7, Juli 1981, S.412-422.

Sze86   Sze,D.Y.:
A Queueing Model for Overload Analysis.
Comp.Netw. and Perf.Eval. 1986, North-Holland Publ.Comp., Amsterdam,
S.413-422.

Tan81   Tanenbaum,A.S.:
Network Protocols.
ACM Comp.Surv. Vol.13, No.4, Dezember 1981, S.453-489.

TGS85   Tay,Y.C.; Goodman,N.; Suri,R.:
Locking Performance in Centralized Databases.
ACM TODS Vol.10, No.4, Dezember 1985, S.415-462.

Tow80   Towsley,D.F.:
Queueing network models with state-dependent routing.
J.ACM Vol.27, No.2, April 1980, S.323-337.

TS85   Tay,Y.C.; Suri,R.:
Error Bounds for Performance Prediction in Queueing Networks.
ACM TOCS Vol.3, No.3, August 1985, S.227-254.

Unb85   Unbehauen,H.:
Regelungstechnik III
Identifikation, Adaption, Optimierung.
Friedr. Vieweg & Sohn, Braunschweig, 1985.

Wan81   Wang,Y.-T.:
Analysis of Some Overload Control Strategies for Queueing Systems with Delayed
Feedback.
Performance Evaluation 1, 1981, S.305-319.

Wet84   Wettstein,H.:
Architektur von Betriebssystemen.
Carl Hanser Verlag, München, Wien, 2. Auflage, 1984.

Wet85   Wettstein,H.:
Theorie der Warteschlangen in Betriebssytemen.
Skriptum zur Vorlesung, Universität Karlsruhe, 1985.

Wil73   Wilkes,M.V.:
The Dynamics of Paging.
The Computer Journal Vol.16, Feb. 1973, S.4-9.

Win84   Winston,P.H.:
Artificial Intelligence.
Addison-Wesley, Reading, Massachusetts,
Second Edition, 1984.

Wir85   Wirth,N.:
Programming in Modula-2
Springer, Berlin, Heidelberg, New York, Tokyo.
Third Edition, 1985.

WM85   Wang,Y.-T.; Morris,R.J.T.:
Load Sharing in Distributed Systems.
IEEE TOC Vol.c-34, No.3, März 1985, S.204-217.

YNM86   Yokohira,T.; Nishida,T.; Miyahara,H.:
Analysis of Dynamic Behavior in p-persistent CSMA/CD using Cusp Catastrophe.
Comp. Netw. and ISDN Systems 12 (1986), S.277-289.

You84   Young,P.:
Recursive Estimation and Time-Series Analysis.
Springer-Verlag, Berlin, Heidelberg, New York, Tokyo, 1984

Yum80   Yum,T.:
Measuring the Utilization of a Synchronous Data Link: An Application of Busy-Period Analysis.
Bell Systems Techn. J. Vol.59, No.5, May-June 1980, S.731-744.

Zee79   Zeeman,E.C.:
Catastrophe Theory.
Scientific American 234, 1979, S.65-83.

ZL84   Zahorjan,J.; Lazowska,E.D.:
Incorporating Load Dependent Servers in Approximate
Mean-Value Analysis.
ACM SIGMETRICS 1984, S.52-62.

Anhang A: Abschätzung der Meßintervallängen

Beim Entwurf von Regelmechanismen zur dynamischen Leistungsregelung von Rechensystemen steckt man in einem Dilemma. Einerseits sollen die Verfahren *stabil* genug sein, um kleine in der stochastischen Natur der Meßgrößen liegende Schwankungen zu ignorieren, andererseits *reagibel* genug, um auf drift- oder sprungartige Änderungen im Verhalten rasch reagieren zu können. Es ist sowohl intuitiv einleuchtend als auch mathematisch begründet, daß längere Meßintervalle in der Regel zu solideren Schätzungen führen. Allerdings dürfen sie nicht beliebig lang werden, weil sonst dynamische Änderungen nicht oder zu sehr verspätet wahrgenommen werden. Es ist also ein Kompromiß zu finden [*Yum*80].

Wir wollen uns diesem Kompromiß in der Weise nähern, daß wir - beispielhaft für die Leistungsmaße *Auslastung* und *Durchsatz* - ausrechnen, wie lang das Meßintervall sein muß, um im Falle stationären Verhaltens den wahren Wert mit vorgebenener Genauigkeit und vorgegebener Wahrscheinlichkeit zu schätzen:

Aufgrund von Messungen über ein Zeitintervall τ soll eine Größe X geschätzt werden. Der resultierende Schätzwert $\hat{X}(\tau)$ habe eine Varianz von $\sigma^2_{X(\tau)}$. Gesucht ist ein τ^*, das hinreichend groß ist, damit ein relativer Schätzfehler ε mit einer Wahrscheinlichkeit $1 - \alpha$ nicht überschritten wird. Formal ausgedrückt:

$$p(\,|\hat{X}(\tau) - X| \,\le\, \varepsilon\, X) \,\ge\, (1 - \alpha) \qquad\qquad [A - 1]$$

Substituiert man

$$W = \frac{\hat{X}(\tau) - X}{\sigma_{X(\tau)}} \qquad\qquad [A - 2]$$

so ist W N(0,1)-verteilt. Wir erhalten für [C − 1]:

$$p(\,|W| \,\le\, \frac{\varepsilon\, X}{\sigma_{X(\tau)}}) \,\ge\, 1 - \alpha\,. \qquad\qquad [A - 3]$$

Setzt man außerdem

$$w = \frac{\varepsilon\, X}{\sigma_{X(\tau)}}\,, \qquad\qquad [A - 4]$$

so erhält man

$$p(|W| \leq w) \geq 1 - \alpha \qquad\qquad [A - 5]$$

Da $\sigma_{X(\tau)}$ eine Funktion von τ ist, muß nur nach τ aufgelöst und das zum Signifikanzniveau α gehörende Quantil der Normalverteilung eingesetzt werden, um die gesuchte Lösung zu erhalten.

Durchsatz

Im stationären Fall ist der Durchsatz einer Station gleich der Ankunftsrate. Ist jedoch die Station voll ausgelastet ($\rho \geq 1$), so wird der Abgangsprozeß $D(t)$, der die Anzahl der Abgänge bis zum Zeitpunkt t beschreibt, vollständig vom Bedienprozeß der Station beeinflußt. Bei der in diesem Fall anwendbaren *Diffusionsapproximation* ergibt sich nach Kleinrock [*Kle*75] für $D(t)$ näherungsweise eine Normalverteilung mit Mittelwert

$$\overline{D}(t) = t/S \qquad\qquad [A - 6]$$

und Varianz

$$\sigma^2_{D(t)} = \frac{\sigma_S^2\, t}{S^3}, \qquad\qquad [A - 7]$$

wobei S die mittlere Bedienzeit an der Station bezeichnet und σ_S^2 die dazugehörige Varianz.

Der Durchsatz

$$T(t) = \frac{D(t)}{t} \qquad\qquad [A - 8]$$

als die Anzahl der Abgänge pro Zeiteinheit ist dann ebenso normalverteilt mit Mittelwert

$$\overline{T}(t) = \frac{1}{S} \qquad\qquad [A - 9]$$

und Varianz

$$\sigma^2_{D(t)} = \frac{\sigma_S^2\, t}{S^3}. \qquad\qquad [A - 10]$$

Einsetzen in [A − 4] ergibt:

$$w^2 = \frac{\epsilon^2 \left(\frac{1}{S}\right)^2 t\, S^3}{\sigma_S^2}$$

$$= \frac{\epsilon^2 t\, S}{\sigma_S^2}$$

$$[A - 11]$$

Daraus folgt für τ:

$$\tau = \frac{w^2 \sigma_S^2}{\epsilon^2 S}$$

$$[A - 12]$$

Ist die Bedienzeit exponentialverteilt mit Parameter $\mu = 1/S$, was einem Variationskoeffizienten von $cv = 1$ entspricht, so finden wir

$$\tau = \frac{w^2 \frac{1}{\mu^2}}{\epsilon^2 \frac{1}{\mu}}$$

$$= \frac{w^2}{\epsilon^2 \mu}$$

$$[A - 13]$$

$$= \frac{w^2 S}{\epsilon^2}$$

Hat die Bedienzeit einen Variationskoeffizienten von $cv = 0.5$, wie in dem in dieser Arbeit verwendeten Simulationsmodell, so findet man

$$\tau = \frac{w^2 S}{4\,\epsilon^2}$$

$$[A - 14]$$

Abbildung A-1 zeigt die erforderliche Meßdauer τ in Abhängigkeit der Bedienzeit der Station für einen relativen Fehler von 5% bei einem Konfidenzniveau von $1 - \alpha = 90\%$ und bei einem Variationskoeffizienten der Bedienzeit von $cv = 0.5$.

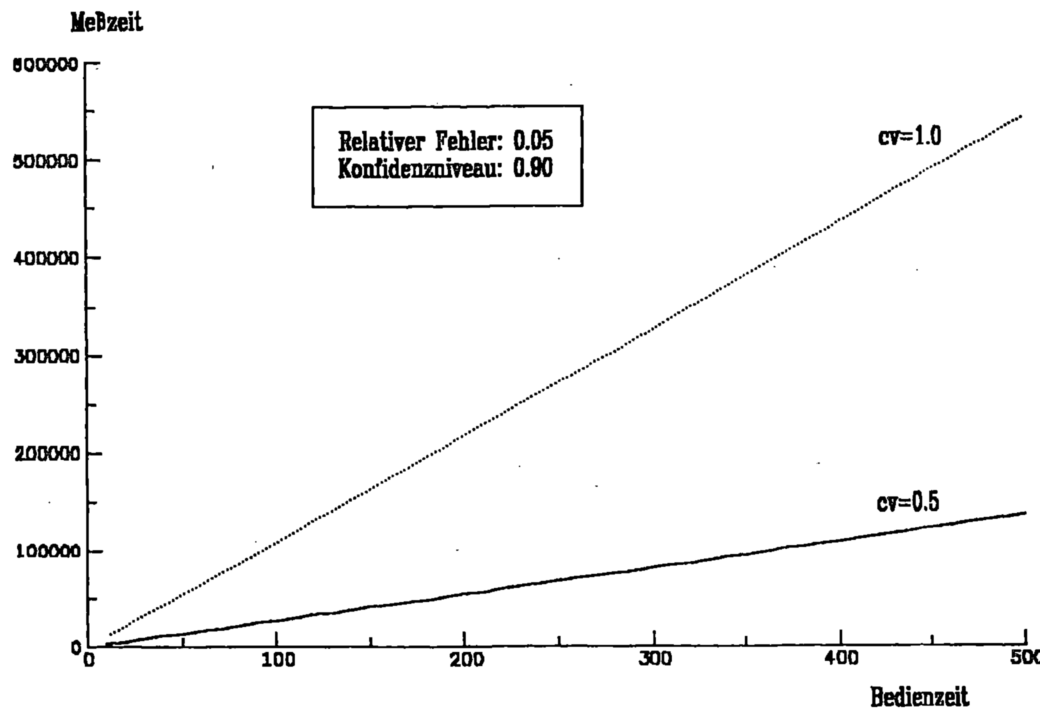

Abbildung A-1: Erforderliche Meßdauer zur Schätzung des Durchsatzes bei stationärem Verhalten in Abhängigkeit von der Bedienzeit.

Wir können aus dieser Abbildung ersehen, daß bei einer mittleren Bedienzeit von ca. 200 Zeiteinheiten (das ist etwa der Bereich, in dem das verwendete Simulationsmodell arbeitet) und einem Variationskoeffizienten von $cv = 0.5$ eine Meßdauer von ca. 50.000 Zeiteinheiten erforderlich ist, damit der resultierende Schätzwert für den Durchsatz mit 90%-iger Wahrscheinlichkeit nur maximal um 5% vom wahren Wert abweicht. Wenn wir für unsere Regelungsmechanismen trotzdem eine Abtastintervallänge von nur 10.000 Zeiteinheiten gewählt haben, so liegt das daran, daß ja mit einem Alterungsfaktor von 0.8 zurückliegende Intervalle in die Schätzung einbezogen werden. Abbildung A-2 macht den Unterschied zwischen einem größeren Abtastintervall und kürzeren Intervallen mit exponentiellem Altern deutlich. Die Fläche unter den Kurven kann als die Gesamtinformation verstanden werden, die jeweils in die Schätzung eingeht. Eine Einheit der Zeitachse entspricht dabei einem Abtastintervall von 10.000 Zeiteinheiten. (Siehe dazu auch Kapitel 5.3.)

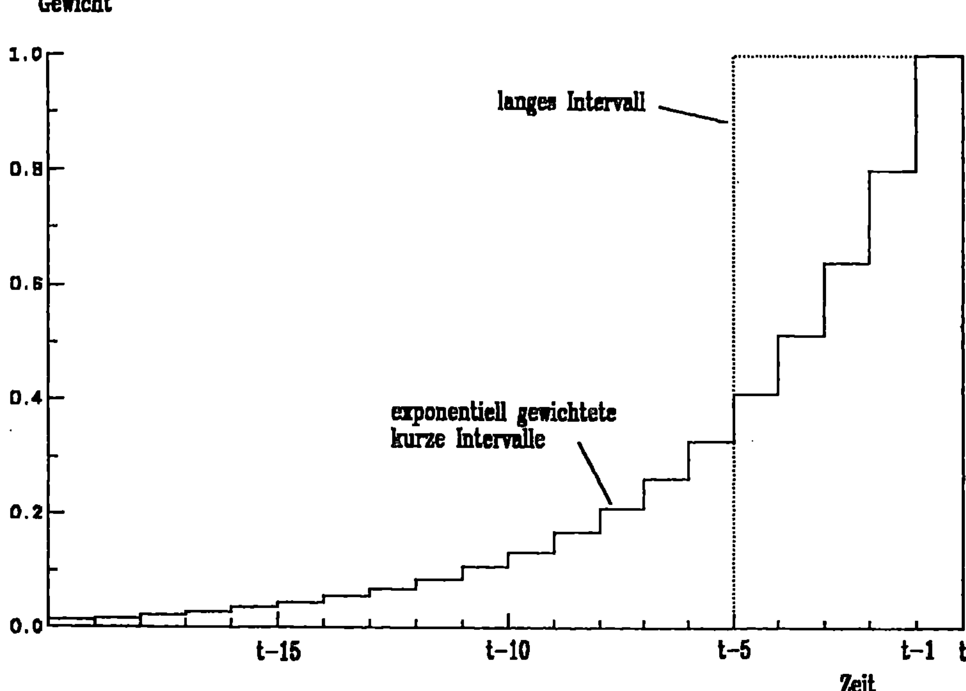

Abbildung A-2: Wirkungsweise des exponentiellen Alterns von Meßwerten gegenüber einem verlängerten Meßintervall.

Auslastung

In vielen Fällen ist es günstiger, statt des Durchsatzes die Auslastung von Komponenten zu messen, um Überlastregelung zu betreiben. Dies trifft beispielsweise für den Fall des virtuellen Speichers zu, bei dem die Summe der Auslastungen der Prozessoren ein geeignetes Leistungsmaß darstellt [BL78a, BL78b]. Auch hier stellt sich in gleicher Weise das Problem der Wahl eines günstigen Abtastintervalls. Während sich beim Durchsatz im Überlastfall ein einfacher linearer Zusammenhang zwischen Bedienzeit und erforderlicher Meßdauer ergibt, liegt bei der Auslastung eine etwas kompliziertere Situation vor.

Betrachtet man ein $M|M|1$-System während eines Zeitintervalls τ, so kann man aufeinanderfolgende Belegt- und Freiphasen beobachten. Die Summe aller Belegtphasen während eines Intervalls τ kann dann als *Gesamtbelegtzeit (H)* bezeichnet werden. Da ρ als *Auslastung* gerade den Anteil der kumulierten Belegtzeit von der Gesamtzeit ausdrückt, erhält man mit

$$\hat{\rho}(\tau) = H(\tau)/\tau \qquad\qquad [A - 15]$$

einen Schätzwert für ρ. $H(\tau)$ ist dabei aus einzelnen Belegtphasen (*Arbeitsperioden*) Q_i zusammengesetzt:

$$H(\tau) = Q_1 + Q_2 + \cdots + Q_{R(\tau)} \qquad\qquad [A - 16]$$

$R(\tau)$ ist eine von τ abhängige Zufallsvariable und bezeichnet die Anzahl der Arbeitsperioden während τ. Für hinreichend großes τ ist $R(\tau)$ wie auch $H(\tau)$ approximativ Normal-verteilt mit

$$\overline{R}(\tau) = \frac{\tau}{\overline{Q} + \overline{I}} \qquad\qquad [A - 17]$$

$$\sigma^2_{R(\tau)} = \tau \frac{(\sigma^2_Q + \sigma^2_I)}{(\overline{Q} + \overline{I})^3} \quad , \qquad\qquad [A - 18]$$

wobei $\overline{Q}$ (σ^2_Q) und $\overline{I}$ (σ^2_I) die Erwartungswerte (Varianzen) der Belegtphasen Q bzw. Leerphasen I bedeuten.

Während die Leerphasen I einer Exponentialverteilung mit

$$\overline{I} = \frac{1}{\lambda} \quad \text{und} \quad \sigma^2_I = \frac{1}{\lambda^2} \qquad\qquad [A - 19]$$

genügen, errechnet man für die Belegtphase Q nach [*Kle*75] :

$$\overline{Q} = \frac{1}{1 - \rho}\frac{1}{\mu} \quad \text{und} \quad \sigma^2_Q = \frac{1 + \rho}{(1 - \rho)^3}\frac{1}{\mu^2} \qquad\qquad [A - 20]$$

Für $\overline{H}(\tau)$ erhält man nach dem zentralen Grenzwertsatz:

$$\overline{H}(\tau) = \overline{Q}\,\overline{R}(\tau) \qquad\qquad [A - 21]$$

und

$$\sigma^2_{H(\tau)} = \overline{R}(\tau)\sigma^2_Q + \overline{Q}^2\,\sigma^2_{R(\tau)}$$

$$= \frac{\tau}{\overline{Q} + \overline{I}}\,\sigma^2_Q + \frac{Q^2\,\tau\,(\sigma^2_Q + \sigma^2_I)}{(\overline{Q} + \overline{I})^3}$$

$$= \tau\,\frac{\sigma^2_Q(\overline{Q} + \overline{I})^2 + \overline{Q}^2 + \sigma^2_Q + \overline{Q}\,\sigma^2_I}{(\overline{Q} + \overline{I})^3}$$

$$= \tau\,\frac{\sigma^2_Q\,\overline{Q}^2 + 2\,\sigma^2_Q\,\overline{Q}\,\overline{I} + \sigma^2_Q\overline{I}^2 + \overline{Q}^2\,\sigma^2_Q + \overline{Q}^2\sigma^2_I}{(\overline{Q} + \overline{I})^3} \qquad [A - 22]$$

$$= \tau\,\frac{2\,\sigma^2_Q\,\overline{Q}^2 + 2\,\sigma^2_Q\,\overline{Q}\,\overline{I} + \sigma^2_Q\overline{I}^2 + \overline{Q}^2\sigma^2_I}{(\overline{Q} + \overline{I})^3}$$

$$= \tau\,\frac{2\,\sigma^2_Q\,\overline{Q}^2\,(\overline{Q} + \overline{I}) + \sigma^2_Q\overline{I}^2 + \overline{Q}^2\sigma^2_I}{(\overline{Q} + \overline{I})^3}$$

Für den Schätzwert $\hat{\rho}(\tau)$ ergibt sich dann:

$$E(\hat{\rho}(\tau)) = \frac{1}{\tau}\,E(H(\tau))$$

$$= \frac{1}{\tau}\,E(Q)\,E(R(\tau))$$

$$= \frac{1}{\tau}\,\overline{Q}\,\frac{\tau}{\overline{Q} + \overline{I}} \qquad [A - 23]$$

$$= \frac{\overline{Q}}{\overline{Q} + \overline{I}}$$

$$= \rho$$

Damit ist $\hat{\rho}(\tau)$ eine erwartungstreue Schätzung für ρ . Die Varianz ist

$$\sigma^2_{\rho(\tau)} = \frac{1}{\tau^2}\,\sigma^2_{H(\tau)} \qquad [A - 24]$$

Einsetzen von [A $-$ 22] in [A $-$ 24] führt zu:

$$\sigma^2_{\rho(\tau)} = \frac{2\,\sigma^2_Q\,\overline{Q}\,(\overline{Q} + \overline{I}) + \sigma^2_Q\,\overline{I}^2 + \overline{Q}^2\,\sigma^2_I}{\tau\,(\overline{Q} + \overline{I})^3}$$

$$= \frac{\dfrac{2(1 + \rho)}{(1 - \rho)^4\,\mu^3}\left(\dfrac{1}{(1 - \rho)}\dfrac{1}{\mu} + \dfrac{1}{\lambda}\right) + \dfrac{(1 + \rho)}{(1 - \rho)^3}\dfrac{1}{\mu^2}\dfrac{1}{\lambda^2} + \dfrac{1}{(1 - \rho)^2\,\mu^2}\dfrac{1}{\lambda^2}}{\tau\left(\dfrac{1}{1 - \rho}\dfrac{1}{\mu} + \dfrac{1}{\lambda}\right)^3}$$

$$= \frac{\dfrac{1}{(1 - \rho)^2\,\mu^2}\left[\dfrac{2(1 + \rho)}{(1 - \rho)^2\,\mu}\left(\dfrac{1}{(1 - \rho)}\dfrac{1}{\mu} + \dfrac{1}{\lambda}\right) + \dfrac{(1 + \rho)}{(1 - \rho)}\dfrac{1}{\lambda^2} + \dfrac{1}{\lambda^2}\right]}{\tau\left(\dfrac{\lambda + \mu - \lambda}{(1 - \rho)\,\lambda\,\mu}\right)^3}$$

[A − 25]

$$= \frac{(1 - \rho)^3\,\lambda^3}{\tau\,(1 - \rho)^2\,\mu^2}\left(\frac{2(1 + \rho)}{(1 - \rho)^2\,\mu}\frac{\lambda + \mu - \lambda}{(1 - \rho)\,\mu\,\lambda} + \frac{(1 + \rho)}{(1 - \rho)}\frac{1}{\lambda^2} + \frac{1}{\lambda^2}\right)$$

$$= \frac{(1 - \rho)\,\rho^2}{\tau}\left(\frac{2(1 + \rho)}{(1 - \rho)^2\,\mu}\frac{1}{(1 - \rho)} + \frac{(1 + \rho)}{(1 - \rho)\,\lambda} + \frac{1}{\lambda}\right)$$

$$= \frac{(1 - \rho)\,\rho^2}{\tau}\left(\frac{2(1 + \rho)}{(1 - \rho)^3\,\mu} + \frac{1 + \rho + 1 - \rho}{(1 - \rho)\,\lambda}\right)$$

$$= \frac{\rho^2}{\tau}\left(\frac{2(1 + \rho)}{(1 - \rho)^2\,\mu} + \frac{2}{\lambda}\right)$$

Setzt man dieses Ergebnis in [A − 4] ein, so erhält man für τ:

$$\tau = \frac{w^2}{\varepsilon^2}\left(\frac{2(1 + \rho)}{(1 - \rho)^2\,\mu} + \frac{2}{\lambda}\right) \qquad\qquad \text{[A − 26]}$$

Abbildung A-3 zeigt τ in Abhängigkeit vom wahren Wert der Auslastung. Dabei ist τ hier nicht als Absolutwert, sondern als Vielfaches der Bedienzeit abgetragen. Man beachte, daß sowohl für sehr kleine als auch für sehr große Auslastungen sehr lange Meßzeiten erforderlich sind, um die Auslastung mit einiger Genauigkeit zu schätzen.

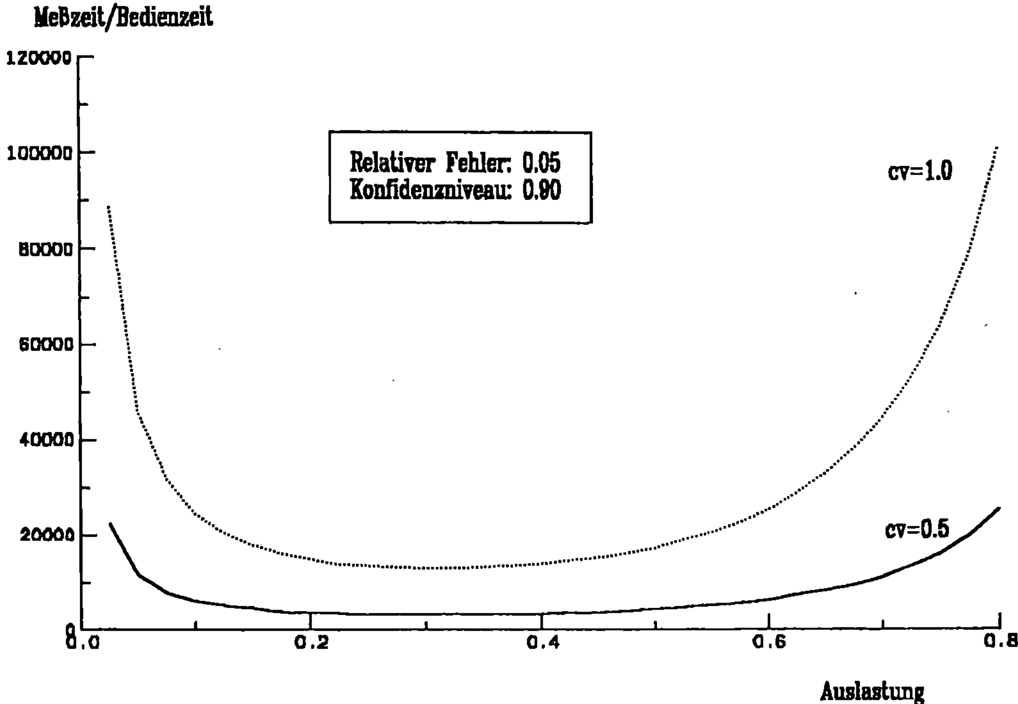

Abbildung A-3: Meßdauer zur Schätzung der Auslastung als Funktion des wahren Wertes der Auslastung (als Vielfaches der Bedienzeit).

Anhang B: Verzeichnis der Symbole

a_i	Polynomkoeffizienten
$b(k)$	Beschleunigungsfaktor
cv	Variationskoeffizient
$D(t)$	Abgangsprozeß
$E(X)$	Erwartungswert der Zufallsgröße X
$\mathit{Eff}(k)$	Effizienz des Übertragungsmediums
G	Normalisierungskonstante
H	Gesamtbelegtzeit
I	Leerphase
k_m	Anzahl der Aufträge an Station m
$K \ (= \sum_{m=1}^{M} k_m)$	Gesamtzahl der Aufträge im Netz
$\mathbf{L}$	Vektor der gemessenen Leistungswerte
$L(t)$	der zum Zeitpunkt t aktuelle Wert der Leistungsgröße
$^M L(t)$	Meßwert der Leistungsgröße zum Zeitpunkt t
$^S L(t)$	Schätzwert der Leistungsgröße zum Zeitpunkt t
$^M L(t,n)$	Meßwert der Leistungsgröße zum Zeitpunkt t bei einer Last von n
$^S L(t,n)$	Schätzwert der Leistungsgröße zum Zeitpunkt t bei einer Last von n
M	Anzahl der Stationen im Netz
$n(t)$	der zum Zeitpunkt t aktuelle Lastwert
$^M n(t)$	Meßwert der Lastgröße zum Zeitpunkt t
$^S n(t)$	Schätzwert der Lastgröße zum Zeitpunkt t
$n_{opt}(t)$	der zum Zeitpunkt t wahre optimale Lastwert
$n^*(t)$	der zum Zeitpunkt t errechnete optimale Lastwert (Stellgröße)
$n_{min}(t)$	minimal zulässige Obergrenze
$n_{max}(t)$	maximal zulässige Obergrenze
N	Anteil der Nutzarbeit an der Bearbeitung
$Ovh(k)$	Verwaltungsaufwand (Faktor zur Bedienzeit)
$p(k)$	Zustandswahrscheinlichkeit
$p_m(k)$	Zustandswahrscheinlichkeit an Station m
$p(k;k_{max})$	Zustandswahrscheinlichkeit (bei einem Abschaltwert von k_{max})
P	Größe der Datenpakete
$\mathbf{P}$	invertierte Kovarianzmatrix
Q	Belegtphase
$R(\tau)$	Anzahl der Belegtphasen (während des Intervalls τ)
S	Mittlere Bedienzeit ($S = 1/\mu$)
S_m	Mittlere Bedienzeit an Station m ($S_m = 1/\mu_m$)
T	Durchsatz (Gleichgewichtszustand: $T = \lambda$)

$^{M}t_i$	i-ter Meßzeitpunkt
$^{S}t_j$	j-ter Schätzzeitpunkt
$^{R}t_k$	k-ter Regelzeitpunkt
U	Auslastung
U_{eff}	Effektivauslastung
V	Anteil des Verwaltungsaufwandes an der Bearbeitung
$\mathbf{W}$	Gewichtsmatrix
$\mathbf{X}$	Matrix der Meßwerte
Z	Zeitscheibenlänge
α	Glättungs- oder Alterungsfaktor
α	Signifikanzniveau (nur Anhang C)
β	Bandbreite
γ	Hilfsgröße
δ	Hilfsgröße
$^{M}\Delta t_i := {}^{M}t_i - {}^{M}t_{i-1}$	Länge des i-ten Meßintervalls
$^{S}\Delta t_j := {}^{S}t_j - {}^{S}t_{j-1}$	Länge des j-ten Schätzintervalls
$^{R}\Delta t_k := {}^{R}t_k - {}^{R}t_{k-1}$	Länge des k-ten Regelintervalls
ε	Hilfsgröße
θ_m	Mittlere Anzahl der Besuche eines Auftrags an Station m
λ	Ankunftsrate am Gesamtnetz
λ_m	Ankunftsrate an Station m ($\lambda_m = \lambda \times \theta_m$)
μ	Grundbedienrate
$\mu(k)$	Lastabängige Bedienrate ($\mu(k) = \mu \times b(k)$)
μ_m	Bedienrate an Station m
$\mu_m(k)$	Lastabängige Bedienrate an Station m ($\mu_m(k) = \mu_m \times b_m(k)$)
$\bar{\mu}(k_{max})$	mittlere Bedienrate (bei einem Abschaltwert von k_{max})
$v(K) (= \mu_2(K)/\mu_1(K))$	Bedienratenverhältnis im zyklischen Zwei-Stationen-Netz
ρ	Verkehrsintensität ($\rho = \lambda/\mu$)
ρ_m	Verkehrsintensität an Station m ($\rho_m = \lambda_m/\mu_m$)
σ	Standardabweichung
σ^2	Varianz
τ	Intervallänge
Φ	Regressionsfunktion
$\omega(t)$	weißes Rauschen (normalverteilter Zufallsprozeß)